中国经学史·秦汉魏晋卷

经与传

HISTORY OF CHINESE CLASSICAL SCHOLARSHIP, VOL. 2.
QIN-HAN, WEI-JIN:
CLASSIC AND COMMENTARY

〔美〕韩大伟（David B. Honey）著
黄笑 译

社会科学文献出版社
SOCIAL SCIENCES ACADEMIC PRESS (CHINA)

《中国经学史》总序

　　中国经学史涵盖的领域十分广泛，无法简单概括。虽然本研究将用五卷的巨大篇幅对它进行仔细审视，然而可能仍然是肤浅和粗略的。为了研究的可行性，我将聚焦领袖群伦的宗师，例举举足轻重的先哲，并追踪他们身后的影响，借此概括各个时代的主要潮流，撰写一部有价值的介绍历代经学研究的著作。迄今为止还没有任何用西方语言写成的这类著作，正是此空白促使我进行勇敢的，甚至可以说是狂妄的尝试。这也是我在研究中采用西方经学界观念模式的原因。

　　威尔逊（N. G. Wilson）在写《拜占庭的学者》（*Scholars of Byzantium*）时，不情愿地通过"伟人""领袖"来叙述历史，这也是鲁道夫·普法伊费尔（Rudolph Pfeiffer）在写他的经学史时所采用的方法。威尔逊认为，这种方法是有缺陷的，因为文献记载中有许多空白，许多传世的稿本无法与任何知名作者关联起来。然而中国的情况不同，经学的传承很好地保存在"伟人"的专门传记和集体传记中；集体传记即《儒林列传》，它简要记录了伟人和众多成就较小的名人。因此，讲述中国经学史忽略重要人物是不可能的。另外，在讲述中国经学史时还要有与安东尼·格拉夫顿（Anthony Grafton）一样开阔的视野。他仅为一位"伟人"——斯卡利杰尔（Joseph Scaliger）——作传，就用了皇皇两卷。"为了回顾他（斯卡利杰尔）的学术发展历程，回顾他的同辈和先驱的学术派系"，须要用 100 页从百年前的安杰洛·波利齐亚诺（Angelo Poliziano）讲起。[①] 显然，中国经学史如此复杂，要把它呈现得令人信服，开阔的历史视野是必需的。

虽然中国经学的传统复杂而丰富，但传世文献记载也同样丰富，只要一点一点地去揭示，我们就能得到一张完整的图画。而呈现中国经学全貌的困难正在于这种丰富性，威尔逊也曾面临这种困难，他说道："真正的困难在于，对我所探究的这一时期，在某些方面我们了解太多。有许多拜占庭学者能力平庸，却留存有大量著作，这些著作每一部都能令我们牺牲大量时间去为之撰写专著。既然我想在有限的时间内为之做一概览，对那些二流的学者我一般处理得非常简略。"[②] 基于此，我准备依样葫芦，有时甚至会忽略掉一些小人物；我将主要关注"领袖"——他们不仅为其所在时代的经学定调，而且开拓了新的研究方法，或者对研究方法进行了重大改良。我们既需要一部多卷本的中国经学史，同样也迫切需要审视各种研究方法的发展过程。即使在西方经学界，后一种需要也很明显，虽然它早已拥有众多论述经学历史的

---

① Anthony Grafton, *Joseph Scaliger: A Study in the History of Classical Scholarship*, Volume I, *Textual Criticism and Exegesis* (Oxford: Clarendon Press, 1983), p. 4.

② N. G. Wilson, *Scholars of Byzantium* (Baltimore: The Johns Hopkins University Press, 1983), p. 273.

优秀著作。①

《中国经学史》系列将分为五卷，其中清代卷又分两卷。经过九年的努力，在我 64 岁之际，卷一《周代卷：孔子、〈六经〉与师承问题》已经问世了，《秦汉魏晋卷：经与传》现在出版。照此进度，完成本系列还需要 10 年时间，那时候我将七旬多。如此高龄，那时的我很可能精力不济。如果我能勉力完成本系列，我相信它将填补当今西方汉学界的一项重要空白，它也会是我事业的巅峰。《中国经学史》的卷一《周代卷：孔子、〈六经〉与师承问题》涵盖了漫长的周代。它探讨了孔子、孔子与经书的关系，以及经学的传承。该卷的中心，是分析在礼仪化教学场景中孔子作为经书整理者和传播者的原型意义。该卷也分析孔子的嫡传弟子曾子、子夏，他的孙子子思，以及继承他思想的孟子和荀子在经书传承中所发挥的重要作用。卷二与卷三的时间跨度更大，其内容概括如下。

卷二《秦汉魏晋卷：经与传》与卷三《南北朝隋唐卷：文献学的衰落与诠释学的崛兴》所涵盖的时期是从汉代到唐初，讨论秦代焚书之后经典的重构以及它们最终被皇权经书化的过程，并论述经学家因国家资助而职业化，民间经师被专精一经、终身聘用的宫廷学者所取代。还探讨了小学的多种分支学科的发展，刘向发展了校勘学，许慎发展了文字学，博学的郑玄则注释了当时几乎所有的经书，他们是汉代三位伟大的经学家。

---

① 这是休·劳埃德－琼斯（Hugh Lloyd-Jones）的观点，见其所著 *Classical Survivals: The Classics in the Modern World* (London: Duckworth, 1982), p. 19。

接下来还将考察汉代以后受郑玄影响而发展出的用于诠释文本复杂性的其他注释模式；这些模式包括杜预《左传注》如何"释"历史人物，陆德明如何"释"经典中的文辞。认真关注汉字的语音性质也开始于这一时期的后期。在唐代，文本注释地位显著，"疏"（传的传）这种注释模式备受青睐。孔颖达和他的团队吸取隋代经学家的成果，编纂了注释经书的"正义"；"正义"很大程度上在今天还是典范。

按照逻辑，接下来应探讨宋、元、明三代的释经活动。然而研究经学史，这三个朝代也许可以忽略。此论断虽然鲁莽，但请容我解释。总体而言，这一时期的儒家并不视经书为研究对象，而是以它们作为形而上学和神学思辨的参照体系。严格地讲，经学是对经书的专门研究，包括统摄于小学之下的校勘、语法、古音、目录、注释等必要的分支学科——阐明文本所需的任何技巧或方法都隶属于小学。尽管品鉴与阐发也是经学家的本色当行，然而似乎并不属于小学；按照现代的专业分科，把它们归在文学批评家、哲学家或思想史家的名下更自然。民国小学家黄侃（1886～1935）的两句话简练地说明了经学与小学相互依存的关系，"段玉裁以经证字，以字证经，为百世不易之法"；"经学为小学之根据，故汉人多以经学解释小学"。①

在德国，经学习惯上被称作"小学史"，例如乌尔里齐·冯·维拉莫维茨－莫伦多夫（Ulrich von Wilamowitz-Moellendorff，

---

① 黄侃述，黄焯编《文字声韵训诂笔记》，上海古籍出版社，1983，第23页。还可参阅张涛《经学与汉代语言文字学的发展》，《文史哲》2001年第5期，第62～68页。

1848－1931）著有一部简短而扎实的总论经学的著作，书名就叫《小学史》（*Geschichte der Philologie*）。^① 从所用专门术语就可看出，经学与小学是相互依存、有机共生的。正因为重点论述校勘、注释方法的发展过程，普法伊费尔的《经学史》（*History of Classical Scholarship*）第一卷以亚历山大时期经学的诞生结尾，第二卷却直接以意大利文艺复兴时期经学的重生开始。这是一个明智的跳跃。^② 从亚历山大城陷落至彼特拉克（Petrarch）时期的经学黑洞，没有一脉相承的小学，只有一些新产生的罗马修辞学，中世纪语法学，亚里士多德学派的逻辑学，神学思辨和拜占庭的手册、大全与集释。为了方便中国读者并填补该领域的空白，我曾撰写了一部入门书，完整地介绍西方从荷马时期到现代的经学，而不细究学科之间的分野，虽然它们性质迥异。^③ 然而，在本系列里中国古代"小学史"是主线。这条主线在宋代以前十分清晰，没有被过度的形而上学思辨淹没，但是到了宋代以及接下来的元代和明代，很长一段时间内这一清晰的主线消失了。换个比方说，只有在个别学者身上还映现着小学微弱的光芒。宋代的郑樵、王应麟，明代的焦竑，几乎如同几盏暗淡的孤灯散落在一

---

① 此书德语原名 *Geschichte der Philologie*，英译名为 *History of Classical Scholarship*，艾伦·哈里斯（Alan Harris）翻译（Baltimore：The Johns Hopkins University Press，1982）。也可参阅瓦纳尔·耶格尔（Werner Jaeger，1888－1961），"Classical philology at the University of Berlin，1870－1945"，见 *Five Essays*，译者 Adele M. Fiske，R. S. C. J.（Montreal：Cassallini，1966），pp. 45－74。瓦纳尔·耶格尔是维拉莫维茨在柏林大学教席的继任者，在这篇文章中，他总结了母校过去 75 年的经学史。

② Rudolf Pfeiffer，*History of Classical Scholarship：From the Beginnings to the End of the Hellenistic Age*（Oxford：At the Clarendon Press，1968）；*History of Classical Scholarship from 1300 to 1850*（Oxford：Clarendon Press，1976）。

③ 韩大伟（David B. Honey）：《西方经学史概论》，华东师范大学出版社，2011。

片黑暗里。在这漫长的暗夜里，经学为玄思的迷雾笼罩，这些玄思虽受文本启发却不以文本为根据。我将仿效普法伊费尔，略去中国经学史上这一段相对贫瘠的时期，把它留给与之更契合的哲学家和思想史家去研究，而在本系列的卷二、卷三之后直接续以衰微而易被忽略的清初小学。

最后两卷将探讨清代经学。第四卷《清代卷：汉学篇》将介述清代考据学的兴起以及清人借此恢复以原文为本的心态。该卷的第一部分将由对顾炎武（清代经学之父，开启并引领了多个经学流派）的介绍拉开序幕。他在历史音韵学研究方法和铭文来源的精细化使用两方面的开拓精神尤为明显，他的治学之道——考证——在同辈人阎若璩那里得到了最充分的应用，后者似乎解决了古文《尚书》是真是伪这一历史遗留问题。第二部分"乾嘉学派"则分析乾隆和嘉庆年间考证学掀起的高潮。乾嘉学派代表着中国经学的最高成就。《四库全书》的书目文献学专家、辞书学方面的代表人物段玉裁与注释学方面的代表人物王念孙可谓达到了语文学三大基础学科——考据学、辞书学和训诂学——的高峰。戴震涉足了上述三大领域，并为语文学注入了道德哲学的血液。聚集在他周围的学者，尤其是扬州学派，形成了人们对其他各学派进行比较研究的参照系。一些经学家对揭示经典文本原义与历史真理的热情使他们对文本所欲传达的道德教化信息失去了兴趣，这反而激起了一众学者向经典的道德寓意和经学的道德性回归。对经学语言学方面的关注将持续至晚清和民国初期，并将以章太炎的成就作为终结。

第五卷《清代卷：宋学篇》将审视清代中后期的学者是如何

将经学研究与济世救民这一迫在眉睫的现世任务关联起来、整合为一的，如：通过对《公羊传》的全新解读，通过常州学派优雅的散文创作，通过康有为的政治改革，通过王国维的历史研究，等等。梁启超对清代经学史的看法（他的观点常被后世那些死板的学者们僵化地勾勒而出）在西方世界被广泛接受，而钱穆更为开阔包容的视野则对其提出挑战。

总之，在撰写《中国经学史》时，我尝试介绍儒林，解释儒林中重要人物内在的学术机制，希望能在此领域做出自己微末的贡献。谨愿拙著能成为一坚实的基础，帮助像我一样深受中国经学伟大传统启发的同行在此广阔的领域中做出更精深的研究。

韩大伟（David B. Honey）

译者序

　　韩大伟（David B. Honey）教授是北美汉学界的代表人物之一，他历时数年撰写的《中国经学史》堪称巨著，我有幸受邀翻译这一鸿篇巨著中的第二卷，深感受益匪浅。韩大伟教授博览群书，学贯中西，他敬仰如郑玄和章太炎那般"通学"式的全才，故而也以此自勉，读者可从《中国经学史》中窥见其深厚的汉学功底、扎实的文献学背景和博采众家之长而融会贯通的治学精神。

　　韩大伟教授在书中广泛地援引古今中外的相关研究成果，并对各家之言进行考据式的分析，从而得出自己的判断和结论，其褒贬是非皆蕴含在严密的逻辑推理之中。韩大伟教授涉猎甚广，熟知各门各派，除了在书中征引皮锡瑞、李学勤、许抗生、虞万里、黄开国、李零、王先谦、林庆彰、黄彰健、章权才等中国学者的研究成果，还征引了陆威仪（Mark Edward Lewis）、鲁惟一（Michael Loewe）、夏含夷（Edward L. Shaughnessy）、安乐哲（Roger T. Ames）、柯马丁（Martin Kern）、戴梅可（Michael Nylan）、侯格睿（Grant Hardy）、鲍则岳（William G. Bolt）、杜润德

（Stephen Durrant）、尼古拉斯·祖福瑞（Nicolas Zufferey）、杜希德（Denis Twitchett）、海陶玮（James Hightower）、许思莱（Axel Schuessler）、范佐仁（Steven Van Zoeren）、高本汉（Klas Bernhard Johannes Karlgren）、华兹生（Burton Watson）、齐思敏（Mark Csikszentmihalyi）、魏思齐（Zbigniew Wesolowski）、曾祖森（Tjan Tjoe Som）、德效骞（Homer H. Dubs）、康达维（David R. Knechtges）、乌尔里希·内因格尔（Ulrich Neininger）、德克·卜德（Derk Bodde）、迈克尔·普鸣（Michael Puett）、本杰明·瓦拉克（Benjamin E. Wallacker）、诺尔·巴纳（Noel Barnard）、哈罗德·罗斯（Harold Roth）、伊娃·宇恩－瓦·淳（Eva Yuen-wah Chung）、马科·劳伦特·艾塞林（Mark Laurent Asselin）、弗朗索斯·博特罗（Françoise Bottéro）、保尔·塞瑞斯（Paul L-M Serruys）、罗杰·格瑞特雷克斯（Roger Greatrex）等域外汉学家的研究成果。韩大伟教授虽求学并治学于美国，但从他所援引著述材料之广泛来看，其并不偏重于北美学界，而是海纳百川，有容乃大。对于不甚了解海外汉学界的读者而言，这部《中国经学史》亦不失为一扇通往域外汉学研究的窗口，读者可以借此认知一个不同于中国传统学术圈的世界。对于域外之人而言，中国是"他者"；对于国人而言，海外汉学家则同样是以"他者"的眼光和视界观看待其所言"他者"的语言和文化。所谓"不识庐山真面目，只缘身在此山中"，中国学人正需要这种"他者"的见解和观点。为了帮助中国读者更好地了解海外汉学界，作为译者，我对书中涉及的每一位域外汉学家都进行了详细的介绍，包括他们的生平著作、求学与治学经历、研究领域与成果以及产生的国际影响等，读者可参见分散于书中的"译者注"。

此外，韩大伟教授还把西方古典学和现代西方语文学作为参照系，将中国经学及文献学与之进行对比研究，他在书中引介了普利西安（Priscianus Caesariensis）、鲁道夫·普法伊费尔（Rudolf Pfeiffer）、卡利马库斯（Callimachus）以及约瑟夫·贾斯特斯·斯卡利杰尔（Joseph Justus Scaliger）等西方古典学奠基者的学术观点，并将之与中国经学的发展和嬗变两相对照，从而为读者清晰地展现了中西两条学术脉络。尤其是将约瑟夫·贾斯特斯·斯卡利杰尔与郑玄相提并论进行比较研究，指出二者在研究广度和对后世产生的影响等方面都是颇为相似的。值得一提的是，韩大伟教授在此前出版的《西方经学史概论》中亦将中国经学流变作为参照系，以辨异同。读者若能将此两本著作结合起来进行研读，则可对中西学术源流及嬗变具备一种整体性的把握和观照。另外，韩大伟教授还在书中援引了詹姆斯·理雅各（James Legge）等人对中国文献典籍的英文翻译，感兴趣的读者可将原文和英文翻译对照阅读，从而窥见译介语与原语在转换过程中所生成的意义添加物。

对出土文献资料精深的研读以及对各家学说条分缕析的甄别使得这部《中国经学史》沉淀了作者厚重的学识，并折射出作者严谨的治学态度。与此同时，我们也能看到此书新意迭出，诸多结论都是具有颠覆性意义和价值的。如作者在书中质疑"秦始皇焚书坑儒"这一历史事件的真实性，他认为即便秦始皇曾经对儒生进行迫害并曾焚烧典籍，但其规模和严重程度可能远不及后人所想的那样；再如，作者还在书中质疑汉代经学师法与家法之别，他认为汉代经师可能并未严苛地遵守师法和家法，各家各派之间的界限也有可能是极其模糊的。诸如此类的质疑打破了中国学人对一些问题的习惯性认知和传统看法，这是值得国内学者关注的，读者可借此重新审视那些老生常谈的话题和已成定式的思考。

韩大伟教授还是一位极具个性的学者，他有着与一般的北美汉学家截然不同的学术风格。虽然不能被视为愤世嫉俗，但他的确不常参加美国的研讨会，最多参加美国东方学会的年会，他情愿常年奔波中国与会。他在前言里向很多中国经学研究者致谢，而只提及五六个西方汉学家。他喜欢蛰居书斋，寝馈其中，伴随在家人左右，并以吟诗作赋为乐。此外，他还是一位优秀的小提琴家，且熟知古典乐坛的小提琴演奏家，从希拉里·哈恩（Hilary Hahn）到杨天娲，他如数家珍。在学术研究方面，他亦自称偏向于"博"而不强调"精"，且自认为其最新出炉的三卷本《中国经学史》以及正在编撰的《清代卷：汉学篇》和日后将要编写的《清代卷：宋学篇》恰恰印证了他"博而不精"的研究态度。但这只是他自谦的研究态度，从他现有的研究成果及著述来看，他实乃一位既博又精的学者。读者若感兴趣，则可同时阅读他之前的著作，如《西方汉学史》、《岭南文学史》以及《西方经学史概论》等，从而对他的学术版图及研究领域有一个总体的把握。

综上，韩大伟教授所著的这部《中国经学史》定会给国内学者带来诸多启示。作为一位年轻的译者，借此机会我想感谢韩大伟教授对我的信任，这样一位杰出的汉学家能够放心地把其多年的研究成果和心血之作交付给一个初出茅庐的学者进行翻译和推广，这是极其罕见且难能可贵的，足以见其栽培后辈学人之心。人们常说，翻译乃如影随形，曲尽其妙，好的译作乃是作者之作与译者之译的天作之合。我不敢说自己已达至此般境界，但至少是朝着这个方向努力的，只愿此译作能不辜负韩大伟教授对我的信任。

目　录

导　论

　　《中国经学史》第二卷所涉内容跨越了半个千年：始自秦，历经汉，横贯魏，止于晋。在这一时期的早期阶段，人们见证了秦始皇毁书后的经典重建以及最终由朝廷完成儒家典籍正典化的过程，同时也目睹了作为国家资助"产业"的经学的专业化。身处那个时代之中，作为个体存在的大师们都得让位于那些专治一经并依赖治经之学得以求取一官半职的当朝"终身院士"们！语文学这一学科内部生发出了三个主要的二级分支和下属类别——文本考证、编纂学和注释学——它们为那个时代之后其他注释类型的发展提供了原动力，使文本内部的复杂多样性得以解释和呈现。

　　西汉王朝拉开了整个经学史的大幕，然而中国经学直至发展到考据学登峰造极的清王朝，即18世纪中叶至19世纪早期，才真正将广泛的社会参与和强烈的个人献身推至顶点。先前朝代的人们总是雄心勃勃地试图复兴古典传统，后来者则是借由整理、爬梳文本以及理想化地生发其伦理政治层面上的微言大义从而费心地找寻传统典籍之间的内在关联。汉代的统治者倚仗于驾驭整个知识阶层来治理朝纲，清代的统治者则是通过在经济上资助知识阶层使其疏离于实业和政府机关。在上述两例中，文本批评都占据了学术研究的中心位置，汉朝可称得上语文学的奠基时代，至清代则得以完善，中间经历了传统的成熟期与注释学和诠释学特定模式的发展期这一漫长的征程。

汉人铺路清人走，汉代的文人首开经学之滥觞，清代的学者则以异于常人的新奇方式在这条道路上耕耘，进一步拓展了经学的领域。汉代与清代之间紧密的学术关联是众所周知的自明之理。从表浅的层面上而言，清代的经学家从秦汉两代文献大师伏生（前260～前161）和郑玄（127～200）那里汲取了精神的源泉和动力，并将之注入个体的研究中。由后世文人频繁地在自己的名号及私人书斋的命名中使用郑玄的姓（也有个别文人使用伏生之姓），这种自觉的传承性即可见一斑。① 从更具体实在的层面上来说，方法论和切入文本的路径被清人所借用，学术成果亦被清人接受采纳。阮元就曾在他为江藩（1761～1830，一说卒年为1831年）《汉学师承记》（出版于1818年）所作之序言中明确表示，由汉至清的学术发展存在一种直接的知识性关联。巧合的是，江藩的名号竟然是"郑堂"！阮元以两篇令人难忘的骈文恰如其分

---

① 现举数例，如王昶（1725～1806），他众多私人书斋中一个常被用来进行古籍校对工作的就被命名为"郑学斋"；孔广森（1753～1787），将自己的书斋称为"仪郑堂"；书志学家周中孚（1768～1831），将自己的字更换为"郑堂"，因此他的那本重要的书目学著作就名为《郑堂读书记》；李慈铭（1830～1894），时不时地使用"郑盦"作为自己的号；吴大澂（1835～1902）的号为"郑龕"。取"伏生"之名中某个字来命名己之物的个案仅存一例，即皮锡瑞（1850～1908），他的宅邸名为"师伏堂"。戴震（1724～1777）观察到不少同辈人都以"郑"字来命名己之物，他同时洞悉了其背后的深层次原因，请参见他在游访王昶书斋时写下的《郑学斋记》，收录于《戴震文集》，中华书局，1980，第177页。

地指出了汉清两朝经学紧密关联的这一特征，如下：

> 读此可知汉世儒林家法之承受，国朝学者之渊源。①

这一论断是有据可证的。清代的考据派通常将自己约束和限制在汉代传统之内，唐代经学也是直接由汉学后启而来。正如《清史稿》中所载臧琳（1650～1713）之简明扼要的结论，曰：

> 治经以汉注唐疏为主。②

那句著名的口号"实事求是"实乃有清一代经学家的指导方针，但这一准则本身是汉代的产物，这是班固在总结河间献王刘德（前171～前130）治学态度时所强调的一点，③ 后为钱大昕（1728～1804）至臧琳一脉的经学家所引用，借以表达治学理念和方法。④

西汉的知识阶层见证了一系列对后世文化产生巨大影响的学术事件，如朝廷立儒学为正统意识形态，典籍的重新辑集和经典化，博士制度的建立和博士官学地位的确立。此外，统治者时常召开学术性会议来制定官方性的经典诠释路线，并重构适用于那

---

① （清）江藩著，漆永祥编《汉学师承记笺释》，上海古籍出版社，2006，第4页。
② 赵尔巽主编，缪荃孙、柯劭忞等总纂，中华民国北洋政府清史馆编修《清史稿》卷四十三，中华书局，1977，第13182页。
③ （汉）班固：《汉书》，中华书局，1962，第2410页。
④ 引自《清史稿》中臧琳所书写的传记性梗概文字。臧琳为清代学者，字玉林，著有《俗本诗集传》等。

个王朝统治局势的礼仪制度，上述这些都具有里程碑式的意义。简而言之，汉代划定了经学领地的疆域和界限。

在政治哲学方面，董仲舒将《公羊传》的教义发挥为中央王朝的神圣天启性这一理论设定，这不仅将君王理所当然地置于文武百官之上，且进一步抬高了君王的地位，从而使君王的地位至高无上。此外，还为嫡长子继承制和王朝演替提供了合法依据。在史学方面，司马迁首创了史书记叙体，并在《孔子世家》这一结集性传记中将那些重启文本、流播传统的学人确立为重要的经学大师，只是不知为何，这一传记奇异性地缺少相关学术背景信息，但我们仍可由此窥探经学家是如何被后世的历史学家所书写，以及被后人所解读的。如班固对孔子的书写为我们提供了丰富的补充性参照数据。东汉王朝部分地见证了中国经学传统中某些注经原则和经学体制的生发创建过程，三件大事赋予了这一时期的文本批评以三重荣耀：一是在朝书志学家刘向（前77～6）与其子刘歆（前50～23）对典籍的校对工作，这一浩大的工程横跨了西汉和东汉两个朝代，历经了时代的变换；二是许慎（约58～147）的《说文解字》，这本汉字大词典的编纂可谓丰功伟业；三是郑玄对儒家经典的注疏，他为那个时代树立起了博览群书、博闻强识之学者这一形象，堪称那个时代学者中无与伦比、出类拔萃的杰出典范。

综观南北朝时期，经学的发展建立在与汉代经学成就逐渐分离的新的诠释模式之上。然而，汉代之后、清代之前的所有此类学者都被18世纪虔诚信仰汉代治经之学的"汉学派"所质疑。他们认为这些学者皆被老子之教与释迦牟尼之教所污染，汉代经学的正统性和纯洁性也因此被玷污。正因如此，阮元才会为江藩之书写下那篇序，以极富感染力的语言表达了其对汉代经学传统的忠诚守望。魏晋时期，不少政府工程致力于对存放经典文本之书阁的建设，这类典籍既包括纸质文本，也包括刻在石头上的文本。这一举措传承了始自汉代的那种理念，即将驾驭和管理经学家视为建构政治正统性的一部分。

最后，《晋史》中的"孔子世家"这一修辞反映了那一时期经学家地位的提升，经学家逐渐被当作文化引领者。这一提升的后续过程跨越了南北朝时期，它经历了北方的衰落和以今南京为中心的南朝的崛起，而集结式的传记则彰显了在对这一至关重要时期的文人思潮之刻画中，经学家占据了多么关键性的枢纽地位。其中包含了一系列经典礼仪化的过程，须知这一过程伴随着多少墨迹洒落于礼仪文献之上！

本系列的第三卷——《南北朝与隋唐卷：文献学的衰落与诠释学的崛兴》将继续讲述定都于南京的南朝及之后的中国经学家的故事。那一历史阶段的文化浓重地染上了佛教和道教的色彩，并浸润于乌托邦式的冥思空间与对来世和阴间的幻想之中。这些新的本体概念编织出了一张张神秘的面孔，在此种氛围当中，政治力量转瞬即逝，显得苍白无力，愈发失却吸引力。在北方，经学家靠着外来征服者建立的王朝所给予的经济资助，从事着稳定的工作，他们构筑起传统文化的堡垒，并借此占有了自我确证的源泉。

短命的隋王朝对于中华民族暂时性的再度统一与随后继而兴起的长寿的唐王朝所开辟的中华文明之黄金极盛期都孕育出了很

多经学史上的重要成就。即便是行走在时代的末端，关于文本是否可以抵达知识或者说文本接近知识路径的有效性这一问题仍然引发了怀疑的种子开始孵化并萌发。

正如目录所示，在本卷中，我将继续踏着经学大师们的足迹走进那个时代。穿插点缀其中的是对某些"次要"经学家简明扼要的引介，这些"小人物"虽然并未占据经学史上举足轻重的位置，却也带着一抹着涩扮演着"谦逊"的角色，这种"谦逊"或许只是源于时代转变的特殊性。我对历史人物重要与否的评价是参照尼格尔·盖伊·威尔逊（N. G. Wilson）①的五要素体系来进行的，他在评价拜占庭政府官员及作家提奥多内·梅特奇忒斯（Theodore Metochites，希腊文为 Θεόδωρος Μετοχίτης，1270 ~ 1332）②时首次提出了这一模式，即：

他保存了哪些可能遗失的古代文献？他编辑或修订了这些文本吗？他撰写了什么评论？他的文本批评在哪方面值得被铭记？他用异于常人的其他方式挖掘了古代遗产吗？③

---

① 译者注：尼格尔·盖伊·威尔逊（N. G. Wilson）是英国牛津大学的古典学家，也是该校林肯学院的荣誉教授。他曾写作出版《拜占庭学者》一书，并曾与同为英国学者、牛津大学古典学教授的莱顿·杜尔海姆·雷诺兹合著《抄工与学者：希腊、拉丁文献传播史》。此书已由复旦大学古籍所的苏杰教授翻译成中文，由北京大学出版社于 2015 年出版。除此以外，尼格尔·盖伊·威尔逊还曾将 3 世纪早期罗马作家伊良/艾利安用古希腊语撰写的《历史杂集》一书翻译成现代英语，并编订出版。另外，尼格尔·盖伊·威尔逊还是《古希腊百科全书》的编撰者。

② 译者注：提奥多内·梅特奇忒斯（Theodore Metochites）是拜占庭时期的政治家、作家、艺术赞助者以及文人雅士型的哲学家。1305 ~ 1328 年担任拜占庭君王安德罗尼库斯·帕莱奥罗古斯二世的私人顾问。

③ N. G. Wilson, *Scholars of Byzantium*（Johns Hopkins University Press，1983），p. 257.

这类文献工作当然也包括使古代文献在新的时代发出新声的叙述手段和诠释策略。

回首并审视汉王朝，这个时代为后世呈现并提供了接近及切入古典文献的多种可能性与多元化路径，只是相对后来的魏晋时期要略逊一筹罢了。汉代的每一位释经者都力图寻求独具匠心的诠释，不论是那些从隐蔽之所挖掘出来的用古文字写成的古文本，还是那些通过将年长学者的口头背诵以当时所使用的字体记录下来的今文本，都以各自的特征吸引着不同的释经者。

这场发生在古文经学家与今文经学家之间的争论较少地落足在学术的纯粹性上，而是更多地关注如何以恰当的方式完成手头的文献工作。最令人失望的是，这实则是一种在官方体制下借助文本诠释来圈定个人学术领地的自保之举。然而，后人却将汉学视为各路文本批评方法互为张力的绝佳典范。在后世学者看来，这种交锋与彼时的社会关怀鲜有关联，更是与以即时的政治伦理效应为目的、以想象性的形而上学诠释而著称的宋学截然相反。

我们甚至发现，这种作为汉学一大特征的古文经与今文经之间长期的、被人所珍视的区分与对立也是在乾隆和嘉庆年间人为地被生发建构起来的。清代实证考据学的制高点在于通过汉学的神圣不可侵犯性提升他们自身的文本中心论，而事实却是他们的治学路径早已被作为新型儒家形式存在的、那种沉思空想性的宋学沾染了！二十多位文人学者都曾著书立说，探讨汉学正统性继承方面的问题，但没有一本在时间上是先于乾嘉时期的（最早的一本出现于1818年，那就是江藩的著作），这就有力地证明了我的上述论断。

汉宋之学的激烈争论"毒害"了清人对汉代古文经学派与今文经学派之争的思考和洞察。清人本应在调解方法论之争方面尽更多的义务和责任，结果却总是把那些敏感话题——政治上的资助和扶持以及文本诠释成果的推进等——搁置在一旁不予考虑。

顾炎武（1613～1682）通常被视为清代实证考据学之父或奠基者，其实他在方法论层面上不只运用了考据，甚至显示出一种有益的普遍性和宽容性。顾炎武在对《易经》的研究中没有引用任何明代学者的著述，这是事实，但他极高地褒奖了宋代哲学家程颐（1033～1107），这也是事实！他说：

不由程子，大义何由而明乎！①

将古代文本的天启伦理预示性看得如此重要，而不顾文本字面上的整体性，作为一位考据学专家，顾炎武对程颐的这种盲信和追随是多么令人震惊啊！

这导致了某种致命心态的产生和长存，并由此理所当然地生发出了如下现象和结果：当某位经学家采用了一种切入手头文本的特定方法，无论是批评性的还是阐释性的，他都必须事先声明自己隶属并效忠于哪个学派，这种学派间的界线泾渭分明，不可逾越。这种错误的认知和观念在很大程度上干扰了近现代人对清代经学的理解和看法。

最显著的例子当属互为反例的梁启超（1873～1929）和钱穆

---

① （清）顾炎武：《日知录》第一卷，上海古籍出版社，2006，第10页。

（1895～1990）。前者秉承了早前向内审省的视角，将清代经学家视为依赖师承关系的门派，也就是说每一个解经者都把自己捆绑在某条师脉上，并必须献出对那一师门的忠诚；后者则是利用向外自由发挥的优势，洞察到方法论上的择取只不过是切近文本的权宜之计罢了，并非意味着向某门某派宣誓效忠，个体也不必非得卷入某种师承关系之中。

在西方，我们已然接受了清代中叶的经学家曾对宋学发动大规模批判这一事实。然而，这种对宋学的盲目批判亟待"拨乱反正"，从而去恢复一种传统所经常呈现出来的平衡。① 一个良好的开端始于建构一种崭新的、更为全面的观点，来反观在清代抵达顶峰的整个中国经学传统。而后，我们应全面检视汉代经学家的著作，并聆听汉学在魏晋时期遥远的回响，再考察其在南北朝时期的推进，最后探究它如何在隋唐两代达到登峰造极的程度。本卷，将开启这漫漫征途。

---

① 这里有两个例子可证明后人对宋代释经者成果的运用潜移默化地影响了后世学人对汉代语言学家的文本批评成果之态度，使汉人的学术在现当代学者心目中的印象趋于刻板化、呆滞化。如刘起釪对《尚书》所做的大量研究以及将之转译为现代汉语的语言翻译工作，还有虞万里对最新出土手抄本的研究。二者皆以广受欢迎、喜闻乐见的方式对宋代经学进行了自由的、不拘小节的运用和阐发。请参见顾颉刚、刘起釪《尚书校释译论》（四卷本），中华书局，2005；虞万里《由清华简〈尹诰〉论〈古文尚书·咸有一德〉之性质》，收录于虞万里《榆枋斋学林》第一卷，华东师范大学出版社，2012，第11～36页。

第一章

秦王朝对文化传统的阻断
与留存下来的遗产

第一节　看待秦朝的传统观点

近年出版发行的《中国儒学史》（第二卷）中所开展的一系列研究都开始于那句看似是自明之理，其实并不完全正确的老生常谈：

> 汉代儒学继承并发展了先秦儒学的思想……它与昌盛于汉代的儒家经学有着十分密切的联系。[①]

在一定程度上而言，这句话是对的，但是这句话十分投机取巧地将整个秦王朝一笔带过，而不予以半点关注，似乎整个秦王朝的历史文化就不值得人们注目半分。接下来的这部分说得似乎完全正确，即：

[①] 许抗生等：《中国儒学史·两汉卷》，汤一介、李中华主编《中国儒学史》（第二卷），北京大学出版社，2012，第1页。

汉代儒学奠定了整个两千年来的我国封建社会儒家统治地位和统治思想的基础。[①]

这一结论成了极其重要的口头禅式的惯用语，它为当下研究存在的合法性提供了辩护，它强调了两汉的奠基性和始创性意义。然而，两汉其实欠了秦朝一笔文化账，是秦王朝在诸多方面提供了先例和实践经验，尤其是在经学方面。因此，对中国经学史的研究必须从重估和审视秦王朝的历史价值开始。

历数中国各朝各代，秦王朝（前 221～前 206）可谓独领风骚，这缘于它在统一中国版图与开创帝王纪元等方面无可比拟的卓越成果。实用度量衡的制定和文字的统一象征了原本相互矛盾的各种度量体系和书写系统被标准化，这种统一性席卷全国，使原先因各地区而异的各类系统得以逻辑化地统一并被实行。无孔不入的官僚政治是秦朝社会的一大特征，秦代大大发展了作为政治基石的意识形态与法律制度，此后中国的政治体制可以说都是按照这一固定不变的历史轨迹延续的。政治机关本身的绝对统治权取代了王室继承式统治带来的暂时性政治效应，这种权力至上的绝对专制以及所谓的"专制权力"这一概念同样是这种新的大一统世界秩序的一部分。另外，自此之后，中国人的天下观再也不能接受分崩离析、分邦割据的状态，或者说不能接受将版图划

[①] 许抗生等：《中国儒学史·两汉卷》，汤一介、李中华主编《中国儒学史》（第二卷），北京大学出版社，2012，第1页。

分得比帝国式的大一统社会小。① 然而，除了这些对中华文明进

① 剑桥大学东方文化系教授、美国汉学家陆威仪（Mark Edward Lewis）将秦代创立与汉代发展起来的一系列革新政策做了下列区分：帝国中心文化的普适性及超越性与地区文化的本土性及特殊性；帝王作为某类特定形象的被塑造；一个个非字母书写体与一般性书写文化的普及；逐渐将农民和城市人口同时去军事化，并将军备人员边缘化；土地与政治权力双重占有的超级大户的出现。见 Mark Edward Lewis, *The Early Chinese Empires: Qin and Han* (Cambridge, MA: The Belnap Press of Harvard University, 2007)。关于秦王朝的遗产以及汉代是如何将秦王朝作为早期帝国的先例加以借鉴的这部分内容，可参见曾任剑桥大学东亚系主任的英国汉学家鲁惟一（Michael Loewe）撰写的 "The Heritage Left to the Empires" 一文，见鲁惟一与现任芝加哥大学东亚系教授、顾立雅中国古史研究中心名誉教授的美国汉学家夏含夷（Edward L. Shaughnessy）共同编撰的 *The Cambridge History of Ancient China: From the Origins of Civilization to 221 B. C.* (Cambridge: Cambridge University Press, 1999, pp. 967 – 1032) 一书的部分章节。

译者注：

〔美〕陆威仪（Mark Edward Lewis），生于 1954 年 9 月 25 日，在芝加哥大学完成其学士、硕士和博士课程的学习，并获得相应学位。他曾在台湾大学国际华语研习所学习中文，师从美籍华裔历史学家何炳棣研究中国古代史。在此期间，他曾撰有题为 "The Imperial Transformation of Violence in Ancient China"（《古代中国王朝更替中的暴力性》）的论文，此文也是在何炳棣的指导下完成的。他还曾获得一年的德国洪堡奖学金，前往明斯特大学研究汉学。自 2002 年起，他开始担任斯坦福大学李国鼎中国文化讲座教授，之后又任教于剑桥大学东方研究学院。

〔英〕鲁惟一（Michael Loewe），生于 1922 年。曾就读于博斯学校和牛津大学。二战时应征入伍，经过培训成为军事密码破译人员。1942 ~ 1956 年曾作为一名技术专家在英国政府通讯总部任职，并于 1951 年获得伦敦大学亚非学院（School of Oriental and African Studies of London University）一等荣誉学位。从 1956 年开始在伦敦大学担任讲师，教授远东历史。1961 年因关于居延汉简的杰出成就而获得伦敦大学亚非学院博士学位。1963 年进入剑桥大学担任中国学研究讲师，后任剑桥大学东亚系主任，于 1990 年退休。此外，他还是美国艺术与科学学院名誉会员。鲁惟一在中国先秦史和秦汉史研究中贡献颇多，他的主要著作如下：1956 年《中华帝国：对当代历史背景》（*Imperial China: the Historical Background to the Modern Age*）；1967 年《汉代的行政记录》（*Records of Han Administration*）；1974 年《汉代的危机与冲突》（*Crisis and Conflict in Han China*）；1975 年《古代的学说》（*Ancient Cosmologies*）；1979 年《天堂之路：中国长生之道研究》（*Ways to Paradise: the Chinese Quest for Immortality*）；1981 年《占卜与甲骨文》（*Divination and Oracles*）；1982 年《汉代的信仰、神话和理性》（*Chinese Ideas of Life and Death: Faith, Myth and Reason in the Han Period*）；1986 年《剑桥中国秦汉史》（《剑桥中国史》第一卷，*The Cambridge History of China: Volume I.*）；1990 年《中国的骄傲》（*The Pride that was China*）；1994 年《汉代的占卜、神话和君主制》（*Divination, Mythology and Monarchy in* （转下页注）

程产生具体持续性影响的贡献之外，秦王朝也树立了一个顽固的负面形象。至少在 1949 年新中国成立以前的千百年间，这种负面形象都一直深深地印刻在人们的脑海之中。对于秦王朝的强烈谴责与非难主要是由于秦王朝一统天下的野蛮粗暴手段，律法的强制性的暴力实施，以及随之而来的被置于神龛之中作为统治政策的严苛律令——这些条条规规的法律效力不是源于传统意义上发自美德的说服力量。

然而正如普林斯顿大学东亚系中国古典文学教授柯马丁（Martin Kern）曾清晰论证的那样，汉朝欠了秦朝一笔文化账，这一观点实际上是很具说服力的。首先，汉代早期的"在职"儒学大师要么是早已经在秦朝被认定为饱学之士或大师，要么是曾受训于这些秦朝的大师。[①] 其次，汉代礼仪的建立在很大程度上都是继承秦朝的遗产。同样的文学形式和技术性语言被运用于汉代石刻当中，著名的秦代石刻兴起也不过十年，汉人却谎称最后一块石碑是在汉代创制礼仪歌咏的过程中被完成的。这实属史料编纂过程中的一个奇招怪术，如此一来，就为后人留下了这样一种观念，即，古老的、拥有浓郁贵族气息的秦王朝是传统的毁灭

（接上页注①）*Han China*）；1999 年《剑桥中国先秦史》（*The Cambridge History of Ancient China*，Cambridge）；1999 年与夏含夷（Edward L. Shaughnessy）合编《剑桥中国古代史》；2000 年《秦、汉、新朝历代人物传记辞典》（*A Biographical Dictionary of the Qin, Han and Xin Dynasties*）；2004 年《汉代人口管理》（*The Men who Governed China in Han Times*）、《剑桥中国秦汉史补充》（*Supplementary Volume to the Cambridge History of China*：Volume I）。

① 马非百的两卷本《秦集史》曾以传记掠影的方式记载了事于汉却学于秦的十二位早期经学家的生平事迹，详见马非百《秦集史》（卷一），中华书局，1982，第 337 ~ 341 页。

者，而充斥着平民和暴发户的汉王朝则是传统的守护者。① 事实上，根据最近一些学术会议的研究成果，礼仪和仪式是传统的核心：

> 一想到之后的那些儒学家将秦朝批判得体无完肤，我们其实就可以察觉到一种甜美的讽刺，即：（幸亏有了考古学数据为证），秦国是中国唯一一块坚决贯彻实施诸种正统儒家礼仪的净土，例如，无论是孔子生活的时代，还是他的直系弟子们生活的时代，上层社会的丧葬仪式都是按照严格的正统儒家礼仪进行的。②

---

① 所有此类话题，包括日本汉学界欠下的中国文化债等内容都被柯马丁探讨过，见〔美〕柯马丁（Martin Kern），*The Stele Inscriptions of Ch'in Shih-Huang: Text and Ritual in Early Chinese Imperial Representation*（New Haven, Connecticut: American Oriental Society, 2000）。

　　译者注：〔美〕柯马丁（Martin Kern）曾在德国科隆大学汉学系进行硕士阶段和博士阶段的学习，于 1992 年获得硕士学位，1996 年获得博士学位。他的研究领域极为广泛，包括上古与中古时期的中国文学、文献学、历史、宗教及艺术。他的主要著作包括《中国的赞美诗：从汉代到六朝的政治文学与仪式》（*The Hymns of the Chinese State Sacrifices*, 1997）、《秦始皇碑刻：中国早期皇室的文本与仪式》（*The Stele Inscriptions of Chin Shih-huang: Text and Ritual in Early Chinese Imperial Representation*, 2000）、《中国早期的文本与仪式》（*Text and Ritual in Early China*, 2005）以及《经世致用与古典学习：东亚史上的〈周礼〉》（*The Rituals of Zhou in East Asian History*, 2007）等。近年来，他的学术兴趣主要集中在以下几个方面：诗歌在政治和宗教仪式上的表现，中国古代文学、美学和诠释学实践，新出土的文物和手稿，文化记忆，中国早期的诗歌与表演，等等。

② 见现任希伯来大学东亚系主任的乌克兰汉学家尤锐（Yuri Pines）的著作 *Birth of an Empire: The State of Qin Revisited*（Berkeley, Los Angeles, and London: University of California Press, 2014），第 46 页。

　　译者注：〔乌克兰〕尤锐（Yuri Pines），1964 年生于乌克兰基辅，1979 年移 （转下页注）

文化的传承与持守本来就是自秦而汉的,然而这种由历史考据奠定的观念却无法动摇传统社会对秦王朝一贯的贬斥。如前所述,这样一种负面形象的形成实乃源于汉代早期。

贾谊(前201~前169)的文章《过秦论》体现了当时人们对秦王朝的矛盾观点,即:一方面,人们对秦王朝史无前例的恢宏大一统无比崇敬;另一方面,人们对秦王朝的苛政酷律又责备有加。在《过秦论》中,贾谊这样写道:

> 及至始皇,奋六世之余烈,振长策而御宇内,吞二周而亡诸侯,履至尊而制六合,执敲扑以鞭笞天下,威振四海……于是废先王之道,焚百家之言,以愚黔首……然后以六合为家,崤函为宫,一夫作难而七庙隳,身死人手,为天下笑者,何也?仁义不施,而攻守之势异也。①

无论贾谊对秦朝的评价是为了取悦当时儒者阶层,还是发自内心的历史分析与评估,他的结论都反映了那种贬斥秦朝专制的传统

(接上页注②)民至以色列。他曾在加州大学洛杉矶分校、洛沙法尔肯豪森大学以及南开大学学习东方学,1998 年在希伯来大学获得博士学位。其主要著作包括:《孔子思想的基础:春秋时期的知识分子(公元前 722~前 453 年)》(*Foundations of Confucian Thought:Intellectual Life in the Chunqiu Period*,722 - 453 B. C. E.,Honolulu:University of Hawaii Press,2002)、《构想永恒帝国:战国时代的中国政治思想》(*Envisioning Eternal Empire:Chinese Political Thought of the Warring States Era*,Honolulu:University of Hawaii Press,2009)、《天堂之下:作为帝国的中国》(*All under Heaven:Imperial China*,Raanana:The Open University Press,2011)以及《永恒的帝国:中国传统政治文化及其持久遗产》(*The Everlasting Empire:Traditional Chinese Political Culture and Its Enduring Legacy*,Princeton:Princeton University Press,2012)等。

① (汉)贾谊:《贾谊集》,上海人民出版社,1976,第 2~3 页。

观念。对多少代的经学家们或曰传统儒生们而言，秦王朝的大一统并不辉煌，这个王朝的诞生和崛起靠的是统治者对人们肉体和思想的残酷霸占，以及对资源的垄断和剥削。最为人所诟病的是，秦朝竟然阻断并毁弃了那源远流长的远古时代的典籍，拥有着辉煌历史的周朝率先奠定的这些文本的"贵族气"，想不到就这样被秦朝毁了！尽管秦朝没有"生产"出任何著述等身、成就非凡的学者，加之其对于文化连续体的阻断，秦代的统治者还是以三种特别的方式深刻地影响了汉代编纂典籍的规范方式以及这一方式的长期发展：负面意识形态映衬下的对待经学家和儒者们的极端方式；文官制度的发展；书写字体的统一。某些经典是通过非官方渠道传播的，它们可能只是被删减的节本，甚或是破烂不全的残本，现在却也稍稍被人们所提及，这部分内容将在本书第四章加以详述，并做重点分析。

第二节　焚书

在上述提及的秦朝统治者犯下的几项罪行中，最不可饶恕的就是"焚书坑儒"了。然而这项所谓的滔天大罪实则是被错误地套上了错误的罪名。司马迁在《史记》中曾简洁地概述了秦朝统治者对经学家的学术迫害：

> 及至秦之季世，焚诗书，坑术士，六艺从此缺焉。[1]

---

[1]　（汉）司马迁：《史记》，中华书局，1982，第31116页。

另一段短小精悍的文字同样声讨了不可容忍和原谅的秦朝统治者对于正统礼仪的毁弃，如下：

> 昔秦绝圣人之道，杀术士，燔诗书，弃礼义，尚诈力，任刑罚，转负海之粟致之西河。[①]

班固将"焚书"与"坑儒"这双重的罪行作为一种类似隐喻的修辞来描述整个秦王朝时期文化人的命运：

> 陵夷至于暴秦，燔经书，杀儒士，设挟书之法，行是古之罪，道术由是遂灭。[②]

两段文字中涉及的受害者的称谓都是术士、方士，而非儒者。在那一时期，儒者与术士几乎无所差别。[③] 日内瓦大学文学院院长、东亚系主任尼古拉斯·祖福瑞（Nicolas Zufferey）将这场悲剧描述为一次单独事件，或曰一次偶然埋葬儒学方术士的事件，并恰当地指出发生于公元前 212 年的这次事件甚至都不能算作直接针对儒者的，而是针对方士的。[④] 然而，《史记》在别处将

[①] （汉）司马迁：《史记》，中华书局，1982，第 3086 页。
[②] （汉）班固：《汉书》，中华书局，1962，第 36 页。
[③] 这种情形甚至更加糟糕，秦朝和早期汉代儒者的人格与观念实则混杂了黄老之术与儒家思想，而方术与术士也都被纳入儒者的行列之中。李长之：《司马迁之人格与风格》，台北，里仁书局，2008，第 9~10 页。
[④] 见〔瑞士〕尼古拉斯·祖福瑞（Nicolas Zufferey），*To the Origins of Confucianism：The Ru in Pre-Qin Times and During the Early Han Dynasty*（Bern：Peter Lang, 2003）。

那些被埋葬者描述为"皆诵法孔子"。① 这样一来，与此不相符合的祖福瑞的解释就不那么令人满意了，除非我们承认在早期汉代儒学中并存着两种互显张力的观点。虽然如此，这场悲剧还是被后来的儒者们添油加醋地刻画成了万恶的秦政体对"文化前辈们"的邪恶复仇。因此，根据这样的传统观念和史学家们的这一心态，秦朝政府成了刻意把经学家和儒生们视为靶子并制定出一系列政策迫害儒者的罪恶掌权者。在人们心目中，当时儒学发展的处境就是这样。

这次针对老一辈儒者的大屠杀是由宰相李斯（前280～前208）挑起来的，他在前213年在朝上发表了这样一场"演说"：

"五帝不相复，三代不相袭，各以治，非其相反，时变异也。今陛下创大业，建万世之功，固非愚儒所知。且越言乃三代之事，何足法也？异时诸侯并争，厚招游学。今天下已定，法令出一，百姓当家则力农工，士则学习法令辟禁。今诸生不师今而学古，以非当世，惑乱黔首。丞相臣斯昧死言：古者天下散乱，莫之能一，是以诸侯并作，语皆道古以害今，饰虚言以乱实，人善其所私学，以非上之所建立。今皇帝并有天下，别黑白而定一尊。私学而相与非法教，人闻令下，则各以其学议之，入则心非，出则巷议，夸主以为名，异取以为高，率群下以造谤。如此弗禁，则主势降乎上，党与成乎下。禁之便。臣请史官非秦记皆烧之。非博士

---

① （汉）司马迁：《史记》，中华书局，1982，第258页。

官所职，天下敢有藏《诗》、《书》、百家语者，悉诣守、尉杂烧之。有敢偶语《诗》《书》者弃市。以古非今者族。吏见知不举者与同罪。令下三十日不烧，黥为城旦。所不去者，医药卜筮种树之书。若欲有学法令，以吏为师。"制曰："可。"①

尽管李斯的这番话语促使秦始皇发动了"焚书坑儒"这双重罪恶行动，但是一些人依然替李斯争辩说，他的政策并不是像后来那些不停抱怨的儒们所批判的那样——偏离正确轨道太远，所谓的"坑儒"事件也仅仅是一次单独的偶然性悲剧罢了。无论如何，被埋葬的学者有460人之多，他们被单独挑选出来是因为其拒绝在国家政策的原创性制定上给予智性支持。根据一个稍晚出土的资料，受害者人数为700人，某些受害者是出于对改变世界秩序和法律纲常的恐惧心理而死的，他们也被划归为"儒者"一类。②

最近对"焚书"的重新评价普遍要求降低这一事件的历史影响，在检视这种新兴观念之前，我们先回顾总结一下晚清和近代最后一位古文经学大师章炳麟那相反却极具说服力的观点。他对"焚书"事件的分析是非常能够使人信服的。对我而言，他使我确认了秦朝政府对经典的禁止程度。上述所引李斯之言似乎显示出这是一种私人对经典的占有，上百儒者被剥夺了职权，并被剥夺了个人对经典的阐释权；档案史料的抄写本在首都存放着，可

---

① （汉）司马迁：《史记》，中华书局，1982，第254～255页。
② 读者可参见卫宏（25～57）撰写的《诏定古文尚书序》，存于张守节所评注的《史记》中；关于七百儒生是如何在骊山边的狭窄隘路被设下陷阱的，这部分内容同样可见于张守节的注释。

供博士使用。医学、占卜和农学之书均未被禁止。对于文化人而言，最大的损失是编年史式的记录已被销毁殆尽，只剩下秦朝的编年史。然而从现存的历史证据来看，秦朝的编年史其实也不过就是少量的名单式的记录罢了，如人名、日期、地位、等级、官职以及所参加的战争等，这些简单的史料自然无法激起人们诠释的欲望，更别说是有什么前车之鉴的效用了。正如司马迁所言：

> 秦既得意，烧天下《诗》《书》，诸侯史记尤甚，为其有所刺讥也。《诗》《书》所以复见者，多藏人家，而史记独藏周室，以故灭。惜哉，惜哉！独有《秦记》，又不载日月，其文略不具。[①]

尽管关于"焚书"一事，司马迁给出了清晰明确的陈述，但美国汉学家德克·卜德（Derk Bodde）却争辩说秦始皇并不是一开始就有意把焚毁的范围设定得那么广，以至于几乎尽毁，因为在李斯的口头表达中还是明确地指定了一些例外的。[②] 卜德还认

---

① （汉）司马迁：《史记》，中华书局，1982，第 686 页。编年史的记录和撰写在秦朝处于被压制的状态，秦朝本身的编年史可以说少得不能再少了，简省的只言片语也可谓秦朝编年史的一种特质。关于这些是如何影响后世史书编纂或说历史编纂学发展的，可参见吕世浩《从史记到汉书——转折过程与历史意义》，台北，台湾大学出版社，2009，第 24~46 页。

② 读者请参见〔美〕德克·卜德（Derk Bodde）撰写的"The State and Empire of Ch'in"，收录于曾任《亚洲专刊》主编并曾任伦敦大学远东语言与文学系主任的英国汉学家丹尼斯·崔瑞德（Denis Twitchett，也常被人称作"杜希德"）与鲁惟一（Michael Loewe）主编的 The Cambridge History of China, Vol. Ⅰ: The Ch'in and Han Empires, 221 B. C. – A. D. 220（Cambridge：Cambridge University Press, 1986），第 70 页。（转下页注）

为，"焚书"所带来的损失还没有这次事件之前历史所造成的损失大，如前 206 年秦宫殿的烧毁就已经造成了大量图书的损毁；另外，周朝典籍的自然磨损迟早也会发生。[1] 这种秦朝短暂政策的所谓长期影响实则只是心理层面上的。卜德总结道：

> 这次事件造成了后来学者持续性的心理震荡和剧变，以及对于秦王朝的长期厌恶心理，即便在事实层面上，焚书并未造成中华帝国之后系列性的书籍禁毁。[2]

（接上页注②）译者注：

〔美〕德克·卜德（Derk Bodde，1909～2003），1930 年获得哈佛大学学士学位，1931～1937 年作为研究员专注于汉学研究，1938 年获得莱顿大学汉学博士学位。1948 年福布莱特计划项目创立，他成为首位获得奖学金的美国人，赴北京从事研究。1968～1969 年担任美国东方学会主席，1985 年被亚洲研究协会（AAS）授予亚洲研究杰出贡献奖。他生命中的大部分时间任教于宾夕法尼亚大学汉学系，退休后被授予"汉学荣誉退休教授"的称号。他在中国法律制度史编撰方面做出了开创性的工作。

〔英〕崔瑞德（Denis Twitchett，1925～2006），又译作"杜希德"，生于伦敦，1946～1947 年就读于伦敦大学亚非学院，而后进入剑桥大学进行博士阶段的学习，1950 年获得剑桥大学博士学位。1960～1968 年担任伦敦大学亚非学院讲座教授，教授汉学，1968～1980 年担任剑桥大学汉学系教授，1980～1994 年担任普林斯顿大学胡应湘汉学教授，1967 年被选为英国国家科学院院士。他的学术兴趣在于中国隋唐时期的历史，主要著作有《唐代的金融行政》（*Financial Administration under the T'ang*，1963）与《唐代官僚历史的书写》（*The Writing of Official History under the T'ang*，1992），他还与哈佛大学学者费正清共同主编《剑桥中国史》（12 卷）。

[1] 〔美〕德克·卜德（Derk Bodde），"The State and Empire of Ch'in"，收录于丹尼斯·崔瑞德（Denis Twitchett）、鲁惟一（Michael Loewe）主编 *The Cambridge History of China*，Vol. Ⅰ：*The Ch'in and Han Empires，221 B.C. – A.D. 220*（Cambridge：Cambridge University Press，1986），第 70 页。

[2] 〔美〕德克·卜德（Derk Bodde），"The State and Empire of Ch'in"，收录于丹尼斯·崔瑞德（Denis Twitchett）、鲁惟一（Michael Loewe）主编 *The Cambridge History of China*，Vol. Ⅰ：*The Ch'in and Han Empires，221 B.C. – A.D. 220*（Cambridge：Cambridge University Press，1986），第 71 页。

最终，首个王朝的暴政被总结成了那句口号标语式的表达，即焚书坑儒。正如德国汉学家乌尔里希·内因格尔（Ulrich Neininger）所言：

歧义丛生的各类因素都聚集在儒家这个备受优待的大学派的屋檐之下，于是凝结成了一个强有力的神话，秦始皇遂成为一个具有魔性的刽子手，他的出现是为了斩断儒者所守卫的正统道路。①

郑樵名为《秦不绝儒学论》的文章常常是儒者们最不愿引用

---

① 〔德〕乌尔里希·内因格尔（Ulrich Neininger），"Burying the Scholars Alive: On the Origin of a Confucian Martyr's Myth," 载于沃尔弗若姆·艾维哈德（Wolfram Everhard）编 East Asian Civilizations: New Attempts at Understanding Traditions, Vol. 2: Nation and Mytholog, 第129页。
译者注：
〔德〕沃尔弗若姆·艾维哈德（Wolfram Eberhard, 1909~1989）是加州大学伯克利分校社会学荣誉教授，主要研究中亚、西亚和东亚社会。他出生于德国波茨坦地区，家族中有数人是天体物理学家和天文学家，而他则兴趣迥异。他于1927年进入柏林自由大学学习古汉语和社会人类学，并加入东方语言研讨班，学习中国的方言及口语，后在柏林人类学博物馆工作。他于1934年赴中国考察研究，搜集了各地的民间故事和传说，展现出对中国通俗文学、地方文化以及少数民族文化的浓厚兴趣；他还曾居住在华山地区，潜心研究中国的道教文化。他于1936年回到德国，担任莱比锡格拉西博物馆亚洲部主任，但迫于纳粹分子的压迫，他不得不逃离德国，后辗转到了中国香港、土耳其等地。他后半生的学术兴趣集中于以下几个方面：中国民间传说；亚洲大众文化；中亚民族关系；土耳其社会与历史；等等。他曾用土耳其语撰写《中国史》，对土耳其汉学研究做出了重大贡献，此书于1947年首次出版，后被翻译成德语和法语，英文版于1977年出版。他所著的《中国符号词典：中国生活与思想中隐藏的符号》（London and New York: Routledge, 1983）一书影响也颇为深远。他在民俗学方面的贡献在于将中国民间传说引入世界民俗研究的框架。在此框架内，他分析了中国民间故事和习俗的内容、结构以及传播。他的社会学学术背景对他的研究产生了积极的影响，使他不仅对故事本身感兴趣，而且对故事讲述者以及受众的性别、年龄和家庭关系的关注也颇多。

的关于焚书的文章。在这篇文章中，他指责了儒者本身：

> 秦时未尝不用儒学与经学，况叔孙通降汉时自有弟子百余人，齐鲁之风亦未尝替。故项羽既亡之后而鲁为守节礼义之国则知秦时未尝废儒而始皇所坑者概一时议论不合者耳。萧何入咸阳，收秦律令图书，则秦亦未尝无书籍也。其所焚者，一时间事耳。后世不明经者皆归之秦焚使学者不睹全书，未免乎疑以传疑……臣向谓秦人焚书而书存，诸儒穷经而经绝盖为此发也。诗有六亡篇，乃六笙诗本无辞。书有遗篇，仲尼之时已无矣，皆不因秦火。自汉以来书籍至于今日百不存一二，非秦人亡之也，学者自亡之耳。①

提倡打破旧习的偶像破坏者王充承认秦始皇对典籍和文本传统造成的实际损毁，但以其令人欣慰的观点在相当程度上减少了它的负面效应。在王充看来，时下的议论者正如历史上的老前辈们一样富有洞察力，有深刻的见解，他这样写道：

> 使五经从孔门出，到今常令人不缺灭，谓之纯壹，信之可也。今五经遭亡秦之奢侈，触李斯之横议，燔烧禁防，伏生之休，抱经深藏。汉兴，收五经，经书缺灭而不明，篇章弃散而不具。晁错之辈，各以私意分拆文字，师徒相因相授，不知何者为是。

① （宋）郑樵：《通志》，台北，新星书局，1963，第71页。

亡秦无道，败乱之也。秦虽无道，不燔诸子，诸子尺书，文篇具在，可观读以正说，可采撷以示后人。后人复作，犹前人之造也。夫俱鸿而知，皆传记所称，文义与经相薄，何以独谓文书失经之实？由此言之，经缺而不完，书无佚本，经有遗篇，折累二者，孰与蓑残？①

章炳麟指责郑樵开了低估"焚书"之罪的先河，他认为，郑樵开创了这么一种思潮：刻意忽视秦始皇对经典的普遍性禁毁所带来的损失和创伤。章炳麟自己对"焚书"事件的检视是从批评郑樵开始的，他指出郑樵误读了李斯的原始文本，表示应该从语法上分析"天下敢有藏诗书百家语非博士官所职者"这句话。这种误读是故意的，这是为了把损毁儒家书写遗产的罪责转移到项羽烧秦都上面来。作为证据，章炳麟引用了如下事实：李斯向君王呈上他的文章，其中一个原因是为了直接反对作为知识阶层代表的淳于越的提议。李斯在他的文章里含沙射影地提出了"是古今非"这一观点，后来这似乎成了一句格言，此种阻碍知识阶层的行为使得他们几乎不能自由地调和持续不断的古今争论。而且，对于秦朝的大儒伏生而言，如果他作为一个秦朝的博士已经被允许拥有古籍，那么他就不会再有任何理由在墙壁里面藏古籍的抄本了。

尽管秦朝政策所造成的真正的文本损毁被限定在儒家经典的流通和传播方面，加之秦朝中后期的战争也造成了一些经典的损

---

① （汉）王充：《论衡》，岳麓书社，2006，第276页。

失和丢失，[①] 但很多文本还是以各种形式传到了汉代。《吕氏春秋》（前 239）这一百科全书的编纂本身就是先秦时期的重要历史遗产。[②] 根据古老的传统，儒学大师荀子的一班杰出门徒传承了他遗留下来的学习经典的方法，并在秦朝颇显活跃。很多古典文本遗产的保存和流传，正如人们有所耳闻的那样，是千奇百怪，不按常理出牌的。这一点特别重要，因为它与秦朝本身留下来的遗产被继承的方式是不一样的。

一个最好的例子就是《尚书》。那个秦朝的博士伏生（上文已出现）现在正式登场了，他传播了这个文本的两个版本。第一个是口头流传的版本：

> 征之，老不能行，遣太常掌故晁错往读之。年九十余，不能正言，言不可晓，使其女传言教错。齐人语多与颖川异，错所不知者凡十二三，略以其意属读而已也。[③]

《尚书》的书写版本则是在他家的墙壁之中得以"存活"下来，不过是以破败的形式"存活"下来的。《汉书·艺文志》解释说：

---

① 卫琴（Wei Chin）曾在 "Ch'in Shih-huang's Book Burning as Seen from the Bamboo Slips Unearthed in Ying-ch'üeh-shan" 一文中指出，1972 年从古代儒学核心地带山东临沂银雀山的两汉墓地中出土的近 5000 片古代竹简记载了诸多哲学和军事著作，却偏偏一本儒家经典都没有。此文收录于李玉宁（Li Yu-Ning）编 The Politics of Historiography： The First Emperor of China（White Plains，NY：International Arts and Sciences Press，1975），第 145 页。

② 章权才：《两汉经学史》，台北，万卷楼，1995，第 60~61 页。

③ （汉）卫宏：《诏定古文尚书序》，引自（汉）司马迁《史记》，中华书局，1982，第 2746 页。

> 秦燔书禁学，济南伏生独壁藏之。汉兴亡失，求得二十
> 九篇，以教齐鲁之间。①

在这里，班固似乎也将伏生藏书于墙内的行为归咎于秦朝政府对于典籍的禁毁。②

第三节　博士

除了典籍作为历史文本遗留物的传播之外（尽管它们或许已经不那么完整了），秦朝对于经学发展的另一个重要贡献在于创立了"博士"制度。据《汉书》的"百官表"记载，秦朝率先确立了"博士"制度，"博士"应具备的能力和承担的职责是"掌通古今"。③"博士"这一称谓遂在《史记》描述秦代早期政治时出现。当秦王与他的大臣们探讨他作为中华大一统者应享有什么样的头衔最合适时，"秦始皇的基本编年史"记录了最高官员曾言：

> 臣等谨与博士议。④

最终秦始皇接受了将"秦朝第一个皇帝"（也就是"秦始皇"）作为表彰赞扬他的丰功伟绩以及他改朝换代之举的最佳头衔。而这之前，文武百官曾提出"天皇"、"地皇"以及"泰皇"

---

① （汉）班固：《汉书》，中华书局，1962，第1706页。
② 关于汉代早期《尚书》复原更为广泛并具延伸性的探讨，请参见本书第四章。
③ 关于先秦时期在偶然场合下产生的"博士"，可参见章权才《两汉经学史》，台北，万卷楼，1995，第62页。
④ （汉）司马迁：《史记》，中华书局，1982，第236页。

等头衔，这种从起名到定名的过程是要由博士共同参与完成的。古代此类事务都得有博士参与。掌管这些古今不重要的小事情，特别是关于礼仪方面的细节问题，并将之特别澄清明确，就是博士在当时的主要职责。在这个案例中，这样的知识被用于朝廷之上，并加以深思熟虑地审议。

博士的另一个功能或曰另一个任务，与参与朝廷审议有关系，那就是谏言。这里有一个绝佳的例子，就是淳于越。当70多个学者齐聚咸阳宫时，在对始皇帝一片庆贺声中，唯有淳于越发出了清醒的孤独之声。① 鲁惟一将这一事件总结如下：

> 淳于越参加了公元前214年的那次会议，不少于70个学者都对始皇帝的功绩表示了庆贺。有鉴于殷代和周代的经验，淳于越提出，对于刚刚建立的大帝国而言，有必要确保人员、兵力及财力各方面的支持，因此应给予皇亲国戚世袭的土地和权力，而不是依靠地方系统来掌控和管理他的领土。然而，他的这项提议失败了。②

下一个进入本部分章节的史料是《史记》，它提到博士显露

---

① 数字"七十"在历史记录中并不固定和确切。《汉书》中的一处评论可能在博士的人数方面更加接近事实。章权才曾经确定了9个秦朝博士的名字，见章权才《两汉经学史》，台北，万卷楼，1995，第63页。马非百找到了可证明有17个秦代博士的证据，但只确定了13个人的名字，见《秦集史》。

② 〔英〕鲁惟一（Michael Loewe）：《秦、汉、新朝历代人物：传记辞典》，莱登：布瑞尔出版社，2000，第53页。关于这段小插曲和淳于越对秦王的谏言，可参见（汉）司马迁《史记》，中华书局，1982，第254页。

出另一项行政职能，那就是鉴定奇观，发现预兆。如扬子江上起风暴阻碍始皇帝过江去湘山上的神殿时，一个博士就解释说这是神灵引发的暴风雨，此神灵正是后来嫁给舜帝为妻的远古圣贤尧帝的两个女儿。这里还有一个关于博士就神灵方面的问题给出建议的例子。一个博士将始皇帝的梦解释为秦始皇与海之精灵大战，他说这种精灵虽目不能见，但借助大鱼和海怪的形象得以显现。

显然，由上述这些多种多样的功能可见，博士将他们渊博的知识用于服务皇帝和他的朝廷，但没有明确的职责、权力或是行政持有人的限额。徐复观解释道：

> 他们的职责是皇帝的现场顾问，并由皇帝指派任务，如果皇帝没有什么需要咨询他们的，也没有什么任务指派给他们，那么他们就无事可做了。[①]

因此，博士虽掌握了大量的抽象知识，却不是那种将他们的知识用在与某个文本相关的知识库的专家。换言之，他们不是治六经的专家，也不是任何其他文本传统的专家，即使他们的知识背景包含了这样的学养，并将这些文本用作可随时提取信息的知识库。然而，他们关注的重点在于考察古往今来的文化知识，并将其用于朝廷的不时之需，而非提升以文本为基础的教育。

徐复观总结了秦代和早期汉代博士的特征：首先是他们所掌

[①] 徐复观：《中国经学史的基础》，台北，台湾学生书局，2004，第72页。

握知识的政治应用，其次是缺乏明确的职责和特定的权力，最后
是他们中的大多数来自儒者阶层。① 关于最后一点，事实上，司
马迁曾将"博士"和"儒生"并列使用，如下：

> 即帝位三年，东巡郡县，祠驺峄山，颂秦功业。于是征
> 从齐鲁之儒生博士七十人，至乎泰山下。诸儒生或议曰。②

我们可以发现，在这一段的后半部分，作者干脆直接以"儒生"
代替"博士"的称谓，这使得"博士"实则专指"儒生"。

儒者与博士之间的密切联系催生了理解"儒"这一术语的新
视角。《说文解字》曾经从语源学的角度指出儒家教义的屈服性
和柔弱性："儒者，柔也。"许慎（58～147）解释道：

> 儒，柔也。术士之称。从人需声。③

---

① 徐复观：《中国经学史的基础》，台北，台湾学生书局，2004，第 71～73 页。关于早
　期博士更为详尽细致的研究，可参见郭永吉《先秦至西汉博士论考——兼论博士与
　儒的关系》，《清华中文学报》2008 年第 2 期，第 63～118 页。
② （汉）司马迁：《史记》，中华书局，1982，第 1366 页。
③ 转引自段玉裁（1735～1815）为《说文解字》所作的注，见（汉）许慎著，（清）
　段玉裁注《说文解字注》，台北，京汉文化事业有限公司，1983，第 8 页。关于汉代
　晚期的语音学重建可见〔美〕许思莱（Axel Schuessler），*ABC Etymological Dictionary
　of Old Chinese* （Honolulu: University of Hawaii Press，2007），第 445、544 页。
　译者注：
　《ABC 上古汉语词源词典》是用中文之外其他语言写成的第一本真正意义上的
　古汉语语源学词典，是研究汉藏语言群体演变的里程碑。鉴于以前的研究强调汉字
　的结构，这本具有开创性意义的词典主要强调汉字的声音和意义。作者进行了 30 多
　年的深入研究，参考了各种资料，并以其他相关语系作为参照，如奥南、苗瑶以及
　苗泰语系等。该词典按字母顺序排列，查用起来极其方便。每个条目提供一个或多
　个可能的词源以及重建的发音和其他相关数据。形态上相关的词语被组（转下页注）

现任美国艾奥瓦州沃特伯格学院中文教授的汉学家许思莱
（Axel Schuessler）曾给出这样一个假设："需"在语义学上的发展
已经从"等待"衍生为"懦"和"臑"的派生意义，即"使时间
弯曲拉伸"。[1]段玉裁在《说文解字注》中对"需"进行了如下注释：

> 需，䇏也。遇雨不进，止䇏也。从雨而声。遇雨不进。[2]

章炳麟（1869~1963）接受了"儒"是"需"的派生词这
一观点，但他认为这条语义学演变之路并不是从《说文解字》那
儿来的，而是源于《易经》，所谓"云上于天需"。[3]正是由于这
样的联系，章炳麟将宇宙定义为"需"与儒者角色之间的联结，
因为儒者也知道上天运行的模式。[4]当然，"等待"这一含义可能
也联结了博士与儒者。

在对古籍资料和近现代学术成果进行漫长的探究之后，尼古
拉斯·祖福瑞（Nicolas Zufferey）认为先秦和早期汉代之"儒"
的最佳翻译是"学者"。[5]考虑到"儒"在语义功能的承担上接

（接上页注③）合成"单词家族"，作者试图借此明确某个词语与其派生词之间的关
系。该词典的序言部分也颇为重要，其概述了作者是如何看待汉语在整个亚洲所占
据的位置，并详细说明了汉语源流以及汉语最早阶段的语音和形态特征。可见，此
序言综合并总结了诸多已有的研究成果，在此基础上做出了原创性的贡献。

[1] 〔美〕许思莱（Axel Schuessler），*ABC Etymological Dictionary of Old Chinese*（Honolulu：University of Hawaii Press，2007），第 544 页。
[2] （汉）许慎著，（清）段玉裁注《说文解字注》，台北，汉京文化事业有限公司，1983，第 11 页。
[3] （三国魏）王弼：《周易正义》，中华书局，2006。
[4] 章太炎：《国故论衡疏证》，中华书局，2008，第 483 页。
[5] 〔瑞士〕尼古拉斯·祖福瑞（Nicolas Zufferey），*To the Origins of Confucianism：The Ru in Pre-Qin Times and During the Early Han Dynasty*（Bern：Peter Lang，2003）。

近"博士"的这种可能性，加上受到司马迁将"儒者"与"博士"并列使用的启发，同时基于博士没有明确和常规的职责这一事实，我们完全可以为祖福瑞辩护，证明他的解释和翻译是正当的，因为他也不过是把"儒"从语法上解析为"等待被指派具体任务的学者"或"等待被指派行政职能的学者"。应劭（140~206）《汉官仪》中的一处引证常被忽略，他实际上为博士"等待被下达任务"这一情形提供了强有力的证据："文帝博士七十余人，为待诏博士。"这真是"儒"之原初意义的澄清！① 此外，博士和儒者之间的强烈联系是被宰相李斯建立起来的。就在淳于越上奏了他那建议秦朝政府授予皇室家族成员封地这一失败的谏言之后，李斯就在他的反驳性文章里将这位勇敢的博士称作"无知愚昧的儒生"。

早期的儒与儒家思想守护者之间的联系到了西方学界并不能够被毫无疑问地接受。在当代中国，这一术语不自觉地指向了不假思索、不加以任何限定的儒家文化者。暂且抛开语源学不论，对于这一术语应用的细致考证也会揭示出不同的内涵。在汉代，这一术语预示并意味着一群拥有以下三项可供国家使用之技能的传统主义者或曰因循守旧者：对礼仪规范的掌握以及起草文书的能力；精通文学，具备超强的书写能力，并赋予书写以极高的价值；致力于历史文本，并能够灵活自如地引证

---

① 徐复观：《中国经学史的基础》，台北，台湾学生书局，2004，第241页。

运用古籍中的章句。① 在功能和政府职能上，"儒"披着上述三层伪装，骨子里实则是孔孟之道的追随者，他们是最接近经学历史的经学家。② 作为政府职能部门中的一员，侍奉并效忠于朝廷或曰政府最终成为儒家思想意识形态中的根基性存在，于是，"儒"原本的多元性开始逐渐归拢于一，"儒"后来专指入仕的儒

---

① 〔美〕本杰明·瓦拉克（Benjamin E. Wallacker）：《汉代儒家思想与孔子在汉代》（"Han Confucianism and Confucius in Han"），收录于由大卫·罗伊（David Roy）和曾任芝加哥大学远东图书馆馆长与中国文学教授的美籍华裔汉学家钱存训（Tsuen-hsuin Tsien）共同编纂的《古代中国论文集》（*Ancient China: Studies in Early Civilization*，也可译作《古代中国：早期文明研究》），香港中文大学出版社，1978，第215~228页。

② 读者请参见加州大学伯克利分校历史系教授戴梅可（Michael Nylan）撰写的《一个问题模式：汉代的"正统综合体"》（"A Problematic Model: The Han 'Orthodox Synthesis"），收录于由伊利诺伊大学香槟分校东亚语言文化系及历史系的副教授周凯文（Kai-wing Chow）、宾夕法尼亚州立大学历史系的副教授殷昂畴（On-cho Ng）与路易斯安那州立大学历史与宗教研究专业的教授琼·汉德森（John B. Henderson）所共同编纂的《想象边界：革新儒教教义、文本与诠释》（*Imagining Boundaries: Changing Confucian Doctrines, Texts, and Hermeneutics*），纽约州立大学出版社，1999（Albany: State University of New York Press, 1999），第17~56页。

译者注：

〔美〕戴梅可（Michael Nylan）于1968年进入加州大学伯克利分校进行学士阶段的学习，1970年获得历史学学士学位；紧接着进入纽约州立大学布法罗分校展开硕士阶段的学习，并于1973年获得历史学硕士学位；1976年进入普林斯顿大学攻读博士学位，于1981年获得东亚学博士学位。她还曾赴剑桥大学东方研究院与北京考古学研究所进修研习。她的研究领域包括早期中国社会；战国史；东汉历史；中国物质史；中国美学理论；当代中国人对历史遗产的接受；等等。她学术兴趣广泛，其社会政治学的治学背景为其研究中国文化历史增添了新的视角。她的主要研究成果有《中国早期的帝王和皇室》（*China's Early Empires*，Cambridge: Cambridge University, 2010）；《扬雄与阅读及经典研习之乐趣》（*Yang Xiong and the Pleasures of Reading and Classical Learning*，The American Oriental Society, 2011）；与托马斯·威尔森（Thomas A. Wilson）共同撰写的《孔子的生活》（八卷本）（*Lives of Confucius*）；与安瑟尼·巴比尔里-路艾（Anthony Barbieri-Low）共同撰写的《重塑中国往昔历史：艺术、考古学与建筑学》（*Recarving China's Past: Art, Archaeology, and Architecture*，Princeton: Princeton University Art Museum, 2005）；等等。她还曾将扬雄的《法言》全书翻译成英文，名为 *Exemplary Figures: A Complete Translation of Yang Xiong's Fayan*，（University of Washington Press, 2013）。

者。在另一章中，我们将会见识到孔孟追随者逐渐从一般的古典学者转变为特指的"儒"以及由礼仪专家转变为文本专家的这一过程。

第四节　书写字体的统一

秦王朝在经学发展这方面的最后一个贡献是将各地区不同的书写字体统一确定为一种形式，这种形式是由宰相李斯发明的，或者说至少是在他的指导之下发展起来的。据许慎（58～147）所言，有八种字体在当时的秦朝被普遍使用，它们分别是大篆、小篆、刻符、虫书、摹印、署书、殳书以及隶书。[1] 其中小篆是由李斯发明的，这一字体很快演变为隶书并被秦汉两代的官僚机构当成规范字体正式使用；此外，私塾先生可以不费吹灰之力教会学生怎么去书写。总之，一般的文化人想要学会隶书这种字体是很容易的。[2] 李斯还创立了一套辞典编纂的方法，他编纂的辞典更类似识字教材和启蒙读物，而不是那种具备批判性的辞书，他将之命名为"仓颉"，共有七册。[3] 在许慎为这本大辞典所作之序言的基础上，班固总结了李斯编纂此辞书的历史背景与造成的

---

[1] （汉）许慎著，（清）段玉裁注《说文解字注》，台北，汉京文化事业有限公司，1983，刊后跋。另外一类八体也就是汉代晚期所谓的"八隶"，或指书书的八种变化形式，或指由正书/楷书发展而来的八种字体。可参见吕思勉《论隶书八分正书》，收录于《文字学四种》，上海教育出版社，1985，第129～140页。

[2] 传说一个叫程邈的人在冥思苦想并反复试验长达十年之久之后，发明了隶书。关于这则神话传说，可参见雍和明与彭敬二人共同撰写的著作 *Chinese Lexicography: A History from 1046 BC to AD 1911*（Oxford and New York: Oxford University Press, 2008），第99页。但是这本书并没有对此神话传说详加介绍，而只是提及而已。

[3] 关于这一问题的深度探讨，可参见德克·卜德（Derk Bodde）《中国第一个大一统者》（*China's First Unifier*），香港大学出版社，1967，第148～161页。

结果和后续效应。

> 《史籀篇》者，周时史官教学童书也，与孔氏壁中古
> 文异体。《苍颉》七章者，秦丞相李斯所作也；《爰历》六
> 章者，车府令赵高所作也；《博学》七章者，太史令胡母
> 敬所作也：文字多取《史籀篇》，而篆体复颇异，所谓秦
> 篆者也。是时始造隶书矣，起于官狱多事，苟趋省易，施
> 之于徒隶也。汉书〔兴〕，闾里书师合《苍颉》、《爰历》、
> 《博学》三篇，断六十字以为一章，凡五十五章，并为
> 《苍颉篇》。①

在考古记载中，字体演变的踪迹依旧非常明显，包括复杂
独体字的简化与标准化处理，简单合体字的修正以及某些字的
一个或多个元素之完全替换，甚至是字符与日俱增的激进化变
迁。秦朝改革者对字体的革新秉持着两种指导原则：一方面保
留字符的语音成分，另一方面忽视那些保存在字体演变历史中
的原始特征。我们说，书写文字的传播同样也得与时俱进，出
于时代的需求，字体本身一定会经过历史的自然演变，但原始
的字体特征也还是会被保存下来，而秦朝的改革者在这里刻意

---

① （汉）班固：《汉书》，中华书局，1962，第1721页。关于李斯的生平事迹，可参见
《史记》中关于他的传记。最近十多年的中国国内研究成果如下：钱宁《秦相李
斯》，台北，九歌出版社，2000；相关的原始资料与传统的批判性评价文章的汇编；
张中义等辑注《李斯子》，中州书画社，1981。关于这些早期的字书和辞典，可参见
胡朴安的《中国文字学史》（两卷本），上海书店出版社，1984，第23～35页。

地将之忽视。^① 这种改革也可能是为了便利，因此直接将各地区
不同字体进行了简单化处理。^② 鲍则岳（William G. Boltz）设想了
字体改革背后的动机，他认为秦王朝力图将一切统一化、标准
化，甚至可以说是力图对寰宇天地间的万物万象做整齐划一式的
一致性处理，如统一度量衡等其他改革措施就是源于这一思想根
基，对字体的改革当然也就包含在内了。^③ 这一显而易见的解释
却可能是不充分的。

　我们应当回首遥望李斯的经学老师荀子（约前 331 ~ 前 238）
的思想，他的许多理论都被运用到政治策略上了，"正名"就是
其中一项。当然，李斯原本可以将这项原则用于那些不成熟、没

① 关于这一点可参见曾在威灵顿维多利亚大学教授早期中国历史与考古学的澳大利亚
　汉学家诺尔·巴纳（Noel Barnard）撰写的《现存出土考古文献反映出的秦朝文字改
　革之本质》（"The Nature of the Ch'in 'Reform of the Script' as Reflected in Archeological
　Documents Excavated under Conditions of Control"），收录于大卫、罗伊、钱存训《古
　代中国：早期文明研究》（Ancient China: Studies in Early Civilization），香港中文大学
　出版社，1978，第 181 ~ 213 页。
　　译者注：
　　〔澳大利亚〕诺尔·巴纳（Noel Barnard）因其对中国早期历史和考古学的研究
　而享誉国际。他在中国冶金学和铭文学方面的成就也十分突出，他对周代青铜器上
　铭文的解读堪称权威。他一生撰写了 13 部专著以及 70 多篇论文，澳大利亚政府为
　表彰其在诸多研究领域所做出的杰出贡献，于 1970 年授予他澳大利亚人文科学院院
　士称号。他本科阶段学习亚洲历史和地理学，在维多利亚州完成本科阶段的学习之
　后移居悉尼，成为获得澳大利亚国立大学（ANU）首批博士奖学金的学生之一，并
　成为该校首位中国历史学方向的博士。此后他专门从事中国学研究，在澳大利亚国
　立大学任教逾五十载。
② 德克·卜德（Derk Bodde）为此做了如下注解："25% 的先秦文字可能出于多种原因
　被秦朝的改革者废止，如某些地方的名称、人名以及一些器物的名称都废除不用了，
　没有为之后的历史时代留下任何遗迹。"见〔美〕德克·卜德（Derk Bodde）《大秦
　王朝》，第 57 页。关于这方面最全面的英文综述，读者可参见〔美〕德克·卜德
　（Derk Bodde）《中国第一个大一统者：透过李斯的一生看秦朝》，香港大学出版社，
　1967，第 147 ~ 161 页。
③ William G. Bolt, The Origin and Early Development of the Chinese Writing System（New
　Haven: American Oriental Society, 1994），p. 157.

经验的法制主义者单纯以政治力量掌控的领土之上，而不是将之用于以儒家道德力量统治的区域。荀子正名说的理论实施包含三个部分，美国汉学家、《荀子》一书的英译者约翰·诺布洛克（John Knoblock）对此做了如下解释。

> （1）后王创建的名称；（2）世上万事万物的名称；（3）研究性的技术用语。由后王创建的名称包括运用于商代刑罚和惩处分类的术语，周天子创制的关于等级和王权高贵性的修辞，与礼仪和仪式相关的各种社会文化生活以及各类仪礼规范的名称……运用于商代刑罚和惩处分类的术语已无从知晓，但是通过周代的文献，我们可以了解那些词语曾经拥有的威望。荀子毫不怀疑地坚信对于商代刑罚制度的高度礼赞，是源于他忠诚地追随并坚守了周天子对律法的崇尚。①

在别处，诺布洛克注意到荀子可能已经接触到一些重建的文本，这些文本被同辈人视为真正由商人记录下来的与商代刑罚法典有关的文字，此类文献在重建后得见天日。例如，《尚书·康诰》就记载：

> 王曰：外事，汝陈时臬司师，兹殷罚有伦。②

---

① John Knoblock, *Xunzi: A Translation and Study of the Complete Works*, Vol 3 (Stanford University Press, 1994), p. 118.
② （汉）孔安国：《尚书正义》，上海古籍出版社，2007，第96页。

出于对刑罚法典术语的关注，荀子刻意强调了"正名"，并同时将目光聚焦于周朝官僚机构所使用的各种称谓。这些名称涉及政府组织的宏观理论、不同办事机构的权力划分以及等级制度等。[①]

最初由孔子设想、提出并加以解释的"正名"说究竟有何影响，我们将在第六章把这个问题与我对许慎那本大辞典——《说文解字》——的分析结合起来加以探讨。许慎曾在《说文解字》的刊后跋中拐弯抹角、含沙射影地论及这一问题。多亏了李斯在字体革新方面做出的贡献，汉字书写遂以那样的形态和样式一代代地发展。许慎对此自然也有颇多观点和看法，这些在他的《说文解字》中皆可见一斑。现在，让我们以李学勤的一段绝佳的文字结晶来总结本章。在这段文字中，他强调了秦王朝文字改革的重要性，如下：

> 如所周知，秦代统一文字，是中国文字发展的重大转折之一。后世的篆、隶、楷、行、草各种字体，主要来源于秦的文字。秦朝以法令禁绝不合于秦文字的字体，同时颁行李斯《仓颉篇》、赵高《爰历篇》、胡母敬《博学篇》等字书，作为文字教育的课本，起了很大的效用。汉初的文字，完全继续了秦代发轫的轨道，使文字终归统一。因此，经过一二世代以后，西汉的人已不能识读被废除的文字。这样就产生

---

① （汉）孔安国：《尚书正义》，上海古籍出版社，2007，第96~98页。

了所谓"古文"和"今文"的分别，"古文"指统一文字以前与秦不同的文字，"今文"指统一以后的文字。事实上，汉初的人们接触到的"古文"，主要是战国文字。①

---

① 李学勤：《东周与秦代文明》，上海人民出版社，2007，第361~362页。

第二章

前经学时代：汉代早期的经学思想家

汉代经学的广度由早期的师法和家法传承关系所决定。这种谱系关系指引经学门派发展的观念是由班固（32～92）——这位使整个西汉时期的历史得以画上完满句号的伟大历史学家——所提出并进一步加强的。根据他那被普遍接受的观点，那些秉承了故学旧知的伟大学者们对正统儒学的传播正是循着自孔子以来一脉而下的师族谱系进行的。班固曾在《汉书》中写道：

> 赞曰：仲尼称"材难不其然与！"[1] 自孔子后，缀文之士众矣，唯孟轲、孙况、董仲舒、司马迁、刘向、扬雄。此数公者，皆博物洽闻，通达古今，其言有补于世。[2]

周朝走向穷途的末年与汉代始建之初——此二者间经学链条的断裂发生在荀子那里。我已在《中国经学史》（第一卷）中介

---

[1]　（清）刘宝楠注疏《论语正义》，中华书局，1990，第20页。
[2]　（汉）班固：《汉书》，中华书局，1962，第1972页。

述了他对经典的研习和传播。荀子的名字将频繁地出现在我接下来的书写当中，因为他的确对早期汉代的诠释学以及汉人所仍然坚持的文本训练有着一定的影响。读者一定会关注之后数页篇章中反复出现的荀子之名，因为那将会是自然而然的事情，同时也是富含教育性和启发性的。总的来说，在聚焦于汉代经学的本卷中竟然出现了这么多次荀子的名字，这足以证明他作为儒学的集大成者，曾经支配和统治了周代晚期几乎所有儒学家的学术生涯！而且，即便其间经历了秦王朝短暂的中断，他似乎还是将经学原封不动地传到了汉代。①

西汉时期的董仲舒（约前 179～前 104）以他对公羊学的解读和诠释——《春秋繁露》——为基础建构了整个经学体系，成为经学系统的重要缔造者。继承了其学术成就和学术观念的司马迁（约前 145～前 86，一说前 135～前 86），开创了历史书写的各种体裁和类型，可谓名垂千秋万代的历史学家！他的鸿篇巨制《史记》对往昔史事的褒贬评论被列入经典，②奉为妙笔圣言而被世世代代所铭记！同时，也为此后班固对西汉历史的书写提供了范本和模式。相对于班固更为简约和克制的措辞，司马迁则是创造了犹如复调对位式的文体，使用了颇为丰富的词汇与高雅的散文性语汇。刘向（约前 77～前 6）是文本批评家中的佼佼者，他校对了保留在汉王宫档案馆内那些分散的残留原稿，将它们整理

---

① 最初研究荀子对汉代经学影响的学者及著作为徐平章的《荀子与两汉儒学》，台北，文津出版社，1988，第 123 页。

② 毕竟，根据班固之父班彪（公元 3～54 年）所言："世有史官以司典籍。"见（南朝宋）范晔：《后汉书》，中华书局，2000，第 1324 页。

编排成符合那个时代的版本，并为每段新文本写下序言式的介绍，通过这一注解方式使远古典籍得以被人接近和理解。为这个时代画上完满句号的则是扬雄（前 53～18），他是一位经学家、文本批评家、思想家、政论文作家以及词典编纂者，同时还是一位诗人，他的作品验证了那个时代的普遍主义倾向。

这种世袭的家传关系未免太过折中以至于太过均衡，但是当代学者许抗生建议当我们聚焦于专治一经的大师们时，可以用一种双向视域进行考察，如：叔孙通是《周礼》的专家，于是照着《周礼》上的规则为早期的汉宫廷设计出一套礼仪制度；[①] 陆贾将自己的著作《新语》建立在对《春秋穀梁传》的研究之上；贾谊的论著集《新书》是受了《左传》的启发；韩婴专注于《诗经》，并同时精通《易经》。[②] 但是，正如许慎自己所承认的那样，这些大师们的著作中没有一本可以称得上真正的经学著作。

我在书中将力图区分那些见多识广的读者、经典诠释者以及用阐释和传播经典文本等途径建构并促进经学传统之发展的老师和学生们，毕竟，经典教育有别于一般的文本批评教育。一些历史记录中的线索可以证明经学家之前对经书的分类、整理等有时的确会沉淀至文本批评和注解的"间歇处"，然而他们现存的著作中没有一本是具备足够的视野能够揭示出他们自身学术研究的轮廓的。不管怎么说，经典文本的主要读者都在提升那些持文本

---

① 由于《周礼》直到西汉末年刘向对其进行编订才从模糊晦涩的汉代王室案卷中脱颖而出，因此，若说叔孙通或其他学者在那之前就已经熟谙《周礼》了这是值得高度怀疑的。

② 许抗生等：《中国儒学史·两汉卷》，汤一介、李中华主编《中国儒学史》（第二卷），北京大学出版社，2012，第 67 页。

中心论的经学家们足以炫耀的那种必要的知识氛围方面起到了他们的作用。① 尤其是在汉代早期，这是一个在汉武帝及其后继者的专制统治之下将经典作为宇宙规则的新儒家正统的时代，当然，让人们树立起这一意识花费了不少时间。并且，那一时期关于政治、社会及经济方面的写作都是以源自经典或者从经典中获得的道德训诫和伦理规范为基础的，这已成为当时诠释经典的一种形式。

基于上述原因，这就是许抗生所谓的以语言文献学为导向的那种均衡却不必要的家传关系为何能够建构我看待西汉早期经学家的视域框架。本书第四章就将聚焦于西汉早期经学家们更为严格的语言文献学训练以及他们所做的努力，而且这将会揭示出残留于早期思想家著作之间的联系。不同于第一卷中将教育问题孤立出来进行探讨，本卷会把那一时期的思想家和教育情境结合起来探讨。我相信这将会是极富益处的。

第一节　叔孙通：从礼仪到文本

叔孙通（生年不详，卒年约为前 188 年）作为汉代早期有功之臣中的一员，建构并规范了汉代的管理制度以及标准化程序，并在多个领域中实施，正如班固所描述的那样：

> 天下既定，命萧何次律令，韩信申军法，张苍定章程，

---

① 对于早期思想家与朝廷谏言者简明扼要的介绍，可参见徐复观《中国经学史的基础》，台北，台湾学生书局，2004，第 208～222 页；秦学颀《论西汉前期的经学思潮》，《重庆师院学报》（哲学社会科学版）1998 年第 2 期，第 10～16 页。

叔孙通制礼仪，陆贾造新语。[1]

根据后人为他所作的传记，叔孙通是第一个以文学之名被招募进秦代官僚机构的待诏博士，这一官职明确反映了经学家与博士之间的渊源。[2] 暂且不管司马迁对这种征募之举背后的思想基础的描述和评论，许抗生假定这是由于拥有律法方面的专门知识和专家意见，叔孙通从而像一个朝廷中的专职法律顾问那样富有吸引力。[3] 他被任命的职位使得他必须心甘情愿地说皇帝爱听的话。当公元前 209 年爆发陈胜起义之时，一批经学家和博士聚集起来商议什么样的对策能够应对这种突如其来的紧急事件，而叔孙通那时只是一个 30 岁左右的博士。对于沸沸扬扬的舆论，叔孙通倒是将陈胜的起义看得相当简单，他视其为一次单纯的土匪打劫行为。他的建议是把惩治叛乱的任务下放给地方司令官。他的这一策略深得当时的统治者秦二世之欢心，作为奖赏，他被赏赐了丝绸、衣物以及待诏博士的职位。但是他的同僚把他的政治策略视作对皇帝的阿谀奉承，而非具备实际益处的建议。当得知一场真正的大规模叛乱正在酝酿和发展之时，他仓皇而逃，只对

① （汉）班固：《汉书》，中华书局，1962，第 81 页。
② 司马迁在《史记》中把叔孙通与刘敬放在一起，写成了一篇合记式的传记，见（汉）司马迁《史记》，中华书局，1982，第 2715~2720 页书写刘敬的传记，第 2720~2727 页书写叔孙通的传记。在班固的《汉书》中，叔孙通是辅助统治者建立并稳固汉代政治制度的五大秦朝遗民之一，其余四位分别是郦食其、陆贾、刘敬及朱建。叔孙通的传记见于（汉）班固《汉书》，中华书局，1962，第 2124~2134 页。
③ 许抗生等：《中国儒学史·两汉卷》，汤一介、李中华主编《中国儒学史》（第二卷），北京大学出版社，2012，第 37 页。在此书的第 34~40 页，许抗生对叔孙通进行了详尽的评述，他将叔孙通称作"儒学研究的先驱者"。

昔日赞同支持他的旧同僚留下这么一句话："我险脱虎口！"这种功利主义式的自我保护恰恰是对他政治谏策的一种解释，那就是彻底的浮夸！但此类针对他个性的历史性观念也是某种程度上对他的黑化处理。

叔孙通逃到了他祖上的老家——薛，靠近随后称霸中国江山的征服者刘邦的出生地。未来的高祖，也就是刘邦（前 202～前 195 年在位）出生于沛县（今属江苏徐州）。叔、刘二人共享着相同的南方楚地文化。叔孙通加入了项羽的军队，当时项羽在该地手握大权，他一直效忠项羽，直到彭城之战（前 205）爆发之后，他最终投降了刘邦。尽管在那场战役中刘邦失败了，但是叔孙通依然跟随着他一道撤退。

叔孙通叛楚归汉，为刘邦带去了一百多位儒学大师和学生。在汉重新一统天下之后，他获得了亲近君王的机会，他的博学广识被承认并为他赢得了"稷嗣君"这一封号。他还承担了博士之职。然而，他不曾试图推荐任何追随他投奔刘邦的儒生进入朝廷，全然不顾他们的抱怨，因为他知道还未到推行儒家价值观的成熟时机。那时的汉高祖只是希望一切简单朴素，并废除秦王朝遗留下来的苛政酷刑。这种对简单的诉求反映了楚文化中的道教因素，也折射出刘邦作为君王对叔孙通这一类人身上所烙印着的儒家标记之厌恶。叔孙通适当地将自己的穿着服饰改变成楚地之貌，并保持着他一贯的平和作风。机会很快降临了，由于在朝大臣都是一些武将，他们那粗鲁不羁的言行举止更适合于户外军事营地，而非庄严肃穆的朝廷，因此这时的刘邦亟须遏制那些不恰当的行为。当机会降临之时，叔孙通察觉到了此时的朝廷必定欲

求一批新的人才，他的康庄大道由此打通，便顺势为政府设计了
符合朝廷之威严的礼仪制度，从而维护了朝廷作为皇室机关的无
上尊严。叔孙通将远古时代的先例和秦人的实践结合起来，以此
为基础创制了汉代礼仪规范。

叔孙通将自己的功绩描述如下：

> 五帝异乐，三王不同礼。礼者，因时世人情为之节文者
> 也。故夏、殷、周之礼所因损益可知者，谓不相复也。臣愿
> 颇采古礼与秦仪杂就之。①

回首《史记》中关于叔孙通对礼仪制度之建设的论述，其肯
定了汉代对秦朝礼仪的继承或者说秦朝礼仪的接续性以及作为秦
朝礼仪奠基的远古周王朝的先例，如下：

> 至秦有天下，悉内六国礼仪，采择其善，虽不合圣制，
> 其尊君抑臣，朝廷济济，依古以来。至于高祖，光有四海，
> 叔孙通颇有所增益减损，大抵皆袭秦故。②

叔孙通从鲁地招募了 30 名经师来帮助实现他的礼仪建设工
程。其中有两人提出异议，他们坚持古代礼仪不应被更改，只可
待百年的道德沉积之后重新制定。对他们的意见，叔孙通只是嗤

---

① （汉）司马迁：《史记》，中华书局，1982，第 2722 页。
② （汉）司马迁：《史记》，中华书局，1982，第 1159 页。

之以鼻，说道："若真鄙儒也，不知时变。"他招募了他自己的100名门徒以及一些向朝廷提议、私底下在都城之外实施一个月他的新礼仪而后让皇帝来检视这次试验的当朝学者。两年之后，所有的演习和准备工作都完成了，首次正式的仪式于前196年在长乐宫举行。汉高祖视察后大悦，即刻封叔孙通为太常作为赏赐。就在这时，叔孙通见时机成熟，于是上表请求皇帝任命那些跟随自己的儒生来掌管相关职务，结果他们全部被封为"郎"了。这是经学家首次被引介入朝廷并担任职位，当代学者林聪舜将之视为叔孙通的一大贡献，认为这和他的其他成就一样重要。

前194年，叔孙通被任命为太子的老师，他成功地守护了太子，使之幸免于前191年一次口头抗议和争辩可能导致的继承权变更。叔孙通侍奉了下一任皇帝——惠帝（前195～前188年在位），他不仅是帝师，还是礼仪大臣，并又召集了一批儒生为应和祖先之庙宇建设而制定新的礼仪，他还校订修正了之前他设计并已在实施的礼仪。

为了表彰叔孙通在建立作为新王朝基石的礼仪方面所做出的杰出贡献，司马迁将他盛赞为"汉家儒宗"。司马迁采用了另一种方式来强调他的成就：既然叔孙通与刘敬在《史记》中分享一篇传记，那么从修辞学的角度而言，他的事业必定要与刘敬处于同一水平线上。事实上，对刘敬人生的介绍开始了他们共同享有的传记。因此，对后面内容的快速浏览是符合先后次序的。

刘敬（生年不详，卒年约为前200年，原本的姓为娄，因刘邦赐姓而改姓刘）通过制定若干关键性、在海内外都具有首创意义的政策为汉代早期的社会凝聚力的增强立下了汗马功劳。《史记·刘敬叔孙通列传》保留了大量刘敬自己关于这些政策的口头探讨与商议，这成为对他的政策的最佳注解。首先，他支持迁都长安，他强调周朝最后之所以衰落，不是因为道德沉沦，而是由于不当的军事策略，还有就是洛阳的自然防御条件实在是太差了！其次是他对汉王朝与匈奴之间关系进献的策略。刘敬曾被派去窥探评估匈奴的备战状况。他是唯一一个亲眼见证匈奴备战过程的密使，他深知汉王朝的薄弱环节，故反对直接进攻，因为这样有可能会让汉军被流动性的游牧军队突袭。但他由于此种谏言锒铛入狱，当朝者认为他是在污蔑汉王朝的军事力量。事实证明了刘敬的观察，在平城之战（前200）中，汉军惨败，之后刘敬便被皇帝释放了。刘敬建议用和亲代替正面进攻，他认为联姻可以建立起血亲后代之间的友好联盟。再次，他还主张将六国旧贵族迁移到长安，这样可以缓解外族入侵的压力，并使其易于掌控。他被任命全权实施这一迁移方案，在他的努力下，十万人被迁至关中地区。这便是刘敬政治策略的闪光之处。叔孙通得以在《史记》中与此杰才共享同一篇传记，必定欣慰！当然，叔孙通的卓越是有目共睹的，他为新王朝制定了一套精巧的礼仪制度，但在司马迁的心目中，他的功绩并不是盖世的。将其与刘敬并列于一篇传记之中，才是对他正确的褒奖。

尽管叔孙通本人的功绩主要在礼仪方面，却无任何证据表明他是研习并诠释礼仪文本的经学家。他既然能扮演礼仪司长这一角色，则必定在以下方面有所建树：收训弟子，提升门徒在念诵典章和表演礼仪方面的能力和水准，改进以前使用的语言，注释文本，并丰富原来的注释，口头讲解仪式音乐与舞蹈中令人费解的部分。然而，司马迁未曾提及这种教学工作的文本基础。取而代之的是，他将早期的儒者形象刻画成仪式表演方面的专家，包括仪式音乐，而不仅仅是研习礼仪文本。读者可参见《史记·儒林列传》：

> 及至秦之季世，焚诗书，坑术士，六艺从此缺焉。陈涉之王也，而鲁诸儒持孔氏之礼器往归陈王……缙绅先生之徒负孔子礼器往委质为臣者，何也？以秦焚其业，积怨而发愤于陈王也。①

正如上述引文所言，由于秦始皇的焚书坑儒，儒家礼仪的掌门人实际上根本没有机会研习他们的传统礼仪文本。倘若真是如此，那么这种文本的残缺和匮乏反而成为一种极其强大的动力，推动儒学的后继者们努力扮演文本批评家的角色，从而还原文本，重建礼仪制度。许抗生等认为这种心理上建构起来的必要性成了汉代早期经学家们恢复原文本的主要动力。②

关于此类说法的论据也可参见《史记》，如下：

> 及高皇帝诛项籍，举兵围鲁，鲁中诸儒尚讲诵习礼乐，弦歌之音不绝，岂非圣人之遗化，好礼乐之国哉？③

---

① （汉）司马迁：《史记》，中华书局，1982，第 3116 页。
② 许抗生等：《中国儒学史·两汉卷》，汤一介、李中华主编《中国儒学史》（第二卷），北京大学出版社，2012，第 20 页。
③ （汉）司马迁：《史记》，中华书局，1982，第 3117 页。

尽管面临着古籍缺失的问题，鲁地的儒学家们仍然按照自己对礼仪和仪式音乐的建构性还原进行练习。他们将之视为经学的根基，将仪式表演当成自己的专长。

这种文本批评的动力在汉朝建立之后愈发明显，正如司马迁接着写道的那样：

> 故汉兴，然后诸儒始得修其经艺，讲习大射乡饮之礼。[1]

"修其经艺"一语可以暗指对礼仪更为广泛的运用，抑或是对仪式文本的还原与研习，也可以是兼指二者。但司马迁并没有明说对经典的文本性研读始于汉武帝统治时期，直至那时，形形色色的古籍专家对文本的解读才被视为"言"。一种表达此类文本研读的通用说法被用来总结叔孙通的礼仪重建大业，那便是：

> 叔孙通作汉礼仪，因为太常，诸生弟子共定者，咸为选首，于是喟然叹兴于学。[2]

上述引言反映了汉代早期礼仪复兴的状况。

---

[1] （汉）司马迁：《史记》，中华书局，1982，第3117页。顾涛对射礼的介绍和解释是当今古典学界一种流行的说法，它具备丰富的文本证明。请参见顾涛《中国的射礼》，南京大学出版社，2013。更详尽的细节见施隆民《乡射礼仪节简释》，台北，中华书局，1985。

[2] （汉）司马迁：《史记》，中华书局，1982，第3118页。

第二节　陆贾：天与地的共鸣

叔孙通是典型的博学之人，当他为朝廷出力时，他更像是一个政治谏言者，而不仅仅是掌握书本知识的学者。[1] 至少他已沉浸于传统文化价值与文本传统中多年，其余早期的谋臣可就不像他那样"全副武装"了。自然，在建国之初，高祖最亲近的谋臣都是由战场直接进阶到政治竞技场的，扮演着他们原本并不擅长的角色。除了知道他们拥有"攻臣"这样的集体荣誉称号之外，我们并不清楚此种政治小团体是真的支持帝王在一统天下后稳定江山社稷的大业，还是出于一些自私利己的目的。在分析新王朝早期支持者究竟怀着怎样的精神动力时，王爱荷总结道：

> 这其中实则缺乏集体的身份认同，共同的旨趣，或是开放性的对话交流。一旦一个新王朝建立起来，相同的政治团体就会为了使朝廷里权力的集中与凝聚长存而将权力核心成员一个个挤兑掉，从而导致集团自我瓦解。[2]

---

[1]　汉代朝廷当中的博士所扮演的政治角色实则已然超越了他们的学术范畴这一点，读者可参见李伯奇《博士论议与两汉政治》，《管子学刊》1997 年第 1 期，第 82～88 页。

[2]　王爱荷：《帝国的缔造者：汉王朝建立背后的政治团体》，《亚洲学刊》（丛书三）总第 14 期，2001，第 19～50 页，所引观点主要见于第 20 页。注：《亚洲学刊》（Asia Major）由布鲁诺·辛德勒/布鲁诺·申得乐（Bruno Sehindler）创办，1945～1975 年在英国发行，后改为由台湾中研院历史与哲学研究所出版发行。

译者注：

〔德〕布鲁诺·辛德勒（Bruno Sehindler），1882 年 10 月 16 日出生于莱斯尼茨，1964 年 7 月 29 日逝世于伦敦。他曾在柏林和弗罗茨瓦夫两地研究历史、政治经济学和宪法。1907～1910 年担任英格兰摩西加斯特的私人秘书，在此期间他发现自己特别热衷于东方语言，尤其是对中国人的生活和习俗异常感兴趣，于是他开始撰写关于中国早期宗教的论文，并凭此论文于 1919 年获得博士学位。他创办了多份关于中国学研究的期刊，对欧洲汉学研究产生了积极的影响。

鉴于这样的精神动力，只有少数个体能生存下来，并存活得长到足以带着鲜明的个人印记在朝中脱颖而出，将他们自身的角色定位成重塑教育政策者。多数早期的政府官员，除去司马迁所列出的有限的、特殊的名人生平与成就，其余的就都消泯于历史之中了。①

立国之初，高祖和他的臣子们几乎只专注于建构新的政治体系，如禁止奢侈，杜绝浪费，"依法治国"；至于那些较为次要的事务，如教育、文学以及朝廷礼仪则是缓而处之，正如上文所举

①　荷兰汉学家何四维／赫尔赛威（A. F. P. Hulsewé）曾担任荷兰莱顿大学汉学研究院院长及中国语言文学教授一职，他尽全力去挖掘这种消逝在历史长河中的人物，先后翻译了《史记》与《汉书》中的一些人物传记，共计 152 个人物。他还从其他史料中精挑细选出一些人物的介绍，加以翻译，并配以相关的数据。读者请参见〔荷兰〕何四维（A. F. P. Hulsewé）"Founding Fathers and Yet Forgotten Men: A Closer Look at the Tables of Nobility in the *Shih Chi* and the *Han Shu*,"载于《通报》（*T'oung Pao*）1989 年第 75 期，第 43～126 页。注：《通报》是第一份西方国际性汉学杂志，它由以荷兰莱顿为基地的汉学家与欧洲其他地区（最开始主要是法国）的汉学家合力创办于 1890 年。

译者注：

〔荷兰〕何四维（荷兰语：Anthony Francois Paulus Hulsewé；1910 年 1 月 31 日至 1993 年 12 月 16 日），他的家族来自荷兰格罗宁根，但他出生于德国夏洛滕堡，迫于战争的影响，一家人于 1919 年迁回荷兰。20 世纪初，荷兰政府为了填补东印度公司外交官员的职位空缺以及增加贸易管理人员，于是为学习中文和日文的学生提供优渥的奖学金，何四维在 1927 年结束中学生涯后，便拿到荷兰政府奖学金，顺利进入莱顿大学研习中文，师从荷兰汉学家戴闻达。1931 年，何四维前往北京继续深造学习，师从梁启超的弟弟梁启雄，他的同学 Marius van der Valk 鼓励他学习中国法律史，他从那时起着手翻译"刑法志"、《新唐书》和《旧唐书》。1934 年末，他赴日本京都学习日语，1935 年前往巴达维亚担任荷兰政府东亚事务所职员，主要任务是从中国和日本报纸上截取相关的政治信息。1939 年回到荷兰，完成硕士学位论文并获得学位。当他再次返回巴达维亚后不久，日本遂入侵爪哇岛，他不幸被俘获并遣送到新加坡关押，直到第二次世界大战结束才重获自由。1946 年，他返回荷兰后开始任教于莱顿大学中文系，此后他潜心研究中国唐朝法律以及相关事务，而后又转攻中国汉代法律史，于 1955 年获得博士学位。他对中国古代法律史这一领域做出了巨大贡献，功不可没。

叔孙通之例。一开始，高祖对儒家礼仪，如叔孙通所穿之礼袍等嗤之以鼻，对其关于朝廷礼数的谏言更是不屑一顾。诸多历史文本都曾浓墨重彩地记录并描写过这一现象，陆贾也是其中之一。

陆贾（约前240～前170）生于秦代，但关于他的早年生活经历并无太多记载。他曾追随和他一样出生并成长于楚地的刘邦。他之所以闻名于世，是因其敏锐的政治嗅觉、高超的辩论技巧和令人折服的政治书写。被与他列入同一篇传记的是郦食其，人们常称之为郦生，郦食其作为一个谋士，成功地为刘邦降说了陈留（在今河南省开封市的旁边）这座城池。不幸的是，在他成功地与齐国达成和平协议之后，韩信（前230～前196）大将军以和平协议尚未正式拟定为借口鲁莽地进攻了齐。结果，郦食其被"烹"了。而他的生平则预示了陆贾与反儒家的刘邦之间必然发生一场硬战。《史记》载陆贾之言：

> 沛公不好儒，诸客冠儒冠来者，沛公辄解其冠，溲溺其中。[1]

陆贾常被派作使者，去往各诸侯与大臣的封地进行监探，包括刘邦之前的主要对手项羽（前233～前202）。他最广为流传的成功事迹是于前196年说服赵佗（约前240～前137）许诺他的领地南越效忠于汉。他曾在吕太后执政期间（约前180～前157）低调地宅居在家，养花种草，植蔬造园。但是吕太后一死他就立

---

[1] （汉）司马迁：《史记》，中华书局，1982，第2692页。

刻投入辅助文帝（前179～前157年在位）反击吕氏集团之中了，他有效地用计铲除了吕氏余党。此外，他的计谋还保障了刘氏权力继承与接替的合法性。

他对汉代经学研究的主要贡献在于他为儒家观念的外显形式提供了理论背景。与高祖的一次早期交谈表露了他对儒家教育的信心，《史记》载：

> 陆生时时前说称诗书。高帝骂之曰："乃公居马上而得之，安事诗书！"陆生曰："居马上得之，宁可以马上治之乎？且汤武逆取而以顺守之，文武并用，长久之术也。昔者吴王夫差、智伯极武而亡；秦任刑法不变，卒灭赵氏。乡使秦已并天下，行仁义，法先圣，陛下安得而有之？"高帝不怿而有惭色，乃谓陆生曰："试为我著秦所以失天下，吾所以得之者何，及古成败之国。"陆生乃粗述存亡之征，凡著十二篇。每奏一篇，高帝未尝不称善，左右呼万岁，号其书曰新语。[①]

他的观点可以得到广泛的应用。首先，他为社会秩序奠定了本体论基础，这一基础又是以天地自然之法为原型和根基的，如下：

> 于是先圣乃仰观天文，俯察地理，图画乾坤，以定人道，民始开悟，知有父子之亲，君臣之义，夫妇之道，长幼

---

① （汉）司马迁：《史记》，中华书局，1982，第2699页。

之序。于是百官立，王道乃生。①

其次，他将社会法则的基础定为"无为"。他考察了历史上无为之策为统治者治理百姓带来的好处，最后总结道：

> 民畏其威而从其化，怀其德而归其境，美其治而不敢违其政。民不罚而畏罪，不赏而欢悦，渐渍于道德，被服于中和之所致也。②

在上述话语中，陆贾引用了老子的观点，并同时运用法家与儒家对无为的看法，很好地阐明了早期思想门派的折中主义，指出它们都是受惠于古代文化价值。

再次，他生发出宇宙法则的意识形态：

> 夫言道因权而立，德因势而行，不在其位者，则无以齐其政，不操其柄者，则无以制其刚。③

他将宇宙法则归结如下：圣人之德辅以大臣之臂力，自然就会居于朝廷之重位。这需要道德律法与德高之人的紧密结合，从而承担这一重职，这也就是他所谓的"仁义为巢"。这种要由德高望重之臣辅佐圣王从而能够得以实施的仁义法则成为儒家政治

---

① （汉）陆贾：《新语·道基》，中华书局，1980，第3页。
② （汉）陆贾：《新语·无为》，中华书局，1980，第47页。
③ （汉）陆贾：《新语·辨惑》，中华书局，1980，第61页。

理想的理论支撑。陆贾将宇宙法则的实际应用总结如下：

> 故杖圣者帝，杖贤者王，杖仁者霸，杖义者强，杖谏者灭，杖贼者亡。①

最后，陆贾认为天人之间存在紧密的联系与和谐的共振。他将政治权力的行使视为"夫持天地之政，操四海之纲"。②这种共鸣性回应是双向的，正如陆贾所解释的那样：

> 故世衰道亡，非天之所为也，乃国君者有所取之也。恶政生于恶气，恶气生于灾异。蝮虫之类，随气而生；虹蜺之属，因政而见。治道失于下，则天文度于上；恶政流于民，则虫灾生于地。贤君智则知随变而改，缘类而试思之，于□□□变。圣人之理，恩及昆虫，泽及草木，乘天气而生，随寒暑而动者，莫不延颈而望治，倾耳而听化。圣人察物，无所遗失，上及日月星辰，下至鸟兽草木昆虫。③

这种认为自然与人类之间存在共鸣的思想来自战国与秦朝，而非陆贾首创。但是，他的贡献则在于他灵活地整合了为宇宙法则提供合法性依据的极端刻板的儒家道德律令与圣贤之人所扮演的角色，使二者融合为一。

---

① （汉）陆贾：《新语·辅政》，中华书局，1980，第35页。
② （汉）陆贾：《新语·明诫》，中华书局，1980，第118页。
③ （汉）陆贾：《新语·明诫》，中华书局，1980，第118页。

陆贾教育观念的产生有赖于广泛大量的阅读与念诵，从而得以接近经典中保留的圣人之语，他这样说道：

> 夫力学而诵《诗》、《书》，凡人所能为也；若欲移江、河，动太山，故人力所不能也。[1]

阅读当然不能保证对经典文本的透彻理解和技术性研习，念唱和背诵自然也不能使圣人的道德告诫被全天下人所接纳并遵守，但是，阅读和念诵拥有一种必要性，就算是有名无实，学人们也会随着阅读和念诵而试图将经典转化为道德实践。换言之，学人们起码会从阅读和念诵中获得这种精神动力。而且，阅读和记诵可以确保文本字面上的精确传承，也就是说，尽管每一代对文本都有着不同的理解和解释，但记诵至少能使文本的文字形式本身被留下来，从而跨越时间的长河；至于文本的重构与增补，那只是不可避免的需要罢了。

在陆贾看来，学人们应该做经典的有教养的读者，而不是文本的批评者。因此，他对经典烂熟于心，他与人论辩之时大量地引经据典，风格颇似荀子。余嘉锡（1884～1955）曾揭示陆贾与周代最后一位儒家大师荀子之间的关系，他推测陆贾对经典的理解是基于其作为荀子门生浮丘伯的弟子这一身份之上的。[2] 值得

---

[1] （汉）陆贾：《新语·慎微》，中华书局，1980，第 61 页。
[2] 请参见余嘉锡《四库提要辩证——新语》，收录于顾颉刚《古史辨》第 4 卷，海南出版社，2000，第 203～215 页，所引具体观点可详见后文。

注意的是，陆贾的一些观点显然是由《春秋穀梁传》生发出的。[①]
因此，陆贾必然被视为在时代政治现实与时学光亮中承接孔子之
路的传统儒生，就像孟子和荀子那样。[②] 不同的是，孟子被称为
"亚圣"，而那些后继者们则就只能被视作儒家"万神殿"里热衷
祭拜孔子的名流了。跟随着孟、荀二人的足迹，陆贾以学者和文
章家的身份获得了名气。他的《楚汉春秋》并非对两股势力间冲
突与斗争的编年史记录，而是由这种斗争冲突而得出的道德训诫
与政治教训，只是陆贾选择照着《春秋》的方式将之道出，[③] 班
彪称之为"记录时功"。陆贾还在《楚汉春秋》中详细阐释了他
基于天人共鸣的政治思想，而其所依据的经书就是《春秋》，这
成为汉代经学研究的起点。

第三节 贾谊：经师

贾谊（前 200 ~ 前 168）是汉代第一位赫赫有名的大臣兼学
者，尽管他的老师无疑都是活跃于前朝秦代的学者（下文我将会

---

① 许抗生等：《中国儒学史·两汉卷》，汤一介、李中华主编《中国儒学史》第二卷，
北京大学出版社，2012，第 47 页。

② 这里面包含了黄老道学与法家对那个时代的天命观所产生的影响，这种结合可见于
所有早期学者的政治思想之中，甚至可以在那些所谓的儒家辩者的政治观念中见到，
读者请参考司马迁《史记·儒林列传》。关于齐文化是如何充斥弥漫着黄老思想，与
此同时伴随着军事策略在非军事环境中的有效应用，这些可参考李长之《司马迁之
人格与风格》，台北，里仁书局，2008，第 6 ~ 12 页；张峰屹《西汉文学思想史》，
台北，商业出版社，2013，第 32 ~ 101 页。

③ 见吕世浩《从〈史记〉到〈汉书〉：转折过程与历史意义》，台北，台湾大学出版
社，2009，第 42 ~ 43 页。作者指出贾谊 40 卷的《新书》也借《春秋》之名，但也
并非编年史式的记录，而是劝诫性与警示性故事的集结。

提及一位可能是他老师的经学大师）。① 贾谊出生于洛阳，他年轻时以诗人与骈文家的身份著称于世，十八岁时被当地官员吴公招入官场任职。吴公由于治理有方，因此被新登基的汉文帝招进宫中，贾谊也得以跟随吴公一道出入朝廷。贾谊很快得到了汉文帝的赏识，二十岁时便被任命为博士。他年纪轻轻就得此殊荣，这一点简直令人难以想象，加之他在皇帝面前善于雄辩，口才极好，而且他的观点似乎总能获得压倒性的胜利，因此他的同僚和那些年长的官员出于嫉妒而时常污蔑并刁难他。司马迁曾这样总结贾谊这一时期的改革思想与成就，如下：

> 贾生以为汉兴至孝文二十余年，天下和洽，而固当改正朔，易服色，法制度，定官名，兴礼乐，乃悉草具其事仪法，色尚黄，数用五，为官名，悉更秦之法。②

贾谊的改革不只是修正汉代礼仪的一种尝试。范晔将这一修正过程视为一项不间断进行的工程，除了贾谊之外，叔孙通、董仲舒、王吉和刘向也都曾专注于此，并时常悲叹自己的改革思想不能有效地被转化为具体实际的应用，从而责备自己无能。③ 贾谊则算是致力于此并获得成功的改革家了。在《史记》卷八十四

---

① （汉）司马迁：《史记》，中华书局，1982，第 2491~2504 页；（汉）班固：《汉书》，中华书局，1962，第 2221~2265 页。读者请参考王兴国《贾谊评传》，南京大学出版社，1992；徐复观《两汉思想史》（共三卷）第 2 卷，华东师范大学出版社，2001，第 109~174 页；祁玉章《贾子探微》，台北，三民书局，1969。

② （汉）司马迁：《史记》，中华书局，1982，第 2492 页。

③ （南朝宋）范晔：《后汉书》，中华书局，2000，第 1205 页。

中，贾谊与屈原被列入同一篇传记。① 这种令人惊讶的并列实则
也暗示了与屈原极其相似的贾谊的生平与命运。屈原作为楚国大
夫被恶意中伤，最终选择了自杀以证清白；贾谊作为作家声名显
赫，作为谋士功不可量，而在朝野之中却被视为名节不保的无耻
之徒，最终他结束了自己悲剧性的一生。

当贾谊继续他的政治改革（包括改革法典以及让诸侯重新搬
迁到都城等）之时，皇帝意图将之升为大臣。这大大触怒了年长
的谋臣们，包括那些与陆贾一起铲除吕氏余党的功臣们，他们遂
开始商议如何除掉贾谊。通过诋毁他的年轻与学识，诽谤他的人
格，最终成功地使他失宠了。他被削职并流放，后获得了一个有
名无实的职位——长沙王的家庭教师。在过湘江时，他写下了那
首有名的《悼屈原赋》。在任长沙王太傅三年之久时，一只鵩鸟
激发了他的灵感，他于是写下了第二首著名的赋——《鵩鸟赋》。
前 173 年，他被召回朝廷，再次当上谋士，并被任命为皇帝最小
的儿子——梁怀王的老师。但在前 169 年，梁怀王坠马而死。作
为他的老师，贾谊陷入了深深的悲恸之中，为此痛苦伤心了一
年。没过多久，贾谊就也离世了，时年 33 岁。

贾谊的大部分作品被保存了下来，他的文章被集结成 58 卷
书，以"新"为名，班固的《汉书·艺文志》对此有记载。② 司
马迁通过与贾谊的两个孙子书信来往收集到了关于贾谊生平事迹
的一些细节性资料，他还从朝廷藏书阁所藏贾谊之七册书中选取

① 与此不同，《汉书》卷四十八则是专写贾谊。
② （汉）班固：《汉书》，中华书局，1962，第 1726 页。

了贾谊的两篇赋作收录进《贾谊传》。班固自己作为颇有成就的赋作家，将贾谊列为仅次于司马相如（前179～前127）的汉赋大家。① 在班固《汉书》的《贾谊传》中，他收录了诸多贾谊上奏朝廷的策书，写道：

> 掇其切于世事者著于传云。②

贾谊这些为江山社稷与朝纲治理出谋划策的谏书以单篇文章的形式被集结收录进他的《新书》。这其中囊括了他最负盛名的文章《过秦论》。在这篇文章中，他反复强调"攻守之势异也"这一观点，他认为征战领地与大一统后稳固江山所需要采取及运用的措施和策略是完全不同的。另外，他还提出了一系列针对匈奴的实用策略，以及农业为经济之本的观念，甚至规划了执政体系的结构，他的政治思想大多可见于《新书》之中。这些或许都可以被归为大一统王朝的合法性来源与中央控制的仪礼性基础，上述理想都是贾谊亟待实现的。最后，他将教育视为经典研习的本体根基，同时强调了无论是对于最高统治者而言还是对于庶民布衣而言，道德教育的不可或缺性。鉴于他对经学所做之贡献是他的最后一块领域，这势必吸引我们余下的注意力。

贾谊的散文《劝学》分为四个部分，沿袭了陆贾注重自我修养的观念路线。《劝学》开篇举了历史上的两个例子：一是古代

---

① （汉）班固：《汉书》，中华书局，1962，第1756页。
② （汉）班固：《汉书》，中华书局，1962，第1747页。

圣王舜；一是古时吸引了所有男性目光的女子西施。贾谊借用孟子的观点，认为舜与自己作为人的共同本性并无不同，而最终每个人所造就的名声不同，这唯一的解释便在于对圣贤之学投入的程度不同，他这样写道：

> 独何与？然则舜僪俛而加志，我僤僤而弗省耳。[1]

而由西施得来的教训则是儒生们应以道德为饰，正如古时西施以白色脂粉涂饰她的脸颊，黑色眼影涂抹她的眉毛，芬芳的花朵——如当归和紫露草——装点她的衣裳。否则，她的瑕疵将会取代她的迷人之处从而令人生厌。接着，贾谊将重点放在学习过程中对老师的需求上，并仍用古代的一个例子加以解释。这是一则将教学环境氛围仪式化的事例，《中国经学史》（第一卷）曾载此例，如下：

> 昔者南荣跦丑圣道之忘乎己，故步陟山川，坌冒楚棘，弥道千余，百舍重茧，而不敢久息。既遇老聃，豂若慈父，雁行避景，夒立蛇进，而后敢问。见教一高言，若饥十日而得大牢焉。是达若天地，行生后世。[2]

---

① 《新书·劝学》，中国子学名著集成编印基金会编印《孔丛子·新语·新书附辑两同书》，1977，第 8 页。
② 《新书·劝学》，中国子学名著集成编印基金会编印《孔丛子·新语·新书附辑两同书》，1977，第 8 页。

在这里，贾谊实际上是自比那位老师，正如他在最后的总结陈词中写到的那样：

> 今夫子之达，佚乎老聃，而诸子之材，不避荣踌，而无千里之远，重茧之患，亲与巨贤连席而坐，对膝相视，从容谈语，无问不应，是天降大命以达吾德也。吾闻之曰："时难得而易失也。"学者勉之乎！天禄不重。①

这种教育思想与西方的古典教育理想有异曲同工之妙。建构在古罗马道德基础之上的一系列人文教育，目的是让学生成为合格的公民，教育的手段自然并非那种军事管理式的严格条律。在这里，贾谊所憧憬的教育理想实则可以追溯至孔子。在汉代，贾谊也曾在《新语》中试图推行实践这一理想，第12卷有语曰：

> 夫口诵圣人之言，身学贤者之行，久而不弊，劳而不废，虽未为君□□□□□□已。②

研习经典的必要条件应为兼具内外之法：念唱吟读为内法，所谓润物细无声，经生可在耳濡目染中得以化育；背诵与教授经典中关乎人文社会的章句为外法，此举使得经典的核心价值凸显。这些

---

① 《新书·劝学》，中国子学名著集成编印基金会编印《孔丛子·新语·新书附辑两同书》，1977，第8页。
② 《新语·思务》，中国子学名著集成编印基金会编印《孔丛子·新语·新书附辑两同书》，1977，第14~15页。这句话补全为："虽非尧、舜之君，则亦尧、舜也。"

方法实则源于道家。对贾谊而言，道家的道是渗透进潜意识、难以察觉的，而儒家在社会功用方面却是外显的，它可以建立人类秩序。抵达道的具体方法为"术"，"术"可以助益"道"在形而下领域中的具体实践，这也就是贾谊所言的如何"接物"。统治者将儒家之道运用于生活之中的主要术策在于建构一套社会道德价值体系，如仁慈、正直、礼节、信任、公正以及守法等。[①] 贾谊写下《新书·道术》就是为了满足地方官员与管理者的切实需要，也就是上述所言的如何在具体生活中实践道。人们实践与享用道的程度决定了他们在等级秩序中的地位：

> 故守道者谓之士，乐道者谓之君子，知道者谓之明，行道者谓之贤。且明且贤，此谓圣人。[②]

正如形而下的材质可以显现道，经典在道入肉身的过程中扮演着至关重要的角色。六经是道的六个面向，如道之六理（即道本体、德性、自然、精神、领悟与天命），同时也展现为六法，这些都取决于它们在不同的领域如何应用。从外在而言，它们构成了六艺与六行，即仁慈、正直、礼节、智慧、信任以及和谐。[③] 只有远古帝王能够对之深入理解并全面实现。鉴于这一原因，贾谊在《新书·六术》中做了如下总结：

---

① （汉）贾谊著，阎振益、钟夏校注《新书校注》，中华书局，2000，第222页。
② （汉）贾谊著，阎振益、钟夏校注《新书校注》，中华书局，2000，第222页。
③ （汉）贾谊著，阎振益、钟夏校注《新书校注》，中华书局，2000，第304页。

是以先王为天下设教，因人所有以之为训，道人之情，以之为真。是故内法六法，外体六行，以与《诗》《书》《易》《春秋》《礼》《乐》六者之术以为大义，谓之六艺。令人缘之以自修，修成则得六行矣。六行不正，反合六法。艺之所以六者，法六法而体六行故也，故曰六则备矣。①

六经之术是个体在自我行为中必须加以实践的道德教育，无论是对于上层的统治者和官员而言，还是对于下层的平民百姓而言。因此，研习经典也就是研习道的本质，研习道如何作用于人类生活的日常领域。倘若缺乏这样一种经典教育，那么单凭规章制度是无法带来由本质延伸而出的秩序与和谐的。

贾谊在另一篇散文《道德说》中对此进行了解释说明，他逐一分析了不同经典的不同功用，详述了不同经典是如何承担起道的不同面向并引申出不同德行的：

是故，著此竹帛谓之书，《书》者，此之著者也；《诗》者，此之志者也；《易》者，此之占者也；《春秋》者，此之纪者也；《礼》者，此之体者也；《乐》者，此之乐者也。祭祀鬼神，为此福者也；博学辩议，为此辞者也。②

接下来的一段话更为清晰地阐释了经典的指向性以及经典通

① （汉）贾谊著，阎振益、钟夏校注《新书校注》，中华书局，2000，第316页。
② （汉）贾谊著，阎振益、钟夏校注《新书校注》，中华书局，2000，第325页。

向道德教化的路径。贾谊似乎是在刻意地强调经典对于自我约束与管理所起到的净化作用，他将经典视为教育学生的一种有效手段，他这样写道：

> 《书》者，著德之理于竹帛而陈之令人观焉，以著所从事，故曰"书者，此之著者也"。《诗》者，志德之理而明其指，令人缘之以自成也，故曰"诗者，此之志者也"。《易》者，察人之循德之理与弗循而占其吉凶，故曰"易者，此之占者也"。《春秋》者，守往事之合德之理与不合而纪其成败，以为来事师法，故曰"春秋者，此之纪者也"。《礼》者，体德理而为之节文，成人事，故曰"礼者，此之体者也"。《乐》者，《书》《诗》《易》《春秋》《礼》五者之道备，则合于德矣。①

在贾谊的《新书》中，我们还可清晰地识别出他作为孔门一派后生的儒学思想脉络。上述引文中的"师法"一词就暗示了这种传承关系，前文中当他引介老子思想时，对教学氛围所进行的仪式化处理也暗指了这一点。除此之外，贾谊还发扬了《论语》和《孟子》中的问答体。有鉴于此，后世学者大可视之为保守派。关于问答体，他刻意将其运用于自己的两篇散文中。一是《道术》，通篇采用了问答教学法的模式。这篇文章创作于早期，反映了贾谊作为新晋经师与谋臣的心理状态和书写倾向，那时他还没有完全投入他的政治事业当中。这篇文章开始于一个疑问：

---

① （汉）贾谊著，阎振益、钟夏校注《新书校注》，中华书局，2000，第327页。

　　　　曰："数闻道之名矣，而未知其实也。请问道者何谓也?"
　　对曰："道者所道接物也……"①

　　这一问答形式贯穿了整篇文章，具体而言，《道术》一文可被分为四组独立的问答。当代批评家饶东原将此种形式视为老师与学生沟通交流的标志，也就是说，正是因为师生间有着切实的互动，这种问答体才能以此为基础形成一种书写模式。② 二是《修政语》，记录了先圣前贤们讨论政治问题时说的话语。文章的第二个部分以问答体书写了周文公与他人的问答，但文章的第一部分对周先祖话语的记叙没有采用对话体。在第二部分里，早期的周朝皇帝为德高望重的臣子和聪明绝顶的智者设下了问题，却不是按照问答体的常规思路进行的。③ 饶东原认为这篇文章写于贾谊任梁怀王老师期间，因此这种问答体可以适用于"给予 - 接受"式的私人教学与指导。贾谊将自己置于回答者的地位，而非提问者，以符合他作为王室教师的身份。
　　贾谊的骈文以他的诗化意象而著称于世，我在此举两个最为显著的例子。一是他论述王储亲贵升为诸侯王的危害时这样写道：

　　　　天下之势，方病大瘇，一胫之大几如要，一指之大几如股，恶病也，平居不可屈信……失今弗治，必为锢疾，后虽

---

① （汉）贾谊著，阎振益、钟夏校注《新书校注》，中华书局，2000，第 302 页。
② 饶东原：《新书读本·道术》，台北，三民书局，1978，第 371 页。
③ 饶东原：《新书读本·修政语下》，台北，三民书局，1978，第 91 ~ 92 页。

有扁鹊，弗能为已。①

而他反驳那些认为国家太平、无须军备之人时这样言道：

夫抱火措之积薪之下，而寝其上，火未及萝，因谓之安，偷安者也。②

由贾谊生发的一个比喻成了范例。在他的《阶级》一文中，他引用了这样一句谚语：

鄙谚曰：欲投鼠而忌器。此善喻也。鼠近于器，尚惮而弗投，恐伤器也，况乎贵大臣之近于主上乎。③

这句话常被后世的朝臣们征引，用来上奏皇帝。如孔融（153～208），他当年谏奏皇帝，建议暂时不管王室远亲荆州军阀刘表的兵力威胁，在奏折中这样写道：

愚谓虽有重庚，必宜隐忍。贾谊所谓"掷鼠忌器"，盖谓此也。

贾谊其他精妙的措辞也众所周知，如他曾经论述好邻居对人

---

① 饶东原：《新书读本·大都》，台北，三民书局，1978，第 15 页。
② 饶东原：《新书读本·数宁》，台北，三民书局，1978，第 110 页。
③ 饶东原：《新书读本·阶级》，台北，三民书局，1978，第 22 页。

产生的积极影响，而班彪就曾释读这段文字：

> 习与正人居之不能无正也，犹生长于齐之不能不齐言也。①

樊准（樊宏的族曾孙，字幼陵）在对皇帝的谏书中引用贾谊之语：

> 臣闻贾谊有言，人君不可以不学。②

这句话其实是当时的一句流行语，不见得真出自贾谊之口。但樊准在此偏要将此话加诸贾谊之身，可见征引贾谊之语颇能彰显自己的智慧与才华。

贾谊在措辞方面极富想象力，使得那些非同凡响的隐喻、暗喻、转喻以及借喻层出不穷，这也预示着他必然擅长雄辩术。从他进入哲学本质的方式也可见他的文学才华。《春秋左氏传训诂》是贾谊唯一一本严格按照章句小学之法解读经书的著作，他写此书是为了教授赵地的贯公。③《汉纪》也关注到了贾谊这一时期的学者倾向，将之与另一位同代学者并举："汉兴张苍贾谊皆为左氏训。"张苍（前253～前152），是前朝秦代的官僚，后被汉文帝委以重任，是朝廷里的一位要臣。刘向《别录》中的一则逸文

---

① 饶东原：《新书读本·保傅》，台北，三民书局，1978，第12页。
② 《后汉书·樊宏阴识列传》。还可见于《国语·晋语》、《孔子家语·子路初见》、刘向的《说苑·建本》，这些文本中都曾有类似的表达，只是主语或为"人"，或为"君子"，抑或为"有国者"。
③ （南朝宋）范晔：《后汉书》，中华书局，2000，第2583页。

保留在杜烨为刘向《春秋左氏传正义》所作的序言之中，如下：

> 左丘明授曾申；申授吴起；起授其子期；期授楚人铎
> 椒，铎椒作《抄撮》八卷；授虞卿，虞卿作《抄撮》九卷；
> 授荀卿；荀卿授张苍。①

作为荀子的一个门生，张苍在儒家名流堂里算是翘楚，他自然能够成为贾谊最权威的老师，至少在传授《荀子》方面。根据班固的研究，张苍的文章著作都留存在十卷本的《张氏微》之中。② 后人在陆德明的书中找到了张、贾二人相似的文本注释，遂认为张苍的确教授过贾谊，尤其是把荀子的思想传授给了贾谊。尽管贾谊并没有留下对于《春秋左氏传》的注释与评论，章炳麟还是认定贾谊《新书》中的一卷是对《左传》所做的解读，他从贾谊对某些主题的诠释方式中看出了端倪。另外，章炳麟也认为张、贾二人有着师承关系，如贾谊书中有一卷名为《审微》，张苍的书名为《张氏微》。③

不管贾谊的学识来自何处，总之，他是个满腹经纶之人。无论是作为政治思想家、谋士，还是作为文学家，他都是才华横溢、锋芒毕露的。然而，他的不幸也从此开始，他对别人的威胁已经足以使任何私人的师承关系破裂，尽管张苍与贾谊二人对《左传》以及相关的解读注释有着明显的共同偏好，但张苍最终

---

① 程元敏编纂校对《春秋左氏经传集解序疏证》，台北，台湾学生书局，1991，第 3 页。
② （汉）班固：《汉书》，中华书局，1962，第 1713 页。
③ 章炳麟：《春秋左传读》，《章太炎全集》第 5 卷，人民出版社，1982，第 421 页。

还是将贾谊逐出了师门。

张苍和贾谊现存的这些文章著作表明，早期汉代的文本实践是立足于细致的阅读、分析与注释基础之上的。我们完全有理由相信那个时代的学人必定致力于语文学方面的实践，例如借助文本批评恢复经典原初的字面意思，通过门派师承传播经典，将儒家思想、礼仪和政治先例纳入教化式的训练之中。正如《史记》所言：

汉兴，改秦之败，大收篇籍，广开献书之路。①

显然，一大批珍贵的史料亟待编订。然而，新王朝建立之初，成堆的政治事务都亟待解决，关于经典文本修订方面的需求自然就不那么急切了。由于缺乏历史证据，我们无法细致地了解上面所提及的诸多工作到底进行到了哪一步，我们甚或都不知道哪些已然付诸实施，哪些根本就没有实践出来。韩婴则是另一位时代的见证者，他见证了经典的智性传承与更迭。

第四节　韩婴：开放性的文本批评与诠释

韩婴（约前200～前130）是《诗经》诠释专家，他拥有自己一套独特的观念，他的《诗经》学思想不同于和他同时代的齐学之辕固，也不同于鲁学之申培。② 三家之学并称于世，唯有韩

---

① （汉）司马迁：《史记》，中华书局，1982，第1701页。
② 总的来说，当时的《诗经》学派分为齐、鲁、韩三大家，这三个独立的诠释门派是从毛诗学分立出来的，当时毛诗学从众家中脱颖而出，使得其他各家被淘汰。见本书第四章第二节"口头传授：以《诗经》为例"部分。

婴的著作留存了下来，尽管也不是全部流传了下来。韩婴为燕国人，后被汉文帝任命为博士，又被汉景帝任命为常山王刘舜（前152～前114）的老师，因此，人们有时称他为韩太傅。

韩婴对《诗经》的解读可以概括为"推诗人之意"，也就是说，他阐发《诗经》的道德义理。他希望可以采取一种能被普遍接受的方式去阐释《诗经》，他对《诗经》的训授以两部分的独立评论为形式展开，每一处评论都提供了一条独一无二的接近文本的路径。他的《韩诗内传》是为个体阅读而书写的，《韩诗外传》则更适合大众阅读，因其对《诗经》本质性内容的归纳更为概括。从方法论的角度而言，我们或许会将《韩诗内传》视为关乎经典内在文本的诠释，而将《韩诗外传》视为涉及道德训诫的解读，且仅有《韩诗外传》至今仍在广泛传播。[①] 因《韩诗外传》中引用荀子之言多达 54 处，故当代学者徐平章认为韩婴对《诗经》的解读渗透了太多荀子的思想。[②] 张峰屹走得更远，他认为韩派《诗经》学直接传承自荀子。[③] 这种观点全然不顾这一传承脉络的不甚明晰。但我们需注意《荀子》与《韩诗外传》在哲学内涵上的相异之处，这也就是龚鹏程为何把韩婴剔除出了荀子阵营。[④] 当然，韩婴的作品在形式上仍然非常接近《荀子》，他引用历史上的例证，接着进行一番道德审判，最后以《诗经》中的语句作为结论收尾。韩婴还有意从《毛诗传》中引用一些话语，

---

① James Robert Hightower, *Han Shih Wai Chuan*: *Han Ying's Illustrations of the Didactic Application of the Classic of Songs* (Cambridge, Mass.: Harvard University Press, 1952).

② 徐平章:《荀子与两汉儒学》，台北，文津出版社，1988，第 123 页。

③ 张峰屹:《西汉文学思想史》，南开大学出版社，1998，第 67 页。

④ 龚鹏程:《汉代思潮》，商务印书馆，2008，第 172～190 页。

这其中包含了对荀子之言的间接引用，合计大约有 20 处，这倒也不排除韩婴直接从荀子那里继承了对《诗经》的注释和评论。比起荀子门生李斯和韩非与荀子的思想差异，他与荀子在学术和人文思想方面的差异要小得多！因此，我们不妨做出如下设定：荀子对韩婴产生了部分影响，韩婴自己也有其独创性的一面。

正如上文所提及的，《韩诗外传》得到了广泛的传播，韩婴在书中旁征博引历史上值得效法的人与事，加以宣扬。韩婴为每一则事例都配上《诗经》中的一处语句，从而使道德教化得以具体化。有时，孔子或荀子的话语也被作为辅助材料而引用。这种形式意味着对《诗经》文本的阅读和解释只是为了得出教化性的结论，文本一开始就被设定为指向外在功用，可能这也就是为何此书名为"外传"吧！无论《诗经》实则暗藏了多少丰富的内蕴，但在《韩诗外传》这里，《诗经》的伦理价值观都被归总为对君王的忠诚与对父母的孝顺。韩婴同时也注意到了忠于君王与侍奉双亲之间可能存在矛盾冲突。[1] 当代政治学观念认为这里面包含了天人之间的互相感应、礼仪规范的效力以及黄老统治策略的积极影响等。[2] 龚鹏程将上述政治主题的内在框架结构归纳为四个方面：学、顺、时、养。显然，韩婴借鉴了儒家的自我修身、黄老的政治思想与道家的静养之术。[3]

让我们仔细考察韩婴对待学习的看法，以下段落节选自《韩

---

[1] 《史记》将韩婴关于道德两难处境的观点化于整个思想史之中。

[2] 关于韩婴的诗学观念，请参见许抗生等著《中国儒学史·两汉卷》，汤一介、李中华主编《中国儒学史》第二卷，北京大学出版社，2012，第 56～67 页。

[3] 龚鹏程：《汉代思潮》，商务印书馆，2005，第 172～196 页。

诗外传》（第二卷），它简明扼要地阐述了学习的必要性——学习是士子得以事国的前期准备。如下：

> 玉不琢，不成器；人不学，不成行。家有千金之玉，不知治，犹之贫也；良工宰之，则富及子孙。君子谋之，则为国用。故动则安百姓，议则延民命。诗曰：淑人君子，正是国人；正是国人，胡不万年。[①]

《韩诗外传》第三卷中的连续三个段落充分说明了韩婴的教学思想与方式。从修辞学的角度而言，这三段可谓整齐划一，它们都采用了《诗经》中的只言片语作为总结陈词。第一段从教师的视角出发，指出学习过程必须抵达礼仪规范：

> 孟尝君请学于闵子，使车往迎闵子。闵子曰："礼有来学，而无往教。致师而学，不能学；往教，则不能化君也……"于是孟尝君曰："敬闻命矣。"明日，袪衣请受业。诗曰："日就月将。"[②]

第二段探讨了学习在德性发展、自我成长与补足缺陷等方面的裨益。在老师指导下的持续学习能够攻克难关，改正缺点，即

---

① James Robert Hightower, *Han Shih Wai Chuan: Han Ying's Illustrations of the Didactic Application of the Classic of Songs* (Cambridge, Mass: Harvard University Press, 1952), p. 72.

② （汉）韩婴著，许维遹注释《韩诗外传集释》，中华书局，1980，第98页。

便是学生有一天成为老师，也依然要持续这样的学习过程，这也就是所谓的教学相长：

> 剑虽利，不厉不断。材虽美，不学不高。虽有旨酒嘉肴，不尝不知其旨。虽有善道，不学不达其功。故学然后知不足，教然后知不究。不足，故自愧而勉，不究，故尽师而熟。由此观之，则教学相长也。子夏问《诗》，学一以知二。孔子曰：起予者，商也。始可与言《诗》已矣。孔子贤乎英杰而圣德备，弟子被光景而德彰。诗曰："日就月将。"①

第三段阐明了教学过程如何带给老师荣耀，这种荣耀又是如何转化为学生对老师的尊敬从而回报给老师的：

> 凡学之道，严师为难。师严，然后道尊。道尊，然后民知敬学。故太学之礼，虽诏于天子，无北面，尊师尚道也。故不言而信，不怒而威，师之谓也。诗曰："日就月将，学有缉熙于光明。"②

韩婴认为，在老师的指导下，学习的目标应指向对礼仪规范和典章制度的充分掌握。他在第五卷中以荀子的思想作为根基阐述了上述观点：

---

① （汉）韩婴著，许维遹注释《韩诗外传集释》，中华书局，1980，第 98~99 页。
② （汉）韩婴著，许维遹注释《韩诗外传集释》，中华书局，1980，第 99 页。

> 礼者，则天地之体，因人情而为之节文者也。无礼，何以
> 正身？无师，安知礼之是也。礼然而然，是情安于礼也。师云
> 而云，是知若师也。情安礼，知若师，则是君子之道。言中
> 伦，行中理，天下顺矣。诗曰："不识不知，顺帝之则。"①

通过学习，个体能够超越"俗"，进而成为"士"，再进而成
为"君子"。至于成"圣"，那是可望而不可及的，人们应该心向
往之，鼓舞自我去努力模仿并追随，但不能期望自己能够达成。②
促使一切人格提升的便是习读经典、训练克制情感以及服务他
者。这些在第三卷里得到了充分的阐释。另外，第五卷的《非
相》也关涉此话题，并再次引用了荀子的观点。

《韩诗外传》很少提及儒家经典，但其中有一篇倒是将《诗
经》和《尚书》与儒家礼乐思想结合起来，并暗示只有倚赖于儒
学在道德实践层面足够有效的教育，人们才能被训练出良好的教
养行为。一个明显的例证就是子路的放肆与冲动。他的行为暴露
了他的诸多缺点，也证明他是一个亟待教育的学生，正是因为他
无法自我规训，故而需要阅读经典文本，跟随老师孔子学习"仁
义"涉及的具体道德范畴。③另一篇文章则是探讨了秦朝"非礼
义，弃诗书"的后果。④只有第五章明确提到了"六经"，曰：

① （汉）韩婴著，许维遹注释《韩诗外传集释》，中华书局，1980，第178~179页。
② 龚鹏程：《汉代思潮》，商务印书馆，2005，第175~177页。
③ （汉）韩婴著，许维遹注释《韩诗外传集释》，中华书局，1980，第83页。
④ （汉）韩婴著，许维遹注释《韩诗外传集释》，中华书局，1980，第67页。

夫六经之策，皆归论汲汲，盖取之乎《关雎》，《关雎》之事大矣哉。①

《韩诗内传》的一些残篇碎语保留在诸多不同的文献里，马国翰对此进行了整理。将这些片段组合起来加以检视，我们会发现，它们都是一些聚焦于个别字词的文本性注释，因此可以说《韩诗内传》是文法性而非诠释性的。例如，韩婴把"芣苢"定义为车前草；将"殳"的象征意义解释为长矛和柳叶刀；认为不同的季节关于帝王皇室的狩猎行为有着不同的表达，春季称之为"畋"，夏季称之为"獀"，秋季称之为"狝"，冬季称之为"狩"。这种语言学性质的咬文嚼字在《韩诗外传》里是缺失的。我们有理由推测，《韩诗内传》是韩婴对《诗经》字词语言加以口头释读的记录，韩婴属于今文经学一派而非古文经学一派。在字句训读与注释方面，《韩诗内传》绝对可以与贾谊和张苍对《左氏春秋》的注解相提并论，它们都是以文本为中心的经典研究，由此也影射了早期汉代的经书研习是同时存在多种路径的。除了挖掘微言大义、生发道德教诲以外，名物学也是相伴相生的一个分支。

韩婴还为《诗经》撰写了两篇短小的研究性文章——《韩诗故》与《韩诗说》。相比他的那些长篇大论，这两篇文章的侧重

---

① （清）马国翰辑《玉函山房辑佚书》（八卷本）第 2 卷，广陵古籍刻印社，1990，第 1 ~ 3 页。自宋至清被搜集整理的其他引文可参见孙启治、陈建华编《中国古佚书辑本目录解题》，上海古籍出版社，2009，第 33 ~ 34 页。

点正如他的《韩诗内传》那样在于对字句的训读。① 在《韩诗说》里，韩婴同样解释了"茉苢"，曰："茉苢木名，实似李。"在这里，茉苢不再是车前草，而是一种树木。我怀疑《韩诗内传》是后来才写成的，因为在这个例子中，韩婴引用了费直的论证，将茉苢定义为某种树木，修正了他早前的错误判断。

韩婴的另一部字句训读式的著述为《周易传韩氏》，全书共三卷本。班固曾将此收录进《韩氏二卷》，② 他还解释道：

> 韩生亦以易授人，推易意而为之传。③

一些学者推测这本书就是后来的《子夏易传》，书名里的"子夏"并非指孔子的门生，而是韩婴自己。④ 韩婴作为经学家的声誉是与《诗经》和《易经》紧紧联系在一起的，他将自己对《诗经》的研究传承给了淮南贲生，此后燕赵两地基本上都接受了韩婴的观点。⑤ 司马迁曾对韩婴是如何影响当时与后世经学的这一话题进行了如下总结：

> 燕赵间好《诗》，故其《易》微，唯韩氏自传之。武帝时，婴尝与董仲舒论于上前，其人精悍，处事分明，仲舒不

---

① （清）马国翰辑《玉函山房辑佚书》（八卷本），广陵古籍刻印社，1990。关于《韩诗说》的部分见第二卷第 3～4 页，关于两章的引用见第一卷第 490～507 页。
② （汉）班固：《汉书》，中华书局，1962，第 1703 页。
③ （汉）班固：《汉书》，中华书局，1962，第 3613 页。
④ 顾实：《汉书艺文志讲疏》，台北，广文书局，1995，第 15～16 页。
⑤ （汉）司马迁：《史记》，中华书局，1982，第 3124 页。

能难也。后其孙商为博士。孝宣时，涿郡韩生其后也，以《易》征，待诏殿中，曰："所受《易》即先太傅所传也。尝受《韩诗》，不如韩氏《易》深，太傅故专传之。"

《汉书》则更有言之：

> 司隶校尉盖宽饶，本受《易》于孟喜，见涿韩生说《易》而好之，即更从受焉。[1]

---

① （汉）班固：《汉书》，中华书局，1962，第3614页。

第三章

思想界与史学界的集大成者
与普世主义者

——兼谈儒家文本正典化的道路

第一节　早期汉代的诠释学需求

在这一章中，我将聚焦于两位颇具创造力的学者，他们对经学发展所起到的重要作用往往被他们在哲学和历史领域所做出的杰出贡献掩盖。此二人即董仲舒和司马迁。但在本质上，这两位学者所扮演的角色是经典的诠释者，而非文本批评家。诠释者与批评家——此二者的确同样必要且重要，在中国经学史上都起着关键性的作用，而且常常由同一人身兼此二职，这就取决于他手头的工作任务了。当代学者倾向于在那些经学大家们所擅长的诸多领域中选取一两个加以研究，他们之所以选取这一两个领域，是因为他们自信其研究对象在这其中做出了更多的成就，从而盖过了其他方面。很明显，西汉注重对文本进行诠释，而东汉则注重对文本进行注释，宋代学人则希冀从文本传播的过程中寻求文

本内在的原初意义。两汉之中鲜有经学家可以同时驾驭诠释者与
注释者这两个角色。

　　在这里，我欲举西方之例与中国宋清两代之例，与两汉学人
治学状况加以比较。放眼西方，德国古典学家弗里德里希·奥古
斯特·沃尔夫①（Friedrich August Wolf，1759－1824）被称作当代
荷马学之父，无与伦比的乌尔里希·冯·维拉莫威茨－默伦道尔
夫②（Ulrich von Wilamowitz-Moellendorff，1848－1931）被称作最
后一位当代古典学大师，他们二人都同时擅长注释与诠释，因为
若只进行语文学方面的研究，那就太枯燥乏味了！尤其是在德
国，还很有可能会沦为笑柄，人们会说你尽研究那些琐碎、表面
的事物。回首中国，我仅在此举出宋代朱熹与清代戴震两例。朱

---

　　① 译者注：〔德〕弗里德里希·奥古斯特·沃尔夫（Friedrich August Wolf，1759 年 2 月
　　　 15 日至 1824 年 8 月 8 日），是历史上重要的古典学家，也是现代语文学的奠基者，
　　　 同时还是荷马学专家。他自幼接受良好的教育，在语法学校，他学习了拉丁语、希
　　　 腊语、法语、意大利语、西班牙语和音乐。1777 年，进入哥廷根大学学习各种语言
　　　 理论。1779~1783 年，他在伊尔费尔德和奥斯特罗德任教，并组织了一系列关于柏
　　　 拉图的研讨会。而后受邀赴普鲁士哈勒大学任教，在学校的支持下，他确定了语言
　　　 学这一学科领域的界限、原则和内容，认为语言学从一个侧面反映了古典时期的人
　　　 性，在他看来，古代的文化、历史、文学和艺术都是可供参考的相关学科。而通过
　　　 诠释学这一桥梁的搭建，历史和语言学则融合成了一个有机的整体。这便是他对语
　　　 言学的理想建构。他的《语文学百科全书》（1831）是后人了解语言学与语文学的
　　　 重要途径。沃尔夫不仅是现代语言学学科的创始人，他对古希腊研究领域的贡献也
　　　 十分卓越，著有《雅典的公共经济和家庭经济》（1795）与《荷马绪论》（1795）等
　　　 著作。他还著有《罗马文学史》（1787），可见其涉猎之广泛。
　　② 译者注：〔德〕乌尔里希·冯·维拉莫威茨－默伦道尔夫（Ulrich von Wilamowitz-
　　　 Moellendorff），1848 年 11 月 22 日生于普鲁士的马科维茨，1931 年 9 月 25 日卒于德
　　　 国柏林。维拉莫维茨－默伦道尔夫是 19 世纪末 20 世纪初顶尖的德国古典学大师，
　　　 也是 19 世纪和 20 世纪的古典文献学中心人物之一。他在学术界颇有名望，被视为
　　　 古希腊历史与文学研究方面的权威。他的研究领域颇为广泛，涉及了历史科学的衡
　　　 量标准、铭文（金石学）、历史地理学、考据学和纸莎草学，这些都是当时历史学科
　　　 中较为新颖的分支。

熹（1130~1200），作为一个经典文本诠释者的重要性远远超出了他作为一个文本批评家的重要性；戴震（1724~1777），既是一位出类拔萃的实证主义研究者，也是一位思想家与伦理学家。不过总的来说，当代潮流与个人偏好主宰了当今学者的治学领域与方法；至于早期汉代，则是政治因素推动着经学家对经典文本的诠释方向与思路。

新政权的建立意味着新政策的出台以及意识形态和思想方针的重建和调整，汉代早期的经学家出于政治教学的目的而极力挖掘经典文本中的思想遗产。因此早期经学家更容易偏向于阐释古籍的微言大义，而非致力于文本字句的精确含义。这看似是违反常理的，我们由第二章已可见文本批评的潜流暗潮涌动，秦以后恢复与修订文本的需要必然是与批评相结合的。但考虑到政府的需求，指向意识形态的经典诠释就自然走在前面了。这暗示着在汉代早期，对于一小部分经典的研读已经足以支持这种政治性解读的需求。第四章将分析西汉文本批评的本质，但在这里，我仍会将重点放在董仲舒与司马迁这两位学识渊博的大师身上，他们影响了诠释学的路径，为之后的古文经学与今文经学之争提供了更为广阔的背景。班固对于这一时期经学发展状况的分析颇值得关注，我们在后文将会提及。司马迁《史记》中的《儒林列传》汇集了各位经学大家的传记，但这实际上反映了司马迁本人看待意识形态的视角以及叙事策略。

第二节 汉代早期的公羊学与学术潮流

随着新王朝的建立，各种法律、政治及礼仪方面的规章制度也亟待重建，与此同等重要的是创造一套新的意识形态体系。汉代一开始是从秦朝那里继承律法条例，但是后来黄老之道学占据了新王朝的思想主流。淮南王刘安（前179～前122）的《淮南子》是一部集大成的百科全书式的著作，关于黄老之术在汉代早期的流行可在此书中明显地感受到。根据班固所言，《淮南子》最初分为两个部分——《内篇》21章，《外篇》33章，前半部分探讨"道"，后半部分汇集了纷繁复杂的各种事例。现存的《淮南子》只剩下了《内篇》21章。①

在《淮南子》里，理想的统治者被称为"真人"，道家之道是自发的、无须迫发的对于内心世界的占据，而"真人"就是内蕴道家本质的外显者，如下：

> 所谓真人者也，性合于道也。故有而若无，实而若虚；处其一不知其二，治其内不识其外。明白太素，无为复朴，体本抱神，以游于天地之樊。②

道圣与人间统治者之间的关系反映在《主术》一章中，如下：

> 人主之术，处无为之事，而行不言之教。清静而不动，一度而不摇，因循而任下，责成而不劳。是故心知规而师傅

---

① Charles Le Blanc and Michael Arthur Nathan Loewe, eds., *Early Chinese Texts: A Bibliological Guide* (Berkeley: The Society for the Study of Early China, 1993), pp. 189 - 195.
② （汉）刘安等著，顾迁注释《淮南子》，中华书局，2009，第103页。

谕导，口能言而行人称辞，足能行而相者先导，耳能听而执
正进谏。是故虑无失策，谋无过事，言为文章，行为仪表于
天下。①

---

① Kung – chuan Hsiao, *A History of Chinese Political Thought*：*Volume One*：*From the Beginnings to the Sixth Century A. D.*, trans. by F. W. Mote（Princeton：Princeton University Press, 1979）, pp. 570 – 582；Roger T. Aims, *The Art of Rulership*：*A Study in Ancient Chinese Political Thought*（Honolulu：University of Hawaii Press, 1983）, pp. 167 – 209.

译者注：

〔加拿大〕安乐哲（Roger T. Ames），1947 年生于加拿大多伦多，1966 年进入加州瑞德兰茨大学文理学院接受本科教育，后赴香港崇基学院和新亚书院学习，师从劳思光、唐君毅、牟宗三等"新儒家"宗师。在这些杰出学者的引领下，一个崭新的中国哲学世界在他眼前豁然打开了，这是一个与柏拉图、亚里士多德等西方哲人开辟的思想领域完全不同的天地，他遂决定专注于中西哲学比较研究。这段远赴香港求学的经历不仅使他确定了未来的研究方向，而且也让他切身体认到了在儒家思想支配下的中国人的生活方式和价值观，他借此认识到儒学是一种生生不息的活的传统。此后，他辗转于加拿大哥伦比亚大学、中国台湾大学、伦敦大学与剑桥大学等学府求学，先后受业于张佛泉、陈鼓应、方东美、刘殿爵以及葛瑞汉等著名学者。1978 年，他赴夏威夷大学哲学系任教，他在该校的任教长达几十载。其间与郝大维、罗思文等学者合作，陆续发表了一系列引起广泛关注的学术著作，他还翻译了《道德经》、《论语》、《中庸》、《孙子兵法》、《孙膑兵法》和《淮南子》等中国经典。在他与其他一些学者的提议和倡导下，夏威夷大学创办了中国研究中心。后又在他的主导下，夏威夷大学于 2014 年成立了世界儒学文化研究联合会以及东西方交流中心，夏威夷自此成为沟通中西哲学的重要基地，安乐哲本人及其学术思想也越来越多地被中国学人所熟知。为了推动中华文化走向世界，夏威夷大学与尼山圣源书院、北京外国语大学合作，培养国际师资，并定期举办尼山国际中华文化种子师资班。该班学员以欧美大学教师为主，中国国内的教师以及研究生也有机会参加学习，安乐哲与布朗大学罗斯文教授以及北京外国语大学田辰山教授担任主讲人，用英语讲授中国传统经典，如《论语》、《孟子》、《孝经》以及《道德经》等。学习方式除课堂讲授之外，还包括座谈研讨、习礼、参观、调查、访学以及参加地方戏曲、太极拳、传统医学、书画艺术等文化体验活动。安乐哲的主要著作有《孔子哲学思微》、《汉哲学思维的文化探源》、《期待中国：探求中国和西方的文化叙述》、《主术：中国古代政治思想研究》以及《先哲的民主：杜威、孔子和中国民主之希望》等。他曾担任《东西方哲学》与《国际中国书评》的主编、夏威夷大学中国研究中心主任、夏威夷大学与美国东西方中心亚洲发展项目主任、尼山圣源书院顾问、世界儒学文化研究联合会会长以及国际儒联副主席。他于 2013 年荣获第六届世界儒学大会颁发的"孔子文化奖"，2016 年荣获第二届"会林文化奖"。他赴世界各地宣讲中国文化，曾任台湾大学哲学系客座教授、剑桥大学访问学者、香港（转下页注）

儒家所主张的统治模式不仅被忽视，甚至被拒绝，因为在当时的人们看来，所谓的"道圣真人"都是采取自然无为之策，而不会像儒家那样干预事物的自然发展过程。正所谓：

> 今夫儒者不本其所以欲，而禁其所欲；不原其所以乐，而闭其所乐。是犹决江河之源，而障之以手也。夫牧民者，犹畜禽兽也，不塞其圂垣，使有野心，系绊其足，以禁其动，而欲修生寿终，岂可得乎。夫颜回、季路、子夏、冉伯牛，孔子之通学也，然颜渊夭死，季路菹于卫，子夏失明，冉伯牛为厉。此皆迫性拂情，而不得其和也。①

这种对于统治者所扮演角色的理解以及对于向内求静的重视，使得读书求学的价值被日益贬低，因为在执政者看来，书本是一种外在于精神的形式。这也就是所谓的"不学而知，不视而见"。②《淮南子》里描写了如下场景：住在偏远地方的乡野村夫和着敲击盆瓶的声音唱诵礼乐，这种简单淳朴的快乐却被响鼓重锣的敲击所打断并剥夺。外在的知识习得与内在的心灵修行形成了一种对峙：

（接上页注①）中文大学哲学系余东旋杰出客座教授、北京大学客座教授、第五届汤用彤学术讲座教授和第四届蔡元培学术讲座教授。他的学术研究成果及其对中国传统经典的译介，不仅纠正了西方人对中国哲学思想几百年的误会，清除了西方学界对"中国没有哲学"的成见，也开辟了中西哲学和文化深层对话的新路径，使中国经典的深刻内涵越来越为西方人所理解和接受。

① （汉）刘安等著，顾迁注释《淮南子》，中华书局，2009，第110页。
② （汉）刘安等著，顾迁注释《淮南子》，中华书局，2009，第103～104页。

> 藏诗书，修文学，而不知至论之旨，则拊盆叩瓶之徒也。夫无以天下为事者，学之建鼓矣。①

在道德崩塌的时代里，原心反本才能使人迷途知返。这种思想指导方针自然无益于人们对经典文本的学习和研读。《淮南子》中有言：

> 儒者非能使人弗欲，而能止之；非能使人勿乐，而能禁之。夫使天下畏刑而不敢盗，岂若能使无有盗心哉。②

《淮南子》里所描写的政治理想是纯粹而绝对的，问题是真的能够找到这样一个人当皇帝吗？因为依据上述概念化的描述，"真人"应该是超然世外、远离尘嚣的，他必定隔绝于一切阴谋诡计和尔虞我诈，更重要的是，他可能根本就没有想要把自己贡献于世间的欲望。取而代之的是，他只会被动消极地服从于"道"，而且这种"道"对他而言是无知无觉，既没有人情味，也没有感知力的。他不仅缺乏自我的、利己的动力，甚至还缺乏一个明确的、有形的、物质的身份！儒家主义者要做的就是把这样一个超然的、缥缈的形象从云端拉到地面，为他注入世俗凡间的法则。汉武帝执政期间，儒家主义者被迫去满足那种理想主义化

① （汉）刘安等著，顾迁注释《淮南子》，中华书局，2009，第 109 页。
② （汉）刘安等著，顾迁注释《淮南子》，中华书局，2009，第 111 页。

的需求，从而支持他的专制独裁统治。换而言之，汉武帝是出于极端自私的目的才会施行自然无为、休养生息这一政策，而儒学体系实则成为其背后的强大支撑。因为汉武帝想要稳固大一统的霸业，并意欲作为有形的统治者被歌颂，而其自身又不得不顺应时代潮流，做出一副不想干预人间事的样子，在这种情况下，就只有儒者能成为其真正的扶持者了。本着这种不干涉主义，官僚机构能默许的就只有两件事了：一是经学研究，二是漫无边际的赋的创作。最后，以自然为本的内在精神修炼终究让位于外在的文本掌握和辞藻艺术。儒家的忠孝观被反复灌输到一些礼仪的仪式当中，与忠孝观念相关的修辞渗透进了平时的日常用语，并且不可避免地介入了经学研究的心理背景中去，因此，不论具体的文本是什么。[①]

在最高的权力层面上，皇帝的继承权问题成了最大的问题。在古罗马时期，王冠从奥古斯都传给了他的养子提拜瑞斯，接着传给了提拜瑞斯的大侄子和养孙卡里古拉。后来，克拉迪乌斯宣告接管古罗马禁卫军而继了王位，他是卡里古拉的叔叔。之后，王位传给了内若，他是克拉迪乌斯的养子，奥古斯都的重重孙子。朱诺克劳迪奥政权终结于内若的自杀。接下来的四个皇帝与克劳迪奥家族没有关系，他们之间本身也没有任何关系。他们是被西班牙军团、德国军团、东方军团和古罗马禁卫军分别任命的。卫斯帕西安至少还有两个儿子相继继位。之后的王朝也没有

① 读者请参见晋文《论经学与汉代忠孝观的整合》，《江海学刊》2001年第5期，第124～127页。

好到哪里去。回首古罗马帝国王位继承的颠簸之路,可见王位的争夺靠的是军事实力和政治力量的强大,而不是某种既定的规则。王位的继承可以跨越辈分和代际,可以由外部人员来抉择。将目光重新聚焦于汉代早期这里,如若统治者不制定一套严格明晰的规章制度,那么王位之争也会陷入古罗马式的混乱与阴谋之中,因此,王位继承问题亟待解决,必须从早着手。幸运的是,《春秋公羊传》为此提供了理想的解决方式。它所蕴含的价值观为看视其他儒家经典指明了方向,人们赋予了经典文本极大的实用价值,使其在治理国家和权力持存等方面发挥作用。

《春秋公羊传》之所以得以流行,首先是由于《春秋》文本本身的广泛应用。无论是对于执政者而言,还是对于地方管理者来说,《春秋》都有可挖掘应用之处。公孙弘(前 200~前 121)在这其中起到了奠基的作用。[①]公孙弘是年长于董仲舒(前 179~前 104)的一个同辈人,是公羊学的专家,他的政治方针策略可被概括为"以春秋之义绳臣下取汉相"。[②]他因曾长时间地担任首席臣相,同时也因其政治思想源于他渊博的古典学识而著称于世。[③]

公羊学应归功于孔子门生子夏,公羊只是孔子口传《春秋》时某一个聆听师传的学生以及他后代的姓氏罢了。之后久远的历史,实则衍生自东汉后期的一本伪作——《孝经钩命决》,尽管它本身是伪书,但其中的一些语句证明了《公羊传》的来源,如下:

---

① 关于这一点,读者请参见卢瑞容《儒家"通经致用"实践之考察——以西汉朝廷"春秋决事"为中心的探讨》,《文史哲学报》1997 年第 47 期,第 1~32 页。
② (汉)班固:《汉书》,中华书局,1962,第 1160 页。
③ (汉)班固:《汉书》,中华书局,1962,第 3366 页。

孔子在庶，德无所施，功无所就。志在《春秋》，行在《孝经》，以《春秋》属商，《孝经》属参。①

根据这一久远的传统，孔子所信任的两个德性甚高的门生是《春秋》的口传者，也是文本的诠释者。孔子对《春秋》教授的核心在于伦理道德价值观的建立，尤其是忠孝观念的加强，这种教诲本身最后形成了一本独立的著作。

徐彦是活跃于唐代的一位学者，他的注疏保存了很多古代学者对于《春秋》的注释，其中包含很多先人的构想与传播过程的印记，一些注释甚至可以回溯至子夏。徐彦对《春秋公羊传》所作的"疏"以何休（129~182）的《春秋公羊解诂》为主要的研究参照对象，徐彦拓展了何休的公羊学研究，并澄清了一些问题。何休和徐彦的注疏被后人奉为对经典文本的经典注疏，尤其是当"十三经"于1584年在皇权的支持下被拣选集结而出之时，何、徐二人对《春秋公羊传》的注疏更是被视作汉代与唐代最杰出的公羊学著作。徐彦疏的增补里保留了东汉经学家戴宏关于《春秋》的一则材料，如下：

子夏传与公羊高，高传与其子平，平传与子地，地传与其子敢，敢传与子寿。至汉景帝时，寿乃其弟子齐人胡毋子

---

① （汉）何休注，（唐）徐彦疏《春秋公羊传注疏》，上海古籍出版社，2014，第3页。

[生] 都著于竹帛，与董仲舒皆见于图谶。[①]

经典文本传播者的链条和谱系往往很难完整化，即便在历史上存在这样的努力。如清代乾隆时期的目录学书就曾列出许多"子"——子沈子、子司马子以及子北宫子等，但实际上"盖皆传授之经师不尽出于公羊子"，[②] 董仲舒属于公羊学派，他是在赵国接受的春秋学教育。公孙弘在前124年，也就是在他的晚年，由一介庶民荣升为大臣，他也是一位春秋公羊学专家。但只有董仲舒的注疏流传了下来。[③]

第三节 儒家文本的正典化过程

汉武帝于前140年正式登基之后，终结了纵横家占据思想界的局面。[④] 在意识形态领域，他逐步将儒家理论运用到治理朝纲之中。他的第一个举措是于前136年立五经博士。[⑤] 第二年，就在窦太后死后，他得以不受束缚地施行自己的政策。最明显的改

---

① （汉）何休注，（唐）徐彦疏《春秋公羊传注疏》，上海古籍出版社，2014，第2页。
② 《四库全书总目提要》卷二十六《经部·春秋类》，《国学要籍丛刊》，台北，汉京文化事业有限公司，1981，第147页。《春秋公羊传著考》，《十三经著述考》，台北，编译馆与鼎文书局，2003。黄开国：《公羊学发展史》，人民出版社，2013。
③ 我曾在前文提及公孙弘的重要性，因将《春秋》阐释引向政治实用的层面，对后世经学走向产生了重大影响。在此我们需注意班固曾在他的《汉书》中介述公孙弘的十卷书，见（汉）班固《汉书》，中华书局，1962，第1727页。读者还可参见（清）马国翰《玉函山房辑佚书》（六卷本），广陵古籍刻印社，1990，第229～330页。这套书里收藏了公孙弘的两封书信、两篇政治策文、一篇上书以及一篇杂谈偶记。另外，读者还可参见班固《汉书》中关于三十八卷本《公羊章句》的介述，见余嘉锡《汉书艺文志索隐稿》选刊（序、六卷下），《中国经学》2008年第3期，第5页。
④ （汉）班固：《汉书》，中华书局，1962，第154～157页。
⑤ （汉）班固：《汉书》，中华书局，1962，第159页。

革标志与信号发生在十年之后，前124年，他开始任命五经博士的门生担纲朝廷职位，并将招募官员的条件之一限定为熟读经典，在经典研习方面表现出色。①

最近一项关于西汉经典正典化过程的研究将重点放在汉武帝转向儒家主义的政治动力方面。蔡彦仁深化了我们对于朝代建制之内在动力的认识。② 他解释道：

> 我们必须注意，汉武帝对儒学的理解绝非价值中立。正如董仲舒所分析的那样，儒家学说之所以能够吸引汉武帝，完全是因其功能性的作用，而不是其他方面。汉武帝振兴儒学完全是出于政治动因，并指向现实回报。③

此外，蔡彦仁列举出以下四点原因来支持上述结论：

> 第一，汉武帝罢黜百家，独尊儒术意味着其他哲学流派均被打压；第二，由于汉武帝实行扩张主义，因此需要增加大量

---

① （汉）班固：《汉书》，中华书局，1962，第172页。

② Yan‐zen Tsai, "Scripture and Authority: The Political Dimension of Han Wu‐ti's Canonization of the Five Classics," in Ching‐I Tu, ed., *Classics and Interpretations: The Hermeneutic Tradition in Chinese Culture* (New Brunswick and London: Transaction Publishers, 2000), pp. 85‐105。其博士论文 "Ching and Chuan: Towards Defining the Confucian Scriptures in Han China (206 B. C. E. ‐ 220 C. E.)," (Ph. D. diss., Harvard University, 1992)。

③ Yan‐zen Tsai, "Scripture and Authority: The Political Dimension of Han Wu‐ti's Canonization of the Five Classics," in Ching‐I Tu, ed., *Classics and Interpretations: The Hermeneutic Tradition in Chinese Culture*, (New Brunswick and London: Transaction Publishers, 2000), pp. 93‐94.

的行政人员；第三，他招募了大批儒生作为礼仪方面的专家；第四，他意欲依靠增加朝中儒生的数量来提升儒学的地位。①

根据第一个原因，正典化的功用之一就是可以达到思想控制与限制的目的。因此，即便汉武帝大力推广儒家经典，但是这种正典化的过程依然是在意识形态的严格掌控之下进行的。②

---

① Yan‐zen Tsai, "Scripture and Authority: The Political Dimension of Han Wu‐ti's Canonization of the Five Classics," in Ching‐I Tu, ed., *Classics and Interpretations: The Hermeneutic Tradition in Chinese Culture*, (New Brunswick and London: Transaction Publishers, 2000), pp. 93‐94.

② 这一观点的理论化表述可见于〔德〕阿莱德·阿斯曼（Aleida Assmann）与扬·阿斯曼（Jan Assmann）撰 "Kannon und Zensuralskultursoziologische Kategorien" in *Kanon und Zensur: Beiträge zur Archäologie der literarischen Kommunikatin* II（München: Wilhelm Fink Verlag, 1987), pp. 7‐27。读者可参见 https://www.fink.de/katalog/titel/978‐3‐7705‐2379‐5.html。

译者注：

〔德〕阿莱德·阿斯曼（Aleida Assmann），生于 1947 年，是《圣经·新约》专家古恩瑟·伯恩卡姆（Günther Bornkamm）的女儿。她于 1966～1972 年在海德堡大学和图宾根大学学习英语言学和埃及学，1977 年在海德堡撰写了《虚构文学的合法性》这一论文，并受邀在图宾根大学研究埃及学，自 1993 年起开始担任康斯坦斯大学英语和文学研究教授，2000 年受邀赴休斯敦莱斯大学访学，自 2001 年起担任普林斯顿大学客座教授，她还曾赴耶鲁大学、芝加哥大学和维也纳大学等多所知名学府担任讲座教授。除了英语文学和埃及学以外，她的工作领域还包括文化人类学、文化与交际以及集体记忆等。自 20 世纪 90 年代至今，她一直致力于研究记忆理论与 1945 年以来的德国民族记忆史，同时还关注记忆在文学和社会中的作用。自 2011 年以来，她一直在进行一项题为 "过去与现在：文化记忆的维度和动态" 的研究项目，在这个项目中，她用英文简述了她与丈夫扬·阿斯曼（Jan Assmann）在记忆理论方面所做的工作。2017 年，她与丈夫一起获得了巴尔赞（Balzan）集体记忆奖。她的主要学术成果包括《文化记忆与西方文明：作用、媒介与档案》（*Cultural Memory and Western Civilization: Functions, Media, Archives*, Cambridge: Cambridge University Press, 2012）；《记忆、个人和集体》（*Memory, Individual and Collective*），收录于罗伯特·古丁（Robert E. Goodin）与查尔斯·蒂利（Charles Tilly）主编的《牛津情境政治分析手册》（*The Oxford Handbook of Contextual Political Analysis*, Oxford: Oxford University Press, 2006, pp. 210‐224）；《欧洲：记忆共同体?》（*Europe: A Community of Memory?*）；《文化记忆的宗教根源》（*Religious Root of Cultural* （转下页注）

传统学界观点认为自汉武帝推行儒术之后，儒学便如日中天，占据了主流地位，这是对中国经学史发展的普遍认识。但最近，对这一问题颇具洞察力的再检视与再评估挑战了传统观点。王宝轩以年代学的方式对汉代儒学正典化的过程进行了重新的概念化和再阐述。他认为"罢黜百家，独尊儒术"的政策与信条直到成帝（前33～前7年在位）统治时期才彻底稳固下来，他把这一方针从提出到稳固的过程分为三个阶段。第一个阶段从前206年到前136年立五经博士，这一时期国家以黄老思想为基础实行开放性政策，尽管汉高祖的统治无疑是专制独裁的，但能接纳各种思想体系，包括诸子百家。这可以说是承袭了战国时期百家争鸣之自由的人文氛围。第二个阶段从前136年至成帝统治时期，在这一阶段儒学地位迅速攀升，其他学派被压制，只有儒家典

（接上页注②）Memory）；等等。

〔德〕扬·阿斯曼（Jan Assmann），生于1938年，曾在慕尼黑、海德堡、巴黎和哥廷根学习埃及学、古典学和考古学。1966～1967年担任德国考古研究所驻开罗分所的研究员，1967～1971年作为独立学者进行研究，自1976年起任教于海德堡大学，他在该校担任埃及学教授直至退休，2003年被任命为康斯坦斯大学文化研究荣誉教授。在埃及学研究方面，他着重阐释了一神教的起源，他还认为古埃及原始宗教对犹太教影响巨大，其产生的作用远远超过了人们的估计和想象。20世纪90年代，他与妻子阿莱德·阿斯曼共同发了一种关于文化和交际记忆的理论，引起了国际学界的广泛关注。他的主要著作包括《在古埃及寻找上帝》（The Search for God in Ancient Egypt），《文化记忆与早期文明：写作，追忆与政治想象》（Cultural Memory and Early Civilization: Writing, Recalling and Political Imagination），《古埃及人的思想：法老时代的历史和意义》（The Mind of Egypt: History and Meaning in the Time of the Pharaohs），《一神教的价值》（The Mosaic Distinction or The Price of Monotheism），《上帝与上帝们：埃及、以色列和一神教的崛起》（Of God and Gods: Egypt, Israel, and the Rise of Monotheism）。他在各学术领域的杰出成就使得他获奖无数，1996年他获得马克斯普朗克研究奖，1998年获得德国历史学家奖，同年蒙斯特神学院授予他神学荣誉博士学位，2004年获得耶鲁大学荣誉院士称号，2005年耶路撒冷希伯来大学授予他荣誉院士称号，2006年获得德意志联邦共和国一等荣誉勋章，同年获得阿尔弗莱德克拉普（Alfred Krupp）奖，2017年与他的妻子阿莱德·阿斯曼共同获得巴尔赞集体记忆奖。

籍能称得上正典，其他文本最多只能算是辅助性的"传"和
"记"，但它们绝没有销声匿迹，也没有被完全压制。第三个阶段
从成帝到王莽（9～23 年在位）篡权，在这一时期，除儒学以外
的诸子百家悉数被压制，可谓被"驱逐出境"了！这些学派的著
作现如今连辅助性的次要文本都算不上了，因为它们被视为对以
政治指向为基石的人文生态毫无益处！[①]

当代学界在观点上没多大变化的是，大家一致公认《春秋公
羊传》极大地影响了西汉的儒学界，这就是为何此书能够成为五
经之首。相较于《春秋穀梁传》和《左氏春秋》，《春秋公羊传》
更受欢迎的理由在于，汉武帝认为它能够在意识形态领域被广泛
应用。首先，汉高祖制定的皇位继承顺序即是从此书中得来。即
使到了前 150 年，此书还仍然被用来解决和仲裁皇位继承权的问
题，朝臣们曾依据此书中的理论为嫡长子继承权赢得了合法性，
而汉武帝自己也从中获了利，在嫡长子继承权正式合法后的 10
年，他凭此登上了皇位。其次，此书强调"君尊臣卑"。最后，
此书宣扬帝国大一统思想，这可谓最重要的核心政治观念。崇让
国认为服从国家的学说支撑起了大一统的理论。这一观念是长期
必要的，因为按照周朝的封建领主系统，君王应是选拔出来的，
也就是说任人唯贤，而非按照血缘关系来进行分配，但到了汉
代，显然皇位继承的方式发生了彻底改变。而周朝的先例对于已
然实行血缘继承制的汉代政权来说始终是一个威胁，这种威胁是
真实的、正在发生着的。《春秋公羊传》为新王朝新的皇位继承

---

① 王葆玹：《西汉经学源流》，台北，东大图书公司，1994，第 103～153 页。

制提供了有力的意识形态支撑，从而使这一血缘继承制的思想根基更加稳固和得到加强。①

第四节　董仲舒与儒家经典

董仲舒（前179～前104）是西汉早期的儒家思想集大成者，他的思想被运用于政治策略。鲁惟一把他的影响概括为：

> 在刘向之前，董仲舒比任何其他人都更擅长于把儒学投入实际应用，他为汉政权的合法性提供了智性基础，他把这种内在的整合因素纳入宇宙系统之中。②

作为这样一位集大成者，董仲舒更像是政治哲学家，而非单纯的古典学者。他整合了天、地、人三种要素，并将宇宙中的偶然性和人世间的日常生活同时纳入其中。他在作为老师和经典文本诠释者的同时，也被视为儒学大师和博学多才之人。有鉴于此，王永祥才会说：

> 董仲舒作为汉代的一大儒，主要以治公羊春秋开一代经学之风而闻名于世。③

---

① 关于这一点见张端穗《西汉公羊学研究》，台北，文津出版社，2005；张端穗《西汉春秋经成为五经之首之缘由》，《东海大学文学院学报》2000年第41期，第1～58页。
② Michael Loewe, in Xinzhong Yao, ed., *Routledge Curzon Encyclopedia of Confucianism*, 2 vols (London: Routledgecurzon and NY: Routledge, 2003): pp. 191–194.
③ 王永祥：《董仲舒评传》，南京大学出版社，2006，第402页。

王永祥接着论述董仲舒的两大贡献：一是他提出了"罢黜百家，独尊儒术"；二是他创立了以儒家经典为基础的考试制度，用以招募征选官员。① 章权才则将董仲舒在经学发展过程中所起到的推进作用总结为以下四点：推明孔氏、罢黜百家、立学施教与通经致用。②

班固认为董仲舒实乃汉代儒学的奠基之人，因为他将公羊学传统与宇宙内在的阴阳互动结合在了一起，所谓：

> 汉兴，承秦灭学之后，景、武之世，董仲舒治《公羊春
> 秋》，始推阴阳，为儒者宗。③

若言《春秋公羊传》与阴阳学说之间有任何联系使得它们能够被结合在一起，那么这应得益于《公羊传》的诠释，而不是灵光一现式的偶然思考所得。正如前文所探讨的那样，《公羊传》提供了一个完美的意识形态平台，让西汉政权的大厦能被建构于上。

司马迁在《史记·儒林列传》中简明扼要地概括了董仲舒的思想及贡献。倘若司马迁曾师从董仲舒，④ 那么他可能只会透露一点老师的生平信息，以及关于他个性的一两处细节。在司马迁的《史记》中，我们可以管窥董仲舒身为学者言行举止的一些方面：

---

① 王永祥：《董仲舒评传》，南京大学出版社，2006，第 402 页。
② 章权才：《两汉经学史》，台北，万卷楼，1995，第 183~187 页。
③ （汉）班固：《汉书》，中华书局，1962，第 1317 页。
④ 关于这一问题的晚近研究，读者请参见余其濬《〈史记〉与公羊学》，硕士学位论文，台湾大学，2008，第 81~87 页。

　　董仲舒，广川人也。以治《春秋》，孝景时为博士。下帷
讲诵，弟子传以久次相受业，或莫见其面，盖三年董仲舒不观
于舍园，其精如此。进退容止，非礼不行，学士皆师尊之……
至卒，终不治产业，以修学著书为事。故汉兴至于五世之
间，唯董仲舒名为明于《春秋》，其传公羊氏也。①

　　接下来的一段叙述关涉到董仲舒在阴阳灾异和宇宙内在法则
方面的思想贡献，这远远超出了他的学术职责，但在他的行政职
责范畴之内。他被汉武帝任命为大臣之后便开始承担关于谶纬方
面的职责，如下：

　　今上即位，为江都相。以《春秋》灾异之变推阴阳所以
错行，故求雨闭诸阳，纵诸阴，其止雨反是。行之一国，未
尝不得所欲。中废为中大夫，居舍，著《灾异之记》。是时
辽东高庙灾，主父偃疾之，取其书奏之天子。天子召诸生示
其书，有刺讥。董仲舒弟子吕步舒不知其师书，以为下愚。于
是下董仲舒吏，当死，诏赦之。于是董仲舒竟不敢复言灾异。②

　　司马迁曾对董仲舒的品行个性进行总结，还曾谈及董仲舒的
学术对手——另一位春秋学的研究专家，如下：

----

① （汉）司马迁：《史记》，中华书局，1982，第3127～3128页。
② （汉）司马迁：《史记》，中华书局，1982，第3128页。

董仲舒为人廉直。是时方外攘四夷，公孙弘治《春秋》不如董仲舒，而弘希世用事，位至公卿。董仲舒以弘为从谀。弘疾之，乃言上曰："独董仲舒可使相胶西王。"胶西王素闻董仲舒有行，亦善待之。董仲舒恐久获罪，疾免居家。[①]

这段生平介绍以董仲舒躲避或使自己获罪的商政事务作为结语，同时也说明了他对于《春秋》的独到见解以及对《公羊传》的传播。

班固（32~92）为董仲舒整理撰写了一篇个人传记，其中包含了董仲舒献给皇帝的三篇策书。[②] 这些材料后来为美国汉学家桂思卓所用，促使她在如何看待董仲舒的一生这个问题上，获得了更加开阔的视角。[③] 但在这里，我倾向于把视野范围限定在司马迁看待董仲舒的态度与视角之内，这样我们可以获得对于董仲舒更为精确的理解。班固显然支持将经典文本用于行政训练与官员招募，他不认为学子们把经书视为通向显达富贵的桥梁是一种错误的心态，他还极力拥护庞大的刘氏政权。因此，他盛赞董仲舒的大业。

司马迁对董仲舒的态度则有所保留，这一点在他为其所书写

① （汉）司马迁：《史记》，中华书局，1982，第 3128 页。
② （汉）班固：《汉书》，中华书局，1962，第 56 页。
③ Sarah A. Queen, *From Chronicle to Canon: The Hermeneutics of the Spring and Autumn Annals According to Tung Chung-shu* (Cambridge: Cambridge University Press, 1996), pp. 13-38. 相关研究还可参见汪高鑫《董仲舒与汉代历史思想研究》，商务印书馆，2012；李威熊《董仲舒与西汉学术》，台北，文史哲出版社，2012；黄朴民《天人合一：董仲舒与两汉思潮研究》，岳麓书社，2013；Michael Loewe, Dong Zhongshu, A "Confucian" Heritage and the Chunqiu fanlu (Leiden: Brill, 2011)。

的传记中可见一斑。从司马迁《史记》的"太史公曰"来看，显然他对董仲舒是格外尊重的。一个显著的例子是，司马迁引用董仲舒的话来理解孔子作《春秋》的动机，如下：

> 上大夫壶遂曰："昔孔子何为而作《春秋》哉？"太史公曰："余闻董生曰：'周道衰废，孔子为鲁司寇，诸侯害之，大夫壅之。孔子知言之不用，道之不行也，是非二百四十二年之中，以为天下仪表，贬天子，退诸侯，讨大夫，以达王事而已矣。'……"①

然而，不似班固，司马迁为董仲舒书写的传记中没有包含任何董仲舒上书皇帝的谏策，也没有阐释董仲舒哲学思想的意向。这样就出现了自相矛盾的情况，即在"太史公曰"中大肆赞扬董仲舒，而在专门为其写的传记中却轻描淡写、一笔带过。司马迁只是谈及了他的学术成就、天人思想以及他最终对仕途的摒弃，而对他的政治哲学框架全然不谈。难道说司马迁对董仲舒的认同和赞赏仅仅是出于他在树立道德楷模以及春秋学研究方面所做出的杰出贡献，而不是因为他同时也将学术成就运用于辅佐汉武帝成就大业上？《史记·儒林列传》的最后一句话或许可以帮助我们解开谜团，我们也可从中窥见司马迁的书写习惯，即他对人物的批评从来都是轻描淡写却绵里藏针的，他对某人真实而全面的评价不是见诸专门为其所书写的传记当中，而是散见于整部书其

---

① （汉）司马迁：《史记》，中华书局，1982，第3297页。

他角落中，专门性的传记只是一个简略的缩影罢了。

下面，我们来看《史记·儒林列传》的这最后一句话，如下：

> 而董仲舒子及孙皆以学至大官。①

这句话可被视为一种负面的评价与谴责，而且针对的是整个传记的叙述目的。我将会在下文检视司马迁在为经学家书写合传时所使用的叙述策略，尤其是聚焦于这样一种叙事手段，即在历史叙事和具体的传记书写中刻意忽略叙事意图，却在其他地方表露出来。如上文所引语句，就是司马迁在强烈批判朝廷以治经与学术作为招官入仕之条件的这一做法。在司马迁看来，这种举措会令莘莘学子把做学问仅仅当成帮助自己仕途成功、显达富贵的敲门砖。司马迁的这句话同时也提及了董仲舒子孙后代仕途道路的顺利，这可以被看作政府官员反对纯粹的学术研究，而将治经之学引向功利性的道德用途之恶果！让我们回忆一下，司马迁为董仲舒所写的传记终结于他作为一个《公羊传》专家的身份，而不是他在仕途上所取得的显赫成就。

一 作为经典诠释者的董仲舒

在研究挖掘董仲舒的经学思想之前，我必须首先指出他的诠释风格是暗用典故，善用隐喻，给人一种类似印象派画风的那种含混不清的感觉。董仲舒的这种启发式教育旨在汲取前人教训，指导当下及后世统治者的政治行为。为达到这一目的，董仲舒常

---

① （汉）司马迁：《史记》，中华书局，1982，第3129页。

发微言大义，但他并不注重《春秋》文本本身以及当中所述事件，而是着力挖掘文本所传达的信息，也就是义理。承载着这种"大义"的表达往往是裹挟着多种含义的术语，而若要梳理出此类迂回式表达所内蕴的复杂含义，则常需隐藏于想象力深处的灵感、将看似不相干的事物连接起来的能力、对于历史背景的了解以及精练准确的术语修辞。由于董仲舒将其对《公羊传》的研究定位在挖掘文本的政治哲学意蕴以及《春秋》的修辞术等方面，而不是探讨文本以编年史形式所记录的事件之历史背景或确认事件所涉及的人物身份，故董仲舒的研究过程及成果重诠释而轻注释是自然的。

董仲舒对《春秋》文本修辞总的看法可见于《春秋繁露·精华》，如下：

> 《春秋》慎辞，谨于名伦等物者也。[1]

他借此得出结论：

> 是故大小不逾等，贵贱如其伦，义之正也。[2]

他从《春秋》的修辞方式中总结出如下法则：适用于表达高贵、广阔事物的言辞，未必同样适合于表达低贱、渺小的事物。

---

[1] 钟肇鹏主编《春秋繁露校释》（两卷本）第 1 卷，河北人民出版社，2005，第 159 页。
[2] 钟肇鹏主编《春秋繁露校释》（两卷本）第 1 卷，河北人民出版社，2005，第 159 页。

遂将此理运用于世间秩序。接着,他解释了为何他的诠释方式是
如此这般的隐晦,且多用典故,如下:

> 古之人有言曰:不知来,视诸往。今《春秋》之为学
> 也,道往而明来者也。然而其辞体天之微,故难知也。弗能
> 察,寂若无;能察之,无物不在。是故为《春秋》者,得一
> 端而多连之,见一空而博贯之,则天下尽矣。[1]

同时,董仲舒认为,只有对文本进行微观式的细读以及文本
间的互文性阅读,才能挖掘出文本内在固有的可能性含义,而这
种含义也有可能是十分重要的核心含义,因此这一挖掘过程是必
要的。他在《春秋繁露·竹林》中这样写道:

> 《春秋》记天下之得失,而见所以然之故。甚幽而明,
> 无传而著,不可不察也。[2]

没有这种细致的挖掘,那么世间得失背后所蕴藏的理由就无从显
现。《春秋繁露·玉杯》则是简洁明了地解释了为何文本间的互
文性阅读对于深刻认识微言大义是十分必要的,如下:

> 是故论《春秋》者,合而通之,缘而求之,伍其比,偶

---

① 钟肇鹏主编《春秋繁露校释》(两卷本)第 1 卷,河北人民出版社,2005,第 186 页。
② 钟肇鹏主编《春秋繁露校释》(两卷本)第 1 卷,河北人民出版社,2005,第 97 页。

其类，览其绪，屠其赘，是以人道浃而王法立。①

黄开国探讨过董仲舒修辞手法中的转喻，这类修辞更多地依赖于上下文语境，而非词语的字面意思，或者说词语背后的真正意义取决于"常辞"与"变辞"之间的交互作用。②

在《精华》的其他段落里，董仲舒探讨了诠释的灵活性。他认为无论是解读《春秋》还是其他古籍，都要有一定的灵活性，他这样写道：

所闻《诗》无达诂，《易》无达占，《春秋》无达辞，从变从义，而一以奉人〔天〕。③

很显然，董仲舒提倡对经典文本进行语境化/境遇化的阅读，这是一种对互文诠释学的欲求，而非传统的文本注释。④

然而当代学者陈明恩在无意中指出，这实际上是为一种更加基于文本的语文学阅读打开了门径。他认为董仲舒的诠释学是以基于文本解读的三种主题性类别为发端的，这三种类别即为：端、科、指。⑤

---

① 钟肇鹏主编《春秋繁露校释》（两卷本）第1卷，河北人民出版社，2005，第50页。
② 黄开国：《公羊学发展史》，人民出版社，2013，第233～237页。
③ 钟肇鹏主编《春秋繁露校释》（两卷本）第1卷，河北人民出版社，2005，第181页。刘向曾在《说苑·奉使》里沿用了"达"的原初意义——通，他没有在这一意义上做任何变动。读者请参见王应麟《困学纪闻》（三卷本）第2卷，上海古籍出版社，2008，第757～758页。
④ 黄开国：《公羊学发展史》，人民出版社，2013，第237～239页。
⑤ 陈明恩：《董仲舒春秋学之义法理论——端、科、指条例之学的建构及其内涵》，《中国学术年刊》总第27期，第1～18页。更多相关研究还可参见陈明恩《诠释与建构董仲舒春秋学的形成与开展》，台北，秀威资讯科技股份有限公司，2011。

陈明恩找到了构成董仲舒宇宙论和哲学政治观表述的二端、六科和十指。然而，我怀疑这三个术语也许提供的是一种更为文学化的阅读方式，这样衍生出的注释可在三个不同层面上发生。正因为如此，董仲舒才会认为《春秋》一书中没有能够普遍适用于天下的表达，可能一个词语只能对应它所依存的那一具体特殊的语境，因此需要通向上述三个层面的路径。所有的那些类别相结合才能让读者对《春秋》中的"微言"有一深入的理解。正是董仲舒超凡的理解力和创造力串联了看似不相干的事物和那些分散的语句和叙述，从而生发出了"大义"。① 如果这一观点是可行的，那么董仲舒切入经典文本的路径就可以被总结为，在互文性的诠释过程发生之前事先进行语境化的文本整合。

二 春秋六义

董仲舒曾归纳总结了《春秋》的六种功用和目的，他的总结实际上也为我们研究他丰富的思想资源提供了方向。在他的《春秋繁露·正贯》中，这六种被他总结出来的功用和目的反映了他这部巨著的核心主题与思想。

一为"援天端"，这与春天为四季之首相关。这是为了以自然天地的规律来为人间的政治领域设立秩序。当代学者朱永嘉和王知常指出，董仲舒运用了两种方式来使他的自然秩序观得以被广泛接受：一个是阴阳灾异学说，另一个则是天授君权理论（这

---

① 陈明恩：《董仲舒春秋公羊学解经析论》，台北，台湾学生书局，2000，第209～248页。

一点我会在本章中探讨)。① 《春秋》开始于下面这句话："元年春王正月。"② 董仲舒在他的《三代改制质文》中引用了这句话以及《公羊传》对它的阐释，如下：

> 《春秋》曰：王正月，《传》曰：王者孰谓？谓文王也。曷为先言王而后言正月？王正月也。何以谓之王正月？曰：王者必受命而后王。王者必改正朔，易服色，制礼乐，一统于天下。③

董仲舒为了制造互文性阅读的需求，故意在自己的书中将他的诠释性文字分散于各处。在《竹林》中，他这样写道：

> 《春秋》之序辞也，置王于春正之间，非曰上奉天施而下正人，然后可以为王也云尔。④

董仲舒最终将上天、春季与建构在儒家学说基础之上的行政日历联结起来，他这样写道：

> 仲尼之作《春秋》也，上探正天端王公之位，万民之所欲，下明得失起贤才，以待后圣。⑤

① 朱永嘉、王知常：《新译春秋繁露》，台北，三民书局，2007，第378页。
② （汉）何休注，（唐）徐彦疏《春秋公羊传注疏》，上海古籍出版社，2014，第5页。
③ 钟肇鹏主编《春秋繁露校释》（两卷本）第1卷，河北人民出版社，2005，第421页。
④ 钟肇鹏主编《春秋繁露校释》（两卷本）第1卷，河北人民出版社，2005，第108页。
⑤ 钟肇鹏主编《春秋繁露校释》（两卷本）第1卷，河北人民出版社，2005，第356页。

二为"志得失",这是董仲舒历史编纂学观念的反映。前文中已引过如下语句:

> 古之人有言曰:不知来,视诸往。今《春秋》之为学也,道往而明来者也。[1]

这一表述与他的史学观也有关联,过往的历史可以为当下和未来的政治决策提供方向。读者若跟随着董仲舒的注解和诠释阅读经典,定能对此观点产生强烈的认同感。

三为"论罪定诛"。《精华》中的一小段文字简明扼要地解释了董仲舒的法律哲学,如下:

> 《春秋》之听狱也,必本其事而原其志。志邪者不待成,首恶者罪特重,本直者其论轻。[2]

董仲舒的律法观应被放到具体语境中加以理解,正如同他自己的诠释观念所主张的那样。董仲舒思想的这一面向在他的实用主义儒学观里扮演了重要角色,他还专为此又另外写了一篇文章,题为"公羊董仲舒治狱十六篇"。[3] 只是这篇文章早已失传,因为到了13世纪,就只剩下这篇文章里的三段引文了,两段保

---

① 钟肇鹏主编《春秋繁露校释》(两卷本)第1卷,河北人民出版社,2005,第186页。
② 钟肇鹏主编《春秋繁露校释》(两卷本)第1卷,河北人民出版社,2005,第177页。
③ (汉)班固:《汉书》,中华书局,1962,第1714页。

留在《太平御览》之中，还有一段保留在《艺文类聚》之内。①

四为"立义定序"，或曰划定君臣之间的界限。董仲舒将人间秩序内嵌于天人关系与自然法则之中，他在《离合根》里这样写道：

> 高其位而下其施，藏其行而见其光。高其位所以为尊也，下其施所以为仁也，藏其行所以为神，见其光所以为明。故位尊而施仁，藏神而见光者，天之行也。故为人主者，法天之行，是故内深藏，所以为神；外博观，所以为明也；任群贤，所以为受成；乃不自劳于事，所以为尊也；泛爱群生，不以喜怒赏罚，所以为仁也。故为人主者，以无为为道，以不私为宝。立无为之位而乘备具之官，足不自动而相者导进……故莫见其为之而功成矣。此人主所以法天之行也。②

在同一篇章里，董仲舒还描述臣子应如何在世间把自己树立成表率，如下：

> 为人臣者法地之道，暴其形，出其情以示人，高下、险易、坚耎、刚柔、肥臞、美恶，累可就财［裁］也。故其形

---

① 王应麟：《困学纪闻》（三卷本）第 2 卷，上海古籍出版社，2008，第 759 页。相关史料还可见孙启治、陈建华编《中国古佚书辑本目录解题》，上海古籍出版社，2009，第 62 页。
② 钟肇鹏主编《春秋繁露校释》（两卷本）第 1 卷，河北人民出版社，2005，第 371 页。

宜不宜，可得而财也。为人臣者比地贵信而悉见其情于主，主亦得而财之，故王道咸而不失。为人臣常竭情悉力而见其短长，使主上得而器使之，而犹地之竭竟其情也，故其形宜可得而财也。①

这一律令可总结为：统治者法天，臣子法地，天在上，地在下。此法则是由自然规律所决定的，而天地秩序是自发的，因此君臣关系也就是天经地义的。换而言之，统治者和臣子的行为——王如何君临天下，臣如何侍奉君王——对应着天地的等级秩序。这一以宇宙观为基础的本体论为那个时代提供了一种兼具理论与实践可行性的政治体系：从理论上而言，它经过了缜密周详的策划；从实践上来说，天地与自然万物的现象是可见、可模仿的。

五为"戴贤方表谦义"，在这一点上，我们可以看到董仲舒是如何调和长久持存的法则与偶尔暂时性地行私利这二者之间的矛盾的。在董仲舒看来，这两者是可以共存的，有时退一步是为了更好地前进，绕弯路是为了之后能够回到笔直的道路上来。因此，他这样写道："见复正焉耳。"② 《玉英》为"经礼"与"变礼"间的不同提供了解决方法，董仲舒将这种变与不变的双重性简洁精练地归纳为"明乎经变之事，然后知轻重之分，可与适权矣"。③

---

① 钟肇鹏主编《春秋繁露校释》（两卷本）第 1 卷，河北人民出版社，2005，第 374 页。
② 钟肇鹏主编《春秋繁露校释》（两卷本）第 1 卷，河北人民出版社，2005，第 305 页。
③ 钟肇鹏主编《春秋繁露校释》（两卷本）第 1 卷，河北人民出版社，2005，第 129 页。

第六点也就是最后一点不像是目的，倒很像是切入《春秋》的路径。这是一种诠释态度与诠释方法论的综合体，它既可以实现总体性的诠释，从更小的层面而言，也可以实现具体的注释。董仲舒将这种诠释路径总结为："幽隐不相踰［谕］而近之则密矣。"这可以说反映了董仲舒灵活的诠释策略。在董仲舒看来，语境控制诠释，语言学层面上的细枝末节则控制注释。

董仲舒以优雅的言辞书写了上述六点，他的观点深刻，论证有力，视野开阔，最重要的是，他的经学思想极富政治实用性。加之他品行端正，堪称道德楷模，而且终身致力于治学，这就不难理解为何他被称为汉代经学的奠基者了。

另一位博学强识的大师是司马迁，同样在他的领域内取得了傲人的成就，他所留下的学术遗产同样是富有说服力且经久不衰的。但他致力于的是用他的宇宙历史观来否定汉代经学研究的实用主义精神。董仲舒以他的经典诠释学作为根基，奋力稳固并加强经学研究的功利性指向，而司马迁以他建构在经典文本自身之上的历史编纂学理论极力地瓦解了董仲舒所试图建立的儒学功用性。

第五节　司马迁、《史记》与《儒林列传》

司马迁是一位伟大的历史学家，他对从远古神话时代到汉武帝时代的中国历史进行了编年史式的书写。他的历史叙述方式和体例，以及他的历史编纂学观念都深刻地影响了后世的历史学家。他的伟大贡献与他的独特性使其他学者黯然失色。他被称为中国历史编纂学之父，他在中国的地位就如同希罗多德在西方的地位，也的确有学者对二人进行过比较。① 然而，他是出于坚持忠孝观而致力于创作一部具有普泛价值的史书。他所继承的遗产是独特的历史视角以及对于历史上重大事件的真实记录——

① 关于此二者的比较研究，读者可参见邓嗣禹《司马迁与希罗多德之比较》，收录于瞿林东编"20 世纪二十四史研究丛书"，中国大百科全书出版社，2009，第 455～481 页；Hyun Jin Kim，"Herodotus and Sima Qian," in *Ethnicity and Foreigners in Ancient Greece and China*（London：Duckworth，2009），pp. 72–99；Siep Stuurman，"Herodotus and Sima Qian：History and the Anthropological Turn in Ancient Greece and Han China," *Journal of World History* 19（2008）：1–40. 还有学者将司马迁与罗马历史学家塔西图斯并置在一起进行比较，Fritz‐Heiner Mutschler，"Tacitus und Sima Qian：Persönliche Erfahrung und Historiographische Perspektive," *Philologus 151*（2007）：127–152.

译者注：

新西兰籍韩裔的金炫晋（Hyun Jin Kim）出生于韩国首尔，成长于新西兰奥克兰。他对古典文学和古代历史的热爱源自其父对他的深刻影响，他因而选择了古典学研究的学术道路。他曾赴牛津大学攻读博士学位，后作为博士后研究员赴悉尼大学从事研究工作，现为墨尔本大学历史与哲学研究院教授。他的研究领域包括希腊和中国的民族志、匈奴与西罗马帝国的沦陷。

〔荷兰〕斯普·史图尔曼（Siep Stuurman）为鹿特丹伊拉斯谟大学文化史与艺术史教授，他所著的《人性的发明——世界历史上的平等与文化差异》在学术界引发了巨大轰动。纵观大部分民族和国家的历史，异邦人经常被视为野蛮人和下等人，鲜有人与之为伴。尽管人类往往对异邦人或异类存在根深蒂固的偏见，但移民现象和文化融合早已形成了人类生活经验中的一部分。随着旅行者越过边界并与陌生人和异样习俗相接触，"边境经验"就不再只是产生了敌意，伴随着生成的还有同情和理解。斯普·史图尔曼在此书中就追溯并揭示了这一嬗变，并探讨了人类是如何从文明冲突走向现代平等观念的。

〔德〕弗里茨‐海纳·穆施勒（Fritz‐Heiner Mutschler），1946 年 1 月 4 日生于海德堡，1965～1973 年在海德堡大学和柏林自由大学学习古典语言学，1973 年凭借关于恺撒的论文获得柏林自由大学博士学位，1973～1988 年担任海德堡大学科研助理，1988～1992 年在长春和天津的古代文明史研究所担任西方经典客座讲师，1993 年被任命为德累斯顿工业大学古典语言学、拉丁语研究教授，2011～2014 年受邀赴北京大学担任客座教授，讲授西方经典，现为北京大学西方古典学中心成员。穆施勒一度热衷于研究奥古斯都的诗歌，他倾向于以比较文化的视角看待古代史学，以世界化的眼光研究古罗马的社会价值观和哲学以及古罗马与外邦的文学交流。他所著的《凯撒评注中的叙事风格与宣传》（1975）影响深远。目前，他正承担以下研究项目：一是"在古代帝国的历史话语中建构自我与他者：以古罗马与古代中国为例"；二是"罗马文化价值观：价值秩序与文学传播"。

这些是其父临终前床榻边的忠告。① 因此，为何中国的其他传统美德只对他的著作产生了微妙的影响，而不是指导方针式的作用，这就一点也不奇怪了。我在检视司马迁和他的《史记》时，会将他视为一位经学家，而不是历史学家。原因有以下两点：一是他的历史书写与历史观念是建构在经典文本之上的；二是他的《儒林列传》记录书写了大量经学家、经师和儒家士子。

一　司马迁的一生

司马迁的《太史公自序》是我们了解司马迁及其作品的基础。它被视为总结性的篇章，司马迁在这当中阐述了他写作的意图，并指出《史记》的各个部分是连续的、相关联的。这篇自序进一步说明了他的家庭背景——他的祖上拥有着宫廷占卜家的身份；他的父亲司马谈（约前 165～前 110）致力于书写一部天下历史，其在《论六家要旨》一文里曾指出每一家的长处、功用和弱点，他的遗愿是他的儿子司马迁可以继承他的事业。

司马迁的《太史公自序》以下面这样一句话开始："迁生龙门，耕牧河山之阳。年十岁则诵古文。"有鉴于中国的历史编纂与书写传统，这些所谓的事实是有待考证的。实际上，司马迁生于距龙门南边 70 里的韩城市芝川镇。另外，他或许真的曾经耕牧过，但他的表述其实是一种惯用修辞，它暗示了自己在踏入仕途之前的那种田园牧歌式的生活。这就正如英国诗人 A. E. 霍斯

---

① 有关这一段史料的研究见张大可《司马谈作史考论书评》，收录于《张大可文集·史记研究》，商务印书馆，2013，第 49～61 页；赵生群《司马谈作史考述》，收录于《史记文献学丛稿》，江苏古籍出版社，2000，第 69～88 页。

曼（A. E. Housman）① 的那些忆往昔岁月的怀旧性诗歌，总是在歌颂西罗普郡生活的迷人之处，因为他无忧无虑的童年生活就是在那儿度过的。鉴于司马迁对经典文本的理解和掌握如此之高深娴熟，想必他早早就开始了他的读书求学生涯，并且十分勤奋刻苦；即便他确曾当过牧童和放牛娃，在野外过着宁静安详的岁月，有着田园牧歌式的美好时光。②

关于他在这段时间的治学情况，王国维（1877～1927）合理推测在司马迁随父亲去往都城就任官职之前，"必已就闾里书师受小学书，故十岁而能诵古文"。③ 当然，这一论断是基于王国维对汉代教育实践之研究成果的，而非特定的历史证据。在都城，司马迁跟随孔安国（约前156～前74）研习《尚书》，跟随董仲舒研习《春秋》（或听过他的一些讲演）。④ 张大可认为司马迁在去往都城以前已经掌握了这些文本，这一推测来源于王国维对司马迁那自命不凡的措辞语气的注解，如下：

　　所谓年十岁则诵古文，则的用法暗示了他对自己在读书

① 译者注：A. E. 霍斯曼（A. E. Housman, 1859-1963），出生在英国渥斯特郡，被称为19世纪90年代崭露头角的三大诗人之一（另外两位是哈代和叶芝），同时他还是英国现代最伟大的古典学者之一。他的主要诗集有《西罗普郡少年》（1896年出版，后被周煦良翻译成中文，1983年由湖南人民出版社首次发行中文版）和《诗后集》（1922年出版）。

② 相关史料可见张大可《史记全本新注》，三秦出版社，1990，第2134页。

③ 读者可参见王国维《太史公行年考》，收录于氏著《观堂集林》（两卷本），中华书局，2004，第481～541页。上述所引观点具体可见第484页。

④ 余其濬认为司马迁还曾分别求教于以下四位老师：周生、田仁、郭解以及李广。详见余其濬《司马迁以实事求是精神治史探微》，博士学位论文，台湾大学，2014，第134～140页。

方面的早熟颇感骄傲。他对经书的习读一开始是跟随一位当地的乡野老师，之后则是源于他丰厚的家学背景传统。①

我认为正是他的家庭背景让他有了广泛接触经典的机会，因此我们不应把他深厚的治学功底和学养归功于任何一位老师，不管是董仲舒还是孔安国。例如，在司马迁对周代的描述中，我们可以发现他同时借鉴了《左传》和《公羊传》——以《左传》作为他历史叙述的根基，以《公羊传》作为他政治与道德诠释的佐证，还同时采用了《古文尚书》和《今文尚书》。② 有鉴于这个原因，我认为张大可对司马迁求学道路的推断是合情合理的。顺便提一句，王国维曾在《史记所谓古文说》一文中指出，那些以大篆或其他先秦字体写成的文本并不是所谓的古文经注释。③ 徐复观（1904～1982）倾向于将"古文"视为古代字体，也就是秦始皇统一字体之前各个诸侯国所使用的地方性字体。④

另外，司马迁的《太史公自序》中有很大一部分篇幅是在详细地描述他那甚广甚远的旅行。张大可认为这些广泛的旅行证明了他对中国社会的各个方面都有所了解和研究，而这一推断是能轻易使人信服的。⑤ 张大可把司马迁的旅行分为三个阶段。第一

---

① 张大可：《司马迁评传》，南京大学出版社，1994，第31页。
② 关于司马迁对"五经"的广泛研读，读者可参见陈桐生《儒家经传文化与史记》，台北，洪叶文化事业有限公司，2002。
③ 王国维：《史记所谓古文说》，收录于氏著《观堂集林》（两卷本），中华书局，2004，第307～312页。
④ 徐复观：《两汉思想史》（共三卷）第3卷，华东师范大学出版社，2001，第309页。
⑤ 张大可：《司马迁评传》，南京大学出版社，1994，第41页。

阶段是司马迁在 20 岁左右进行的长达两三年的旅行，张大可将之称为"泛游"。如下："二十而南游江、淮，上会稽，探禹穴，窥九嶷，浮于沅、湘；北涉汶、泗，讲业齐、鲁之都，观孔子之遗风，乡射邹、峄；厄困鄱、薛、彭城，过梁、楚以归。于是迁仕为郎中。"第二阶段则是"奉使西征巴、蜀以南，南略邛、笮、昆明，还报命"。这个阶段历时 15 个月。[①] 第三阶段是他跟从汉武帝进行的长达 30 年的皇室之游。[②] 因官职所需而进行的游历给他提供了良好的机会，让他得以实地考察那些古今大事的发生地，将当地的传说和亲眼所见的事实结合起来，并得以在经学中心地——齐与鲁——研习经书。

《太史公自序》的第二个部分记录了他的父亲司马谈临终前的场景，其父在病榻上嘱托司马迁一定要接续并完成他的史书事业。司马谈的死是由于汉武帝赶赴山东泰山行封仪时不将其列入随行人员而产生了强烈愤恨从而引起身体虚弱所导致的。如下：

> 余死，汝必为太史；为太史，无忘吾所欲论著矣。且夫孝始于事亲，中于事君，终于立身。扬名于后世，以显父母，此孝之大者。[③]

司马谈详细讲述了皇室的腐败以及周朝在前 771 年迁都洛阳之后礼乐的渐衰，之后他叙述了孔子是如何利用整理编纂经书这

---

① （汉）司马迁：《史记》，中华书局，1982，第 3293 页。
② 张大可：《司马迁评传》，南京大学出版社，1994，第 42 ~ 43 页。
③ （汉）司马迁：《史记》，中华书局，1982，第 3295 页。

一行为及其结果为世人提供值得效法的道德典范的。司马谈接着提到孔子死后王室内部的自相残杀及其所引发的混乱局势，还有战国时期史书的逸失，如下：

> 今汉兴，海内一统，明主贤君忠臣死义之士，余为太史而弗论载，废天下之史文，余甚惧焉，汝其念哉！迁俯首流涕曰：小子不敏，请悉论先人所次旧闻，弗敢阙。①

由此可见，司马迁纂写史书的动力源于忠孝——一方面，源于其父的临终嘱托；另一方面，则出于对史书编纂法范本的需求，司马迁相信古代文本中潜藏着一套规则律令，它可以从重大的历史事件中得出值得后人借鉴的经验和教训。而这里其实还有另外一个重要诱因刺激着司马迁立志编写史书，这同样与他的父亲有关，如下：

> 太史公曰："先人有言：'自周公卒五百岁而有孔子。孔子卒后至于今五百岁，有能绍明世，正《易传》，继《春秋》，本《诗》《书》《礼》《乐》之际？'意在斯乎！意在斯乎！小子何敢让焉。"②

把自己列入每隔五百年才会出现的圣人之中，未免太自大了！但这又何尝不是经学家们去实现自我内在潜能、完善自我的动力

---

① （汉）司马迁：《史记》，中华书局，1982，第3295页。
② （汉）司马迁：《史记》，中华书局，1982，第3296页。

呢！通过治学与服务朝廷，经学家们为了成圣而奋力拼搏，正所谓不成功则成仁，再不行，至少也能成个君子吧！对司马迁而言，为了通往圣人之路而努力是在替孔子完成其未竟的事业和使命。诚然，这是他治学生涯的自然延伸，也就是以效法古人而达到所谓的"私淑"。孔子的事业最终被司马迁继承并发展——向内自我完善，向外拯救圣道。

在其父死后三年，司马迁继承了他的官职，承接了史书编纂的使命，这一过程长达十年。由于他为投降匈奴的李陵辩解，他的修史工作被迫暂停了一段时间。皇帝给了他两个选择——被处死或是受腐刑，他选择了后者，从而能够继续他父亲的遗愿。

二 《史记》与经学

司马迁的《史记》大致可划分为五个部分：一为"十二本纪"，这部分基本上是按照编年顺序纂写的，它记叙了从传奇性的早期帝王到司马迁时代的汉武帝这一段统治史；二为"十表"，以表格形式铺陈了值得铭记的历史大事件；三为"八书"，是话题性的专题论文；四为"三十世家"，记录了贵族王室之奠基性成员的一生以及各诸侯国的发展历程；五为"七十列传"，是个人的传记性故事，这些传记在精确性和真实性上程度不一，有时会将志趣相投或有着共同命运的历史人物加以比较——前者如道家先圣老子和庄子，后者如同为被废大臣的屈原和贾谊。另外，一些历史人物之所以被放在一起，是因为他们属于同一类，如苛吏、阿谀奉承的谄媚者、丑角以及孔子门生等。最值得我们注意的是《儒林列传》。此外，编年史中出现的外族人形象也很值得关注，他们反映了当时的外来文化、军事信息以及涉及华夏安危的政治决策等，还具有人种学和民族学上的意义。尽管某些文类在司马迁之前业已出现，但他是第一个将上述五类综合在一起，并建构起一个有机完整的叙史整体的史学家。他还将历史书写从只是干巴巴地记录日期和事件提升到对事件过程及缘由的挖掘这一高度上来；与此同时，他对人物描写进行了提炼，对修辞艺术进行了锻造。因此，我们完全有理由认为，《史记》一书是文学和史学两大领域内的改创之作。①

---

① 关于上述观点，读者可参见〔美〕侯格睿（Grant Hardy），*Worlds of Bronze and Bamboo：Sima Qian's Conquest of History*（New York：Columbia University Press，1999），这本书的第二章详细阐述了《史记》五个部分的内在结构；〔美〕华兹生（Burton Watson），*Ssu-ma Chien：Grand Historian of China*（New York：Columbia University Press，1958），这本书对作为历史学家的司马迁与作为历史著作的《史记》进行了直截了当的介绍；〔美〕杜润德（Stephen Durrant），*The Cloudy Mirror：Tension and Conflict in the Writings of Sima Qian*（Albany：State University of New York，1995），这本书聚焦于《史记》的文学性与修辞特征。此外，更多关于《史记》文学形式、风格与价值的探讨和论述，请读者参见李长之《司马迁之人格与风格》，台北，里仁书局，2008，第九章；周先民《司马迁的史传文学世界》，台北，文津出版社，1995；吴汝煜《史记论稿》，江苏教育出版社，1986。

译者注：

〔美〕侯格睿（Grant Hardy），生于芝加哥，成长于加利福尼亚州，1984 年获得杨百翰大学学士学位，学科方向为古希腊文化；1988 年获得耶鲁大学博士学位，研究方向为中国语言文学。他曾任教于犹他州的杨百翰大学与纽约州的艾尔密拉学院，自 1994 年起担任北卡罗来纳大学（纳什维尔分校）历史与宗教研究所教授，一直任教至今。他的研究领域广泛，包括亚洲历史、中国早期历史、摩门教文化以及世界宗教等。他的主要研究成果包括《东方知识分子传统的伟大思想》（此书还附有 DVD 讲座课程，共 36 个部分）（*Great Minds of the Eastern Intellectual Tradition*，2012），《了解摩门教：读者指南》（牛津大学出版社，2010）（*Understanding the Book of Mormon：A Reader's Guide*，New York：Oxford University Press，2010）。他还编有《持久的关系：家庭关系诗》（*Enduring Ties：Poems of Family Relationships*），斯蒂尔福茨出版社，2003（Royalton，VT：Steerforth Press，2003），与 Anne Kinney 共同编辑的《汉朝的建立与帝国中国》（*The Establishment of the Han Empire and Imperial China*），格林伍德出版社，2005（Westport，CT：Greenwood Press，2005）以及与普林斯顿大学安德鲁・菲尔德（Andrew Feldherr）共同编辑的《牛津历史写 （转下页注）

司马迁这一巨著的缘起明显是出于历史书写的目的，正如前

（接上页注①）作史》（第一卷，起始至 600 年）（*The Oxford History of Historical Writing*，Volume I：*Beginnings to AD 600*），牛津大学出版社，2010（Oxford：Oxford University Press，2010）等等。

〔美〕华兹生/伯顿·沃森（Burton DeWitt Watson，1925 年 6 月 13 日至 2017 年 4 月 1 日），美国日本学家、汉学家、翻译家，主要翻译日本古代文学作品、中国古代历史著作、中国古代哲学著作和中国古代诗歌。出生于纽约市的新罗谢尔地区，自幼常去唐人街品尝中国美食、阅读中文画报，1934 年加入美国海军，1945 年被派往日本东京湾横须贺海军基地，1946 年进入哥伦比亚大学专攻中文和日文，师从王际真和夏志清，1956 年获得博士学位。50 年代中期，华兹生赴日本京都大学研习，师从吉川小次郎。1990 年获得"译者奖学金"，赴香港中文大学访学。他的著作及译著如下：《司马迁：伟大的中国史学家》（*Ssu-ma Chien：Grand Historian of China*），哥伦比亚大学出版社，1958；《史记》（上下卷）（*Records of the Chinese Literature*），哥伦比亚大学出版社，1961；《中国古代文学史》（*Early Chinese Literature*），哥伦比亚大学出版社，1962；《墨子文集》（*Mo Tzs：Basic Writings*），哥伦比亚大学出版社，1963；《荀子文集》（*Hsun Tzu：Basic Writings*），哥伦比亚大学出版社，1963；《韩非子文集》（*Han Fei Tzs：Basic Writings*），哥伦比亚大学出版社，1964；《庄子文集》（*Chuang Tzu：Basic Writings*），哥伦比亚大学出版社，1964；《苏东坡诗选》（*Su Tung-po：Selections from a Sung Poet*），哥伦比亚大学出版社，1965；《寒山诗百首》（*Cold Mountain：100 Poems by the Tang Poet Han-shan*），哥伦比亚大学出版社，1970；《中国抒情诗：2 世纪到 12 世纪的古诗史》（*Chinese Lyricism：Shih Poetry from the Second to the Twelfth Century*），哥伦比亚大学出版社，1971；《中国韵文：汉及六朝时代的赋》（*Chinese Rhyme-prose：Poems in the Fu from the Han and Six Dynasties Periods*），哥伦比亚大学出版社，1970；《陆放翁诗文选》（*The Old Man Who Does as Han Pleases：Selections from the Poetry and Prose of Lu You*），哥伦比亚大学出版社，1973；《中国古代的朝臣与布衣：班固〈汉书〉》（*Courtier and Commoner in Ancient China：Selections from the History of the Former Han by Pan Ku*），哥伦比亚大学出版社，1974；《日本的中文文学》（*Japanese Literature in Chinese*），上下卷，哥伦比亚大学出版社，1976；《良宽：日本的禅僧和诗僧》（*Ryokan：Zen Monk-Poet of Japan*），哥伦比亚大学出版社，1977；《八岛之声：日本诗歌选》（*From the Country of Eight Islands：An Anthology of Japanese Poetry*），哥伦比亚大学出版社，1981；《草山：日本僧元政的诗歌与散文》（*Grass Hill：Poems and Prose by the Japanese Monk Gensei*），哥伦比亚大学出版社，1983；《哥伦比亚中国诗歌选集：从早期到十三世纪》（*The Columbia Book of Chinese Poetry：From Early Times to the Thirteenth Century*），哥伦比亚大学出版社，1984；《左传：中国最早的叙事史选集》（*The Tso Chuan：Selections from China's Oldest Narrative History*），哥伦比亚大学出版社，1989；《汉诗：石川丈山与其他江户时代诗人的诗歌作品》（*Kanshi：The Poetry of Ishikawa Jozan and Other Edo-Period Poets*），北角出版社，1990；《彩虹世界：散文和译作中的日本》（*The Rainbow World：Japan in Essays and Translations*），残月出版社，1990；《西行：山居诗集》（转下页注）

所述，得益于他的家学传统和他在朝廷所担任的官职——太史令——这是从他父亲那里继承来的官职。然而，作者与经学相关联的意图就不是很明显的。但其实，经典对于司马迁的重要性不只局限于它们为《史记》的纂写提供了历史背景，从而使某些问题能够被延伸开来进行叙述，也不只是因为若干文本保留了经书中出现的特定称谓和内容成分，亦不仅仅是由于那些经典中常被引用的金玉良言及其引申而出的诠释，也不完全是因为诸多经学人物被收录在《史记》之中。① 下述原因才是更为决定性的因素。

（接上页注①）（*Saigyo*：*Poems of a Mountain Home*），哥伦比亚大学出版社，1991；《妙法莲华经》（*The Lotus Sutra*），哥伦比亚大学出版社，1993；《临济义玄大师的禅宗学说》（*The Zen Teaching of Master Lin-chi*），哥伦比亚大学出版社，1999；《维摩诘箴言》（*Sutra on the Exposition of Vimalakirit*），哥伦比亚大学出版社，1997；《正冈子规诗选》（*Masaoka Shiki*：*Selected Poems*），哥伦比亚大学出版社，1998；《白居易诗选》（*Po Chu-i, Selected Poems*），哥伦比亚大学出版社，2000；《杜甫诗选》（*The Selected Poems of Du Fu*），哥伦比亚大学出版社，2002；《人生遍路：种田山头火的俳句》（*For All My Walking*：*Free-Verse Haiku of Taneda Santoka*），哥伦比亚大学出版社，2003。

〔美〕杜润德（Stephen Durrant）曾在华盛顿大学学习古汉语和文字学，他还曾学习满语，对满汉互译有着特别的兴趣。他的研究领域包括满族文学，中国早期文本，周朝末年至汉代的文本叙述及其与史学传统的联系，早期中国的叙事学传统及其与希伯来、古希腊叙事传统的比较。现任教于俄勒冈大学，担任中国文学教授，目前正与耶鲁大学翻译团队合作进行《左传》的英文译介。他认为对早期中国社会的学术研究必须建立在对古汉语精确而细致的掌握基础之上，因此，授课时特别侧重于对学生进行字词方面的训练。其主要著作有《尼散沙文的故事：一部满族民间史诗》（*The Tale of the Nisan Shamaness*：*A Manchu Folk Epic*），华盛顿大学出版社，1978（Seattle：University of Washington, 1978）；《古希腊和中国的知识和智慧》（*The Siren and the Sage*：*Knowledge and Wisdom in Ancient Greece and China*），卡塞尔出版社，2000（London and New York：Cassell, 2000）以及《模糊的镜子：司马迁著作中的紧张与冲突》（*The Cloudy Mirror*：*Tension and Conflict in the Writings of Sima Qian*），纽约州立大学出版社，1995（Albany：State University of New York, 1995）；等等。

① 将司马迁视为经学家而加以介绍的是刘家和，他在《史记研究》一书的《〈史记〉与汉代经学》这部分对作为经学家的司马迁进行了简短而得要领的介绍，收录于《张大可文集·史记研究》，商务印书馆，2013，第 298～321 页。

　　首先是书名。《史记》从字面上理解是对历史的记录，华兹生（Burton Watson）把它的英文书名翻译成《伟大历史学家的记录》。① 小威廉·尼安豪瑟（William H. Nienhauser, Jr.）和他的编纂委员会曾试图完成《史记》的第一个全英译本，他们在翻译书名时，将此译作《伟大史官的记录》。② 不论是华兹生还是尼安豪瑟都没有探讨此书名的来源，也没有提及此书名实则演变自更早的一个更具暗示性的名称。钱穆（1895～1990）翻阅了诸多历史资料，得出如下结论：司马迁这部作品最早的标题是《太史公书》，这个标题自然是得益于他自己的官职称谓，只是他加上了一种更为荣誉的表达罢了，就像是某些荣誉称号，最后扩展为

① Burton Watson, *Records of the Grand Historian*, 2 vols. (New York: Columbia University Press, 1961).

② William H. Nienhauser, Jr. ed., *The Grand Scribe's Records*, 6 vols. (Bloomington and Indianapolis: Indiana University Press, 1995-2010).
　　译者注：
　　〔德〕小威廉·尼安豪瑟（William H. Nienhauser, Jr.）在远东和德国完成学业并获得博士学位，自 1973 年起担任印第安纳大学汉学教授，后任威斯康星大学东亚语言文学系主任，现任威斯康星大学麦迪逊分校东亚语言文学系霍尔斯特·斯科姆讲座教授。他是美国唯一一份专门研究中国文学的杂志《中国文学》的创立者，并长期担任主编（1979～2010）。他曾获得多个基金会（如威尔森基金会、曙光基金会、德国研究基金会以及日本研究基金会等）给予的多种资助；为了表彰他在中国古典文学领域的突出贡献，2003 年，亚历山大·冯·洪堡基金会特别授予他终身成就奖。他曾赴中国以及日本等地讲学并任教，撰写并编辑了多部著作和近百篇文章，如：《印第安纳中国传统文学指南》（第一卷和第二卷）（*Indiana Companion to Traditional Chinese Literature*, Volumes 1 and 2），印第安纳大学出版社，1986、1998（Bloomington, Indiana: Indiana University Press, 1986 and 1998）；《传记与小说：唐代文学比较论集》（*Biography and Fiction: A Collection of Comparative Articles on Tang Dynasty Literature*），中华书局，2007；《唐代故事导读：读者指南》（第一卷和第二卷）（*Tang Tales, A Guided Reader*, Volumes 1 and 2），世界科学出版社，2010、2016（Singapore: World Scientific Publishing, 2010 and 2016）；《王梦鸥教授学术讲座演讲集》，台北，政治大学，2013；等等。他目前的研究项目包括《史记》翻译、唐代传奇故事诠释以及杜甫诗歌研究。除此以外，他还关注现代西方批评理论对中国文学的借用以及新历史主义对早期中国志怪故事的应用。

《太史公书》。① 张舜徽探讨过汉代时期的其他书名，他这样写道：

> 汉代学者，谈到这部书，但称"太史公记"，或称"太史公书"，或称"太史公传"，或直称"史公"，而没有人称它为"史记"……后世省约"太史公记"四字的名称，成为"史记"二字的简称。这却也很晚。从唐初学者修《隋书·经籍志》以《史记》标题以来，到现在一千多年了。②

显然，我们可以推断出这种命名法实源于早期的"百家"，他们用自己的名字来命名自己的作品，如《淮南子》《韩非子》等，并借以彰显和传达自己对"道"的观念，不管是儒家、道家，还是法家，皆是如此。③ 此外，"记"这个字常被用来指称对于经书的评论，甚至是正式的评解，因为它往往被用以指涉某一经师口头注解的书面记录。《史记》这一现有的名称貌似在桓帝（132～167）时期才广泛传播开来。④

司马迁《史记》与经学紧密的联系还表现在另一个地方，即《史记》的后记部分，如下：

① 钱穆：《太史公考释》，收录于《中国学术思想史论丛》（八卷本）第3卷，三联书店，2009，第22～34页。

② 张舜徽：《论〈史记〉》，收录于王国维编著《司马迁：其人及其书》，长安出版社，1985，第126～149页，文中所引具体观点见第128页。

③ 李纪祥：《史记之家言与史书性质论》，收录于《史记五论》，台北，文津出版社，2007，第93～125页。

④ 陈直：《太史公书名考》，收录于王国维编著《司马迁：其人及其书》，长安出版社，1985，第187～195页。

凡百三十篇，五十二万六千五百字，为《太史公书》。序略，以拾遗补艺，成一家之言，厥协六经异传，整齐百家杂语。[1]

从此处可见，当他阐述其著述宗旨时，除了表达出他要致力于经学研究并建构起属于自己的诠释体系以外，他没有任何别的用意。他在这 130 卷的篇幅里阐述了他对道德意图的观点，他刻意公开地将自己的著述作为史书编纂学的范本，并借此传达出伦理教义，那么，他对自我身份的定位就可见一斑了。如果说董仲舒是为新政权博采众长，然后有机整合了诸多思想观念，从而生发出一套普遍性的宇宙伦理与法则，那么司马迁则是经学领域的普适主义者。随后我们要探讨的问题是：他的著述到底是为政治决策指引方向，还是为伦理疆域制定规则呢？关于这一问题，我会在分析他的《史记·儒林列传》之叙述策略时加以探讨。

司马迁在《史记》的后记部分这样写道：

夫学者载籍极博，犹考信于六艺。[2]

这句话很明显地表露出了其著述与经书之间的基本性关联，并暗示《史记》一书的精确性与真实性是经典文本可以保障的，这同时也透露出传统性的理解方式。但朱本源曾在 1995 年发表的一篇

---

① （汉）司马迁：《史记》，中华书局，1982，第 3319~3329 页。
② （汉）司马迁：《史记》，中华书局，1982，第 2121 页。

文章里认为，基于历史事实与司马迁所借鉴的历史书写模式，这句话应该做如下解读："对于学者而言，能够被记下来的记录是宽泛而广博的，但这些事件所指向的道德判断都应该与六经的价值观相吻合。"换而言之，经典的功能是确保道德观念在具体实际的历史事件中得到充分应用，也就是依照价值指向汲取经验教训，而司马迁的初衷则是希望自己的著述可以补足经典所没有提及或言所疏漏的道德训诫。①

在语言的层面上，司马迁关于《尚书》的论述显示他是一个文本的诠释者，而非历史学家。他以当时的语言文字转写了六个单独的章节，革新了原文所使用的古老的语言，修正了过时的修辞表达，并将书写细节加以现代化。这种在文本批评方面所做出的努力显然是出自一位经学家的视角，或言至少是一位颇具批判性视野的语内翻译家，而绝不仅仅是一位单纯的历史学家。他的转写有助于和他同时代的学子们理解晦涩的章节，并为他们在现代变体和古体原文之间自由选择保留了余地。金兆梓没有将司马迁改写过的那六个章节的原文收录进他对《尚书》的当代性研究之中，而是对司马迁的改写做了注解。因为既然司马迁已然对原文做了有效的现代化处理，那么金兆梓本人就不必对其再解释加工了，只需对那些相对于今人而言略显古旧生疏的司马迁的语言进行注解即可。由此可见司马迁对《尚书》之转写的重要性。这些篇章包括《尧典》《禹贡》《洪范》《金滕》《皋陶谟》以及

① 这一观点见于朱本源《试释司马迁考信于六艺说真谛》，收录于《张大可文集·史记研究》第2卷，商务印书馆，2013，第322~341页。

《牧誓》。①

　　在文本的比较与对比性检视中，司马迁对《尚书》的转写更能显示文本批评的价值。刘起釪（1917～2012）把所有的文本转写都杂陈在一起，从而营造了一种历史评论者众说纷纭的宽泛语境。这种做法是耗心耗力的，却也是详尽彻底的，因此后人运用起来反而省时省力，简单经济。刘起釪沿袭了中国古代的忠孝传统，将他的著述归功于他的老师顾颉刚（1893～1980），但这其实是刘起釪将一生奉献于研习古典文本所达至的高潮。②刘起釪很好地利用了司马迁的转写，首先确认了《尚书》的文本，然后阐释了它。刘起釪对"尧典"做了详尽细致的阐释，而司马迁的转写和创造性语内翻译占据了其研究成果的百分之七十。如司马迁将"协和万邦"一词表达为"合和万国"。当我们把"协"读成"合"时，他其实是根据诠释的意义做了翻译，而不是简单地对原词进行翻译。这是司马迁常用的语内翻译策略。另一个策略是把一个难读的生僻字替换成简单易读的字。如司马迁认为"畴咨若时登庸"一语中的"畴"很难认读理解，便将它替换成一个意思相近的术语——"谁可"，并且提供了某种意译而非直译，如下："谁可顺此事。"还有一个策略是忽略在汉代已经不存在而在更早的古代社会存在的称谓差别，如"姓"与"氏"的区别，这种大而化之的模糊性处理或许会掩盖技术性的细节差异，但使得文本简单易读，方便同时代的人翻阅。另一个策略是采用同音

① 金兆梓：《尚书诠译》，中华书局，2010，详见"出版说明"部分。
② 顾颉刚、刘起釪编著《尚书校释译论》（四卷本），中华书局，2005。

异形字取代那些复杂生僻的字，如将"厥民析，鸟兽孳尾"改为"厥民析，鸟兽字微"，但是这一修正其实存在它自身的问题，它使文本的意思愈加模糊而非清晰。[1] 但总而言之，上述例证都说明了司马迁对于古典文本的处理驾轻就熟，他十分善于把先前的古代汉语翻译为符合汉代语言习惯的术语和习语，从而使其能被时人所接受，可谓与时俱进，而自重的历史学家很少会这么做。

最后，当我们审视司马迁对经典文本的诠释时，他作为经学家的角色便最大限度地表露出来了。当他作为一位不带有任何情感的、公正客观的历史学家搜集整理材料，并将之整合为连贯的历史叙述时，那种经学家的文本诠释与批评倾向就全然不存了。关于他的非议主要集中在以下几点：一是认为他重《古文尚书》而轻《今文尚书》；二是认为他将黄老道学置于儒学之上；三是认为他更加关注经典文本传递出的信息，而不是单纯的文本批评与翻译。[2] 司马迁著述最终的经学意义和指向在他的总结性文字中表露无遗，也就是前文所引的那句："厥协六经异传，整齐百家杂语。"至于他明确的目的和宗旨也是在他对全书的总结中表达出来的，如下：

---

[1] 有关这一点的论证请见古国顺《史记述尚书研究》，文史哲出版社，1985，第3~15页。

[2] 有关这一点的论述请见陈桐生《史记与今古文经学》，陕西人民出版社，1995；傅以辉《史记先黄老后六经辩》，收录于《张大可文集·史记研究》，商务印书馆，2013，第221~222页；程锦造《司马迁崇尚道家说》，收录于《张大可文集·史记研究》，商务印书馆，2013，第223~237页；王叔岷《司马迁与黄老——纪念沈故刚伯先生八十六诞辰演讲稿》，收录于《张大可文集·史记研究》，商务印书馆，2013，第238~247页。

藏之名山，副在京师，俟后世圣人君子。①

这句话实际上引自《春秋公羊传》。

另一位极富天赋的学者陈桐生曾致力于解释司马迁是如何把诸多经典文本以及上百位学者大师互相关联到一起的，并试图找出《史记》与汉代经典正典化二者之间的关联。② 在其《儒家经传文化与〈史记〉》一书的前言中，陈桐生阐述了经学领域内历史书写的根基所在："对史记这部文化巨著，今天的人们多从文学或史学角度解读。但从司马谈、司马迁父子来说，他们的着眼点可能更多的是放在学术方面。还在刚刚开始着手史记著述的时候，司马父子就将自己的史书定位在上继孔子《春秋》之上。"③

班固之父班彪（前 3~54）同样是一位历史学家，他曾在《略论》里总结了《史记》书写中的一些败笔及其所引发的非议，如下：

迁之所记，从汉元至武以绝，则其功也。至于采经摭传，分散百家之事，甚多疏略，不如其本，务欲以多闻广载为功，论议浅而不笃。其论术学，则崇黄老而薄五经……然善述序事理，辩而不华，质而不野，文质相称，盖良史之才也。诚令迁依五经之法言，同圣人之是非，意亦庶几矣。④

① （汉）司马迁：《史记》，中华书局，1982，第 3320 页。
② 陈桐生：《儒家经传文化与〈史记〉》，台北，洪叶文化事业有限公司，2002，第 1 页。
③ 陈桐生：《儒家经传文化与〈史记〉》，台北，洪叶文化事业有限公司，2002，第 1 页。
④ （南朝宋）范晔：《后汉书》，中华书局，2000，第 1325 页。

班固吸收了其父这篇文章中的诸多观点，但用来盛赞司马迁的人物传记书写，展示出与其父的根本性差别。班固并不认为司马迁是"分散百家之事"，而认为他的著述是他作为一个经学家在研读经书的过程中触类旁通的必然延伸，因此班固以"诸家"一词取代了"百家"，从而模糊了典籍之间的派别界限。①

三 《史记·儒林列传》

司马迁《史记》的第 121 卷集中描写了西汉早期的经学家，取名为"儒林列传"，班固《汉书》第 88 卷之名则是这一名称的缩减版——"儒林传"，他重复了这一叙述形式，并加以充实，同时将汉武帝时期的经学家也包括在内。细节书写密度与叙述手法的巨大差异造就了二者的分野。在这里，我考察的是司马迁笔下的早期儒生形象。

历代学者都绘制过西汉早期的儒学传承谱系，章炳麟（1868～1936）绘制的谱系图是最接近的，因其限定在司马迁所叙述的范畴内，而没有混杂班固增加的材料，也不试图囊括汉代的经学家。下文呈示的图 3-1 就是章炳麟对于早期今文经学派儒生谱系的图表性展现，可以说是简洁明了。我们注意到《易经》大师田何有三个门生和一个隔代门生，《尚书》专家伏生也有三个门生，至于《诗经》自然是齐、鲁、韩三家，专治《仪礼》的高棠生有两个门生——大、小戴，《春秋》大师胡毋生有董仲舒这一个门生以及两个再传弟子，他们都传承了公羊学传统，至于穀梁

---

① （汉）班固：《汉书》，中华书局，1962，第 2737 页。

学传统则由瑕丘江公继承。这张图总共收录了二十一位经学家：八位经师，九个门生，四个再传弟子。这实在难以建构起发达的师学谱系来。

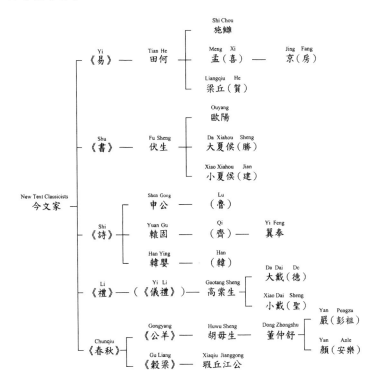

图 3－1　汉代早期的今文经学派

资料来源：章太炎著《国学讲义》，海潮出版社，第 **17** 页；章太炎著《国学入门》，湘潭大学出版社，第 **38** 页。

暂且不管章炳麟对早期汉代经学人物简单扼要的图表式总结，司马迁丰满的叙述为后人提供了细节性信息，诸如学习及研读经书的地方，专门的学科以及官府任命给杰出经生的职务，等等。最近一项关于叙述学的研究探讨了为何在《史记·儒林列传》的叙述中包含了如下数据：六十二位经学家被提及（里面有七位是重复的，也就是说，总共实际上是五十五位）；其中，三十位经学家被指明具体的出生地，三十九位经学家被点明老师是谁，二十八个官职被分配给了二十七位经学家。关于研习的内容，《诗经》被提到十六次，《尚书》七次，《春秋》六次，《易经》两次，《仪礼》《公羊传》和《穀梁传》各一次。五十五位经学家里只有三十三位是专攻一经的。的确，其余的二十九人沿袭了传统治经的方式，但是他们反而未因他们的学术成就著称于世。从数据比例上来讲，约48%的经学家被确认出生地是哪里，约63%的经学家被确认老师是谁，约45%的经学家被确认职位是何，只有27%的经学家不仅有姓氏还有名字。班彪指出了司马迁此类叙述的两个漏洞：一是没有提供那些有名气的经学家之字号；二是没有指明他们所在的郡县。[1] 更糟糕的是，一些人的出生地和全名被省略了，后者如辕固生、伏生、胡毋生以及欧阳生。这样的省略究竟是刻意的，还是由于资料匮乏，很难查明。但这也说明了司马迁叙述策略的一个特点，即无用之用，或者就像詹姆斯·理雅各（James Legge）所说的那样："对没有实际存在价值的信息的运用。"正如《道德经》第11章所言："三十辐，共一毂，当其无，有车之用。"让我们对这句话稍做修改来形容司马迁的做法："当其无，有诠之用。"[2]

---

① （南朝宋）范晔：《后汉书》，中华书局，2000，第1327页。
② 〔美〕韩大伟（David B. Honey）：《史记儒林列传叙事法初探》，《中国经学》第12辑，广西师范大学出版社，2014，第164~188页。

　　章炳麟为古文经学派所绘制的师承关系表就更简单了，涉及人数更少，相比今文经学家，古文经学家似乎只是一种衬托。与每一经所对应的只有一位经学家；所有涉及的经学家当中，有一人未曾被司马迁提及；其间最著名的当属《左氏春秋》的作者左氏；另有两人的生活年代是在战国时期，而非西汉（如图 3 - 2所示）。

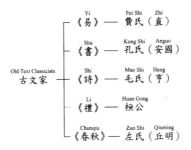

图 3 - 2　汉代早期的古文经学派

资料来源：章太炎著《国学讲义》，海潮出版社，2007，第 18 页；章太炎著《国学入门》，湘潭大学出版社，2010，第 40 页。

关于费氏，班固《汉书》载：

　　　　刘向以中《古文易经》校施、孟、梁丘经。或脱去"无咎""悔亡"，唯费氏经与古文同。[1]

《隋书》有单篇文章记载了费氏富有转折性的一生，开头的几句话是这样的：

────────────

[1] （汉）班固：《汉书》，中华书局，1962，第 1704 页。

汉初又有东莱费直传《易》，其本皆古字，号曰"古文易"……故有费氏之学，行于人间，而未得立。①

一些重要的经学派系传统在东汉时期传到了马融和郑玄那里，在三国魏传到了王肃和王弼那里。费氏学派被郑玄发扬光大，而王弼使郑玄及其所推崇的费氏黯然失色，但我们需注意，王弼本人最终还是回到了基于文本传统的这条道路上，而这恰恰是费氏的风格。

鉴于有关古文经学派和今文经学派资料的双重匮乏，司马迁无法全面完整地记录汉代早期和与他同时代的经学家之生平著述。超出史实之外的往往是目标所在，这也是检视《史记·儒林列传》叙述手法的宗旨所在。最近的两项研究重新审视了司马迁在书写经学家时所采取的叙述策略。齐思敏（Mark Csikszentmihalyi）和戴梅可（Michale Nylan）认为在汉武帝之前并不存在完整的经学师承链条，之所以如此，是因为皇帝旨在表彰儒家与道家两派的杰出学者，而到了司马迁时代，则已是独尊儒术。② 蔡良也曾指出司马

---

① （唐）魏徵等：《隋书》，中华书局，1997，第912页。

② Mark Csikszentmihalyi and Michale Nylan, "Constructing Lineages and Inventing Traditions Through Exemplary Figures in Early China," *T'oung Pao* 89 (2003): 59 – 99.

译者注：

齐思敏（Mark Csikszentmihalyi）为加州大学伯克利分校东亚学研究所教授，同时也是东亚语言与文化系国际研究部主席，他曾获得哈佛大学学士学位（学科方向为东亚语言和文明）与斯坦福大学博士学位（研究方向为亚洲语言）。他的研究兴趣在于使用新出土的文献资料重建中国早期的宗教、哲学和文化，他的主要著作有《物质美德：伦理与中国早期的身体》（*Material Virtue: Ethics and the Body in Early China*, 2004）与《汉代思想读本》（*Readings in Han Chinese Thought*, 2006）等。他还是《中国宗教》的编辑以及《美国宗教学会》的副主编。

迁的叙述缺乏关于经学家的某些重要事实数据，这暗示了司马迁其实无意于表达对经学家的特别崇敬，也无意于追根溯源，厘清经学各门各派的师承关系。事实上是班固为了支持儒学伪制了大量细节性表达来填补空缺。[①] 更有甚者，蔡良在其新书里大胆推断汉武帝时代的经学家其实人数并不多，也不占主流，只是在前 91 ~ 前 87 年之后，皇帝立儒学为正统，将之作为国家意识形态的根基，奉之于神龛，经学才势涨。[②] 上述关于叙述学的诸种研究都导向了同一个结论，即司马迁的目的并不在于支持并鼓吹儒学，也不在于勾勒出清晰完整的图谱来呈现各家各派的师承关系、经学的传播路线、经生的受训状况以及经学家所取得的具体成就等，而在于表现其对历史事件和人物的判断评价以及对时代的批判。他对个人学术的崇尚超过对官方学术的支持，因为前者的精神动力是个人的道德修行，后者则是为了官运亨通、声名显赫。

我在《〈史记·儒林列传〉叙事法初探》中综合上述研究成果，得出如下结论：

> 司马氏《儒林列传》固然涉及经学诸事，但未详经学师承之路，其意谅必不在明六艺师承之道，更不在于尊儒也。其旨盖在责皇上以假儒之貌、广学官之路而压制经师之自我行事之地。浅而看之，立五经博士似为尊儒之极。然，深而

---

① Liang Cai, "Excavating the Genealogy of Classical Studies in the Western Han Dynasty (206 B. C. E. – 8 C. E.)," *Journal of the American Oriental Society* 131 (2011)：371 – 394.

② Liang Cai, *Witchcraft and the Rise of the First Confucian Empire* (Albany：State University of New York Press, 2014).

观之，立博士即为列入官学之举，亦为五经法定化之一方，乃为约制之策也。司马氏撰《史记》一巨作者，乃出乎其私学。撰《史记》正合其父之遗命论载"明主贤君，忠臣死义之士"。依太史公之高论也，恐武帝非"明主贤君"，当世之当官儒者亦非"忠臣死义之士"者也。言直谏倡道者虽当世小儒信举鼎绝脁也，《儒林列传》中之大师均胜任者、足为人师表者也，亦合先父之遗命也。其绌《史记》实得力于圣贤发愤之作也："此人皆意有所郁结，不得通其道也，故述往事，思来者，且刺当时者也。"① 终归，司马氏于《儒林列传》之赞词中无涉经传师承之事，而但言"唯建元元狩之闲，文辞粲如也。作儒林列传第六十一"。② 其叙事观显然此无事一则而托其贬武帝之意也，庶不值一驳也。其叙事法之义终能归为借汉初和武帝初大儒之威以为自辩，昌私学而抑官学耳，盖为精凿无疑哉！③

正是司马迁留下的空白让后人有隙可探，从而进行推断，这也就是前文所言的"无用之用"。

结　论

董仲舒和司马迁都是儒家政治哲学和以儒学为根基的伦理历

---

① （汉）司马迁：《史记》，中华书局，1982，第3300页。
② （汉）司马迁：《史记》，中华书局，1982，第3318页。
③ 〔美〕韩大伟（David B. Honey）：《史记儒林列传叙事法初探》，《中国经学》第12辑，广西师范大学出版社，2014，第188页。

史学的典范，甚至可以说是原型，他们值得被后人永远铭记。时
至今日，他们的声誉已然深入人心而不必再加以考证，在文化继
承传播过程中沉淀固化了的他们的形象左右了今人对古代中国社
会的看法。中华帝国意识形态根基的奠定主要归功于董仲舒，中
国传统历史书写的形式、文体及意图等则是得益于司马迁的创
制。当然，二者万古不枯之名声的确立还是倚赖于世世代代的积
累。从董仲舒在公羊诠释学的基础上对儒家思想进行提炼整合到
儒学成为国家意识形态正统历经了数载时光。直到章帝（76～88
年在位）于79年召开白虎观会议之时，董仲舒所确立的那一套
思想体系才被正式确立为正统。① 班固记录下了白虎观会议的经
过以及朝臣最终所达成的协议。对于司马迁来说，他的巨著从被
轻视到被敬仰经历了一个更为艰难缓慢的过程，直到东汉末年君
权对私学的制裁逐渐取消，他的著述才得以更广泛地传播。② 尽
管世人对董仲舒和司马迁的承认和赞誉都姗姗来迟，但不可否认
的是，二者都以各自的方式和原则奠定了儒学前进的道路，他们
可谓杰出的初创者和奠基人。时至今日，多少经学家、政治家、
哲学家和历史学家仍然循着他们所开辟的道路前进。

---

① 黄朴民：《天人合一：董仲舒与两汉思潮研究》，岳麓书社，2013，第209～233页。
② 吕世浩：《从史记到汉书——转折过程与历史意义》，台北，台湾大学出版社，2009。

第四章

西汉时期的文本批评：复兴与重建

　　荀悦（148～209）——荀子的十一代子孙，是一位博览群书的学者。授命于圣上旨意，他整理、编纂并校订了《汉书》，并将这一修订本命名为《汉纪》。《汉纪》共分为三十卷，依照《左传》的框架结构书写而成。荀悦还创作撰写了一系列有关政治和文化方面的文章，称为"申鉴"。他的文章对当时经学家们所面临的危机进行了颇具洞察力的分析，他指出当时的问题在于如何处理那些模糊不清、可被任意解读的自远古流传而下的手刻竹简文本。他的观点为本章提供了一个很好的切入口，现择取若干文字如下：

　　　　仲尼作经，本一而已，古今文不同，而皆自谓真本经；古今先师，义一而已，异家别说不同，而皆自谓古今。仲尼邈而靡质，昔先师殁而无闻，将谁使折之者。秦之灭学也，书藏于屋壁，义绝于朝野，逮至汉兴，收撅散滞，固已无全学矣，文有磨灭，言有楚夏，出有先后，或学者先意有所借定，后进相放，弥以滋蔓。故一源十流，天水违行，而讼者纷如也。执不俱是，比而论之，必有可参者焉。①

面对此类挑战，经学家们必须从语文学的角度认真仔细地审视这些手刻本，因为它们实际上只是人们脑海中记忆的再现。幸运的是，这一问题也得到了君王的关注。

西汉经历了三个由君王赞助支持整理甄别文献的历史阶段：早期、中期和晚期。班固（32～92）将之描述如下：

> 汉兴，改秦之败，大收篇籍，广开献书之路。迄孝武世，书缺简脱，礼坏乐崩，圣上喟然而称曰：朕甚闵焉！于是建藏书之策，置写书之官，下及诸子传说，皆充秘府。至成帝时，以书颇散亡，使谒者陈农求遗书于天下。诏光禄大夫刘向校经传诸子诗赋，步兵校尉任宏校兵书，太史令尹咸校数术，侍医李柱国校方技。②

我将在之后的章节探讨刘向及子刘歆对于皇室所藏之文献手稿所进行的编纂。这里，我只聚焦于作为西汉中期经学家学术工作一部分的文本复兴与重建工作，而不关注西汉末期学人以批判性眼光对文献进行编纂的成果。

---

① （汉）荀悦著，龚祖培校点《申鉴》，辽宁出版社，2001，第 13 页。
② （汉）班固：《汉书》，中华书局，1962，第 1701 页。

第一种复兴的手段是对幸存文本的挖掘，王充（27～约97）曾举出如下事例：

> 至孝宣皇帝之时，河内女子发老屋，得逸《易》《礼》《尚》《书》各一篇，奏之。宣帝下示博士，然后《易》《礼》《尚》《书》各益一篇，而尚书二十九篇始定矣。[①]

复兴的第二种手段是代代相传，诸多文本就是借由此从秦代传到了汉代。河间献王刘德是文献收藏工作的积极推动者，有如下文字可为证：

> 德以孝景前二年立，修学好古，实事求是。从民得善书，必为好写与之，留其真，加金帛赐以招之。繇是四方道术之人不远千里。或有先祖旧书，多奉以奏献王者，故得书多，与汉朝等。是时，淮南王安亦好书，所招致率多浮辩。献王所得书皆古文先秦旧书，《周官》《尚书》《礼》《礼记》《孟子》《老子》之属，皆经传说记，七十子之徒所论。其学举六艺，立《毛氏诗》《左氏春秋》博士。修礼乐，被服儒术，造次必于儒者。山东诸儒者从而游。[②]

---

① （汉）王充：《论衡·正说》，岳麓书社，2006，第269页。
② （汉）班固：《汉书》，中华书局，1962，第2410页。读者还可参见钟肇鹏《河间献王的儒学思想与古文经学》，《传统文化与现代化》1999年第2期，第42～47页。

这种传承方式的最明显的考古学证据是马王堆出土的文献资料。这些文献于前 168 年被埋入坟墓，于 1972～1974 年被发掘而展现于世人眼前。马王堆位于今湖南省长沙市附近，由三座坟坑组成，考古学家在第三座坟墓中发现了很多写于丝绸之上的手卷本，其中包含《老子》手写本两卷，被标记为甲本和乙本。据考证，甲本于前 195 年之前写成，乙本则写于前 195～前 188 年。令世人瞩目的是，秦至汉的字体转变呈现在了甲、乙两个文本之中。甲本以秦代小篆书写而成，乙本则以汉代楷书写成。[1] 甲、乙两种《老子》版本中的古文字均已被北京大学整理并出版。[2]《老子》这两版本里共有 176 个完整片段、105 个残缺不全的片段，它们被分为两章，"道"的部分被称为《老子上经》，"德"的部分被称为《老子下经》。尽管从时间上推算，很多文字的书写只能追溯至西汉，但这当中保留了很多秦代语言的特点，如第 45 章中的"道可道非恒道也"。[3] 问题在于最后一个语气词"也"，这原先是一个合体字——"殹"，字形虽然改变了，但读音基本保留下来了。当然，这种情况在北京大学整理出版的《老子》（甲、乙本）中并不常见，但这至少反映了文字嬗变的过程。即便这不是最原始的版本，但依然可以被视为某种例证，

---

① 国家文物局古文献研究室编《马王堆汉墓帛书》第 1 卷，文物出版社，1980。读者请参见高亨、池曦朝《试谈马王堆汉墓中的帛书老子》，收录于《马王堆汉墓研究》，人民出版社，1981，第 95～101 页（此书现馆藏于湖南省博物馆）。
② 北京大学出土文献研究所编《北京大学藏西汉竹书》第 2 卷，上海古籍出版社，2012，第 144 页。
③ 北京大学出土文献研究所编《北京大学藏西汉竹书》第 2 卷，上海古籍出版社，2012，第 144 页。

借此人们可知自秦至汉的文本联系、文字流播和书写形态的转变。

当代学者李零论证了西汉时期被挖掘而出的七种主要的古代文献，它们有的是在损毁的墙壁里被发现的，有的混迹在模糊不清的诸多残片之中，有的由不知名的人献给地方政府官员或皇室成员。这其中的经典文本包括《尚书》的两个手抄本，《仪礼》的三个手抄本，《易经》的三个版本，《春秋》的一个抄本，《左传》的两个写本以及《周礼》、《礼记》、《论语》、《孟子》和《孝经》各一个的抄本。①

恢复的第三种方式是师傅将经典口头传授给弟子，弟子再将经典口头传授给再传弟子，代代相传，直到某一天这些日积月累、口授的内容被书写在竹简或丝绸上。在第三章中，我们已经看到了《春秋公羊传》是如何借由口头传授历经数代而于汉代早期终被记录下来的，下面我们将会看到另一个此类事例——《尚书》。当一位经师对经典的解释伴随着文本流传下来时，也就形成了所谓的"家法"，它规约了解读经典的路径，文法分析的方法，如何准确念诵吟唱，以及如何依据学术规范对经典进行解析等。清代经学家惠栋（1697～1758）对汉代的口授传统进行过如下评论：

　　汉人通经有家法，故有五经师。训诂之学，皆师所口

---

① 李零：《简帛古书与学术源流》，三联书店，2006，第 89～91 页。

授。其后乃著竹帛。①

我愿引用江藩（1761～1830/1831）之言来总结自秦至汉书写与口授传统的嬗变，如下：

秦并天下，燔诗书，杀术士，圣人之道坠矣。然士隐山泽岩之间者。抱遗经，传口说，不绝于世。汉兴乃出。②

我选取《尚书》与《诗经》作为案例，是因为此二者堪称先秦经典中最重要的文本，一来因为它们在儒家经典中本身占据着重要的位置，二来因为它们在中国经学的发展历程中始终发挥着可持续的作用。③但更为重要的是，自战国至秦再至汉代，这两

---

① （清）惠栋：《九经古义·述首》，国家图书馆出版社，2013，第 2803 页。
　　译者注：
　　《九经古义》为惠栋的经籍训诂著作，共 16 卷。"九经"指《周易》《尚书》《毛诗》《周礼》《仪礼》《礼记》《公羊传》《榖梁传》《论语》；"古义"指汉儒所释经义。此书一遵汉儒师法，对字音、字义的训释皆以古说为依据，诸家参证，很少臆说。前有"述首"，说作书之旨，自谓汉人通经有五经师训诂之学，与经并列于学官。五经出于屋壁，多古字古言，非经师不能辨其义。惠氏四世经，咸通古义，虑日久失读有不殖将落之忧，故作此书传之子孙。盖自唐人为《五经正义》，传《易》者止王弼一家，不特篇次紊乱，又多改用俗字，加之传写衍夺，遂使古义不明。作者自称不敢擅易经字，思欲以还经之旧，存十一于千百。故凡所订正，皆博引旧籍，务行古义。篇末尚有辨唐郭京《周易举正》《子夏易传》为宋人伪作之文。内容广博，见解精赅，是以受清代学术界好评，甚至以为其学术有高于王应麟《诗考》与郑玄《易注》处。该书《四库全书》《皇清经解》《丛书集成》均有收录。
② 漆永祥编著《汉学师承记笺释》（两卷本），上海古籍出版社，2013，第 2 页。
③ 《尚书》对于汉代的统治策略也做出了重要贡献，尤其是在法律制定、政策实施、贪腐治理和王权巩固等方面起着积极作用，另一个例子是我在前文分析阐述过的《春秋》。读者请参见李伟泰《两汉〈尚书〉学及其对当时政治的影响》，《文史丛刊》第 43 期，1976 年。我在本章中并不意欲挖掘《尚书》的政治意义，或是《史记》的文学价值。

本经典的流播过程堪称具有典型意义，它们反映了私藏古籍、偶然发现以及口头传授这三个主要的传播环节。

第一节　文本传播：以《尚书》为例

《尚书》很好地反映了当时的人们是如何对古籍进行复兴重建的。伏生采用了两种形式去传播《尚书》，第一种方式是口授，如下：

> 征之，老不能行，遣太常掌故晁错往读之。年九十余，不能正言，言不可晓，使其女传言教错。齐人语多与颍川异，错所不知者凡十二三，略以其意属读而已也。①

第二种方式是文本传播。人们在伏生家的墙壁里找到了破烂不堪的《尚书》，班固在《汉书·艺文志》中写道：

> 秦燔书禁学，济南伏生独壁藏之。汉兴亡失，求得二十九篇，以教齐鲁之间。②

陈安妮（Anne Cheng）针对此写道：

> 这暗示了不论是口授的还是以书写形式传播的，都出自

---

① 《史记》中张守节的评论曾引用了《诏定古文尚书序》中的若干段落。
② （汉）班固：《汉书》，中华书局，1962，第1706页。

同一源头和同一时间段。[①]

伏生的《古文尚书》藏于皇室书阁之中，晁错根据他女儿的翻译以当时的语言转写了《尚书》，这一转写版本显露出某种新兴学派的特质。以新的语言和观念对《尚书》进行全新的语内翻译和转写并不代表伏生的《尚书》就是古旧的版本。我将在后面章节中分析与探讨今古文之争，但在这里有必要将争论的源头追溯至秦朝。那个时代蒙受了世人太多的诽谤与污蔑，以至于直到今天在那个朝代萌生的诸多文化现象及源头仍被人们忽略。正如陈中凡所指出的那样，秦始皇规范统一了各地的书写形式，促使秦隶成为通行的字体，所有那一时期的文本必须以当时的规范字体进行书写，之前流传下来的古籍、注释及其诠解必须以时下的新语言加以重新书写。[②] 这一合理要求成为新旧文本之争的原动力，它实际上也促发了之后的古文经学与今文经学之争，而内在原因则在于使用时人所习惯的语言文字是必要的，加之西汉末期与东汉时期的政治形势、学者风尚以及诠释潮流。

第二种《古文尚书》的文本发现于孔子后裔所住房屋的旧墙之中。当代学者李学勤推断这一版本是以齐鲁之地的字体进行书

① Xinzhong Yao, ed., *Routledge Curzon Encyclopedia of Confucianism*, 2 vols. (London: Routledge Curzon, 2003), p. 79.

② 读者可参见陈中凡《秦汉今文经师之方士化》，收录于《陈中凡论文集》，上海古籍出版社，1993，第 95~99 页。在西方也存在相似的例子，亚历山大图书馆的学者们选取了一部分古代文本，将过时的字体与表达替换成当时普遍使用的词语和书写方式。L. D. Reynolds, N. G. Wilson, *Scribes and Scholars: A Guide to the Transmission of Greek and Latin Lilterature*, 3rd ed. (Oxford: Clarendon Press, 1991), pp. 8-9.

写的，成书时间应为战国晚期，其间夹杂着些许楚地文字，因为
齐鲁曾受楚文化影响。① 根据孔子第九代子孙孔鲋（前264～前
208）的《孔丛子》所载，这一版本属于私藏手稿的一部分，《诗
经》《礼记》以及其他一些经典文本也同属这类，我将会在下文
中详加分析。这些经典最终流传到了孔安国（前156～前74）那
里。根据司马迁所书，他是孔子第十一代子孙，陆德明（556～
627）则认为应为第十二代。

现摘录《孔丛子》中若干语句，如下：

> 陈余谓子鱼曰：秦将灭先王之籍，而子为书籍之主，其
> 危矣。子鱼曰：吾不为有用之学。知吾者，惟友。秦非吾
> 友，吾何危哉？然顾有可惧者，必或求天下之书焚之，书不
> 出则有祸。吾将先藏之以待其求，求至无患矣。②

这部选集包含了孔藏给孔安国的一封书信。在这封信中，孔
藏将时人对古籍的挖掘和发现归为天意。③

---

① 见李学勤《论孔子壁中书的文字类型》，《中国古代文明研究》，华东师范大学出版
社，2009，第264～267页。
② 《中国子学名著集成·孔丛子》第2卷中，台北，中国子学名著集成编印基金会，
1977，第27～28页。
③ 《中国子学名著集成·孔丛子》第3卷下，台北，中国子学名著集成编印基金会，
1977，第4页。〔希伯来〕姚弗·阿瑞尔（Yoav Ariel），*K'ung-Ts'ung-Tzu. A Study and
Translation of Chapters* 15－23，剑桥大学出版社，第107页。
译者注：
〔希伯来〕姚弗·阿瑞尔（Yoav Ariel）是以色列特拉维夫大学哲学与东亚学系的
教授，他的学术兴趣包括：汉学、中国哲学、比较哲学、宗教学以及数字化文明等。

一 《古文尚书》

班固在《汉书》中认为时人对《尚书》的编订始于伏生对原始文本的复兴：

> 《古文尚书》者，出孔子壁中。武帝末，鲁共王坏孔子宅，欲以广其宫，而得《古文尚书》及《礼记》、《论语》、《孝经》凡数十篇，皆古字也。共王往入其宅，闻鼓琴瑟钟磬之音，于是惧，乃止不坏。孔安国者，孔子后也，悉得其书，以考二十九篇，得多十六篇。安国献之。遭巫蛊事，未列于学官。①

从那个时代文本批评发展的观点出发，很多事情是值得注意的。首先，大量的古代文献被挖掘出来，这些珍贵的古籍变得唾手可得。编订古文献的需求既是出自个别学者的兴趣，同时也是源于官方政策。其次，孔安国搜集并甄别了不同版本的《尚书》。再次，人们将出土的古籍献给皇上，朝廷会对这样的挖掘上献工作提供一定的奖赏和资助，也就是说，这实际上并非一种纯粹的学术行为，而是出于某种政治动机。

《汉书》记载了刘向对皇室文献古籍的大规模整理、分类和研究：

> 刘向以中古文校欧阳、大小夏侯三家经文，《酒诰》脱

---

① （汉）班固：《汉书》，中华书局，1962，第 1706 页。

简一，《召诰》脱简二。率简二十五字者，脱亦二十五字，简二十二字者，脱亦二十二字，文字异者七百有余，脱字数十。《书》者，古之号令，号令于众，其言不立具，则听受施行者弗晓。古文读应尔雅，故解古今语而可知也。①

司马迁在《史记》中增补了关于孔安国的材料，加述了他早期的编辑工作：

> 自此之后，鲁周霸、孔安国，洛阳贾嘉，颇能言《尚书》事。孔氏有古文《尚书》，而安国以今文读之，因以起其家。逸《书》得十余篇，盖《尚书》滋多于是矣。②

这一段似乎是在暗示孔安国以他在文本批评和编辑方面的成就确立了自己的学术地位。"孔安国以今文字读之"涵盖了两个步骤：第一步是他以当时的语言文字翻译了《尚书》；第二步是他对自己翻译的文本进行了评论。一个兼具二者的典型例子是《尧典》，詹姆斯·理雅各将"光被四表"译为"皇帝的四种极致的特质"。③郑玄将"光"解释为"亮"，而孔安国则将其

---

① （汉）班固：《汉书》，中华书局，1962，第1706页。
② （汉）司马迁：《史记》，中华书局，1982，第3125页。
③ 读者可参见〔英〕詹姆斯·理雅各（James Legge）译著《中国经典》（*The Sacred Books of China*）。

译者注：

〔英〕詹姆斯·理雅各（James Legge，1815年12月20日至1897年11月29日），原名詹姆斯·莱格，他出生在苏格兰阿伯丁郡亨得利镇一个富裕的（转下页注）

解释为"充"。段玉裁（1735～1815）将这两位早期经学家两种
迥异的诠释路径进行了比较：

> 郑君释以光耀，此就本义释之。伪孔云：光，充也。此
> 就假借释之。用今文注古文也。古今文字异而音义同，伪孔
> 训为长。①

古典学术语境里的"读"指的不仅仅是对文本进行简单的朗

（接上页注③）布商家中，亨得利是一个有着优良传道传统的小镇。他于 1839 年被
英国基督新教派公理宗的伦敦传道会派驻马六甲主持英华书院。1843 年英华书院迁
往香港，理雅各随之迁居香港薄扶林，任香港英华书院第一届校长。1841 年理雅各
着手翻译中国经典，1861～1872 年相继出版《中国经书》（*The Chinese Classics*）系
列（五卷，共八本），包括《论语》、《大学》、《中庸》、《孟子》、《尚书》、《诗经》
与《春秋左传》。在此期间获得王韬的协助，难能可贵的是，当 1867 年理雅各离开
香港回苏格兰家乡克拉克曼南郡的杜拉村时，王韬随他前往苏格兰杜拉村，继续
协助他翻译《十三经注疏》，最终于 1870 年完成《十三经注疏》的翻译。同年，理
雅各获得苏格兰阿伯丁大学文学院博士学位，重新回到香港主持英华书院，并同时
担任香港佑宁堂（Union Church Hong Kong）教区牧师。1873 年访问中国大陆，拜访
了慕维廉、伟烈亚力，在参观天坛时，他强烈地觉得天坛圜丘坛虽作为无偶像崇拜的
空间领域却是世界上最神圣的场所，不禁脱靴礼拜。1876～1897 年，理雅各担任牛津
大学第一任汉学教授。1879～1891 年相继出版《中国经典》（*The Sacred Books of
China*）系列（共六卷），包括《尚书》、《诗经》（与宗教有关的部分）、《孝经》、
《易经》、《礼记》、《道德经》与《庄子》。1885 年翻译出版《沙门法显自记游天竺
事》。1888 年将《大秦景教流行中国碑》翻译成英文。1897 年，理雅各在牛津逝
世。他一生著述颇丰，如《致马六甲中国侨民的一封关于霍乱的信》（1841），《养
心神诗》（1842），《耶稣山上垂训》（1844），《英华通书》（1851），《约瑟略记》
（1852），《重修礼拜堂仁济医馆祈祷上帝祝文》（1852），《耶稣门徒信经》（1854），
《新约全书注释》（1854），《智环启蒙塾课初步》（1856），《亚伯拉罕记略》（1857），
《往金山要诀》（1858），《圣会准绳》（1860），《新金山善待唐客论》（1862），《孔
子传》（*Life and Teaching of Confucius*，1867），《孟子传》（*The Life and Teaching of
Mencius*，1875），《中国的宗教》（*The Religions of China*，1880）。他曾获得法国汉学
界最高奖项——儒莲奖。

① （清）段玉裁：《古文尚书撰异》，上海古籍出版社，1995，第 4695 页。

诵、吟唱和熟读，它实际上包含了一系列注解诠释活动，针对文本所展开的解析是为了对字词进行正确精准的解读。在上述所举的关于孔安国的例子中，他解读并修饰了"光"在《尚书》中的含义。段玉裁对汉语语境里的"读"进行了解释，尤其是对《尚书》这一代表着中国古典书写传统的文本中的"读"做了如下诠解：

> 壁中书皆古文，故谓之古文尚书，今文者，汉所习隶书也。以今文读之，犹言以今字读之也……凡古云读者，其义不一：讽诵其文曰读，定其难识之字曰读，得其假借之字曰读，抽续其义而推演之曰读。子国于壁中书兼此四者。①

《孔丛子》保留了孔藏写给孔安国的书信，他赞誉了孔安国立足于文本的"读"，并清楚地描述了孔安国所做的一切：

> 知以今雠古，以隶篆推科斗，已定五十余篇，并为之传。②

孔藏曾经提及，孔安国受皇上之托为《古文尚书》撰写了评论，《尚书序》的前言部分解释了书写的动机、目的和过程，如下：

---

① （清）段玉裁：《古文尚书撰异》，上海古籍出版社，1995，第4692页。
② 《中国子学名著集成·孔丛子》第3卷下，台北，中国子学名著集成编印基金会，1977，第4页。

　　承诏为五十九篇作传……于是遂研精覃思，博考经籍，采摭群言，以立训传，约文申义，敷畅厥旨。①

孔安国的评论似乎解释了其编辑工作的基础，但真实的原因并不在此。当代学者虞万里认为传承典籍的最佳方式是师徒间的口头私教，因为对如何阅读文本进行解释实际上意味着对书写形式、语音和每个字的意思进行解释。这种诠释形态被称为"章句"，这种被确立起来而固化的诠释形态被后代学者用于记忆，加以研究。② 但"传"或"记"的书写形式更适合对古籍的浓缩性概括和摘要性总结，例如《礼记》。③ 另一个例子是伏生的《尚书大传》，虽然现在已经佚失，但根据清代学者的论证，此书与《礼记》中那些类似的篇章性质相近，④ 对文本做出单纯的注解性分

---

① 《尚书正义·尚书序》，1.15a 此序通常被认定为"伪孔本书序"，伪造日期不详，约成文于战国晚期，在荀子时代之后，切勿将之与出土于孔壁之中真正的《尚书序》相混淆。顾彪、刘焯及刘炫等陈隋时代的学者对《尚书》的训诂注解标志着历史性的转折，因为他们是基于"伪孔本书序"所进行的研究。王先谦（1842～1917）的两卷本《尚书孔传参证》堪称对"伪孔本书序"最具权威的传统研究，请读者参见王先谦《尚书孔传参证》，中华书局，2011；程元敏的《书序通考》则是对"书序"真伪性质的繁复考证，请读者参见程元敏《书序通考》，台北，台湾学生书局，1999。
② 此观点首次引介于《中国经学史》第 1 卷，请读者参见该书第八章第六节"子夏与作为文类的语篇注释体"。
③ 读者请参见虞万里《由清华简〈尹诰〉论〈古文尚书·咸有一德〉之性质》，收录于《榆枋斋学林》（两卷本），华东师范大学出版社，2012，第 11～36 页（与正文内容甚密之处在第 26～27 页）。
④ 读者请参见黄开国《简论伏生与大传》，《经学研究论丛》2000 年第 8 期，第 137～148 页。

类并不是"传"的主要文类形式。①

虞万里在此并未提及章炳麟富含想象力的解读，但也同样认为"章句"和"传"/"记"有着共同的渊源。在他看来，《古文尚书》里的《咸有一德》并非原文，而系孔安国后来添加，只是借用了某一旧有篇章的名字罢了。②《尹诰》原文藏于后世出土的清华简手稿之中。古典文献注解范式的嬗变反映了经学研究由文本真伪之争转向了文类性质与目的之探求。

我将在下文引入《尹诰》与《咸有一德》的英译白话版本，前者被视为原文，后者则被看作注释，若是将二者并置，进行一番比较阅读，我们即可发现二者之间的关联。③为方便读者阅读，我用黑体字将主要论点标出，如下：

---

① 在西方，拉丁语时期的语法学家普利西安（Priscianus Caesariensis）注意到了评论性解释与文本性注释之间的差别，他在《中世纪读本：语法、修辞与古典文本》一书中这样区分道："评论性解释意味着释者仅仅对文章的意涵进行阐释，而非文中具体的词汇，文本性注释则表示释者对于二者均做了阐释，故后者也被称为'解说性注释'，因其对辞章段落进行了字里行间的详尽注解，正如老师出于教育目的对文本所做的细致解说一般。"读者请参见 Priscianus Caesariensis, trans. by Suzanne Reynolds, *Medieval Reading: Grammar, Rhetoric and the Classical Text* (Cambridge: Cambridge University Press, 1996), p. 29。

　　译者注：
　　普利西安（Priscianus Caesariensis），活动于 6 世纪前后，是拉丁文语法学家，曾长期在皇室宫廷中供职。他著有十八卷关于拉丁文语法的文本，为后世学者提供了极为重要的研究资料，他的著作也成为中世纪人们学习相关语法知识的教科书。

② 读者请参见虞万里《由清华简〈尹诰〉论〈古文尚书·咸有一德〉之性质》，收录于《榆枋斋学林》（两卷本），华东师范大学出版社，2012，第 11～36 页。美国汉学家戴梅可（Michael Nylan）生发了五种理论，试图为那些关于《古文尚书》自相矛盾的文献资料提供一个自圆其说的解释，她在第四种理论中提出，作为人类早期文本的《古文尚书》具有将原文与注解合二为一的折中性质。读者请参见 Michael Nylan, "The *ku wen* Documents in han Times," *T'oung Pao*, Second Series, 81 (1995): 25–50。

③ 我在此接受了虞万里的抄录、训诂与注释。读者请参见虞万里《由清华简〈尹诰〉论〈古文尚书·咸有一德〉之性质》，收录于《榆枋斋学林》（两卷本），华东师范大学出版社，2012，第 12～19 页。

尹诰

尹认为汤具有独特唯一的美德。[①] 伊尹有感于夏之覆灭，慨然说道："夏自绝于民众，民众遂亦断绝他们与领主之间的联系，没有了民众，夏将无力抗敌。领主若与民众积怨颇深，民众就会以反叛相报，故军攻夏则指日可待，领主为何不明白这简单的道理！"伊尹随后对汤进言："我们可与盟友合作，远走他乡之人意欲归来。"汤长叹道："苍天啊！我将如何庇佑子民?!又将如何迫使我的子民遵从我的命令?!"伊尹说道："我尊贵的主啊，您必须奖赏他们，您应该封赏子民们黄金、玉石与土地，以使他们满意。"汤听罢此言，遂赐封子民们中央领地。

咸有一德

就在伊尹恢复他对臣民的统治之后，他意欲退位，并将权力授予有德之人。他呼号道："上天啊！天地四时，皆有变更，不可信仰天启，愿独具永恒美德之人享有王权，从而以其永恒之美德永葆王权之光辉！若美德不存，则九州亦将丧尽！夏之君王不行善道，辱蔑神灵，涂炭子民，故人神共愤，天已诛之！今放眼九州大地，愿得一双慧眼明察秋毫，**但寻一人身怀美德，可挑重任，成为道之主宰。**"唯伊尹与汤二人具备这样的美德，可以共同承担上天的意志，接受光荣的使命，部署九州的军队，翻开新的历史篇章。**上天并无**

---

① 此句广为流传，《古文尚书》将此句转写为"尹和汤都具有纯粹的美德"。关于虞万里对此句的解读，请读者参见虞万里《清华简〈尹诰〉"佳尹既及汤咸又一德"解读》，收录于《榆枋斋学林》（两卷本），华东师范大学出版社，2012，第 1～10 页。

偏袒，但天佑行美德善道之人，故商并未召集普天下之人，而泱泱民众因商王之美德而齐聚门下。只有当道德以某种单一的方式呈现出来时，人们才知道如何规范自己的行为；倘若道德的形式达至两到三种，那么人们就会无所适从。上天依据各人的德行降临福祉或是灾祸，因此吉与凶适时出现，从不扰乱人们的视听。

现如今，新的君王承担了治理天下的重任，只需施行美德。最重要的是，自始至终地维持永恒不变的美德，每日将之重申。任人唯贤，尤其是在任命高参时，更要选拔贤者。以美德侍奉上天，以子民为本，以谨小慎微的态度面对困境。切记，要维持人与人之间的和谐，要确保美德的单一性。美德没有永恒的主人，请向善良的人学习；善行亦无永恒的主人，请与拥有纯粹道德的人并肩。泱泱子民会异口同声地说："这些话不愧出自君王之口。"他们还会说："单一纯粹的道德精神便是君王的精神。"倘若君王真能如此，那么他定可延续前代君王创造的繁荣，使人们长久地安居乐业。

上天啊！在七代祠堂里，我们可以觉察到他的美德；在无数臣民的身上，我们可以体察到他的统治。如果统治者反对人民，那么谁会服从他的命令呢？如果人民反对统治者，那么他们将为谁服务呢？切勿抬高自己，贬低他人。如果布衣百姓不愿尽最大的努力去执行纲领，那么民众的主人可与谁一起实现他的功绩呢？

通过对上述两种文本的比较阅读，我们不难发现，二者唯一的共同点在于不加解释地坚守"纯粹单一的美德"。评注倒是对这种道德观进行了较为丰富详尽的诠释，却未对文本的其他部分进行拓展性阐释。虞万里认为此种理念回应了尧以粗网替代细网捕鱼的行为，因为这一举动表明他允许一部分动物在皇家狩猎活动中逃脱，他对动物的宽容证明了他的"仁"，所谓"纯粹单一的美德"实则就是"包罗万象的仁的美德"。①

由于《咸有一德》与《尚书》中其他文本的语言风格相一致——古典、呆板而又显贵族气，故不少学者合理地推断《咸有一德》应为原书中一则，而非评论性文字。因为倘若某一文本反映了远古时代文雅的语言风格，另一文本则凸显出较晚时期的评论性语体风格，此二者怎么可能出现在同一本书中呢？当然，评注也可能被当成经典。《尚书·洪范》一篇的评注就被视为经典，收录在了《汉书·五行志》之中，如下：

> 昭帝元平元年四月崩，亡嗣，立昌邑王贺。贺即位，天阴，昼夜不见日月。贺欲出，光禄大夫夏侯胜当车谏曰："天久阴而不雨，臣下有谋上者，陛下欲何之？"贺怒，缚胜以属吏，吏白大将军霍光。光时与车骑将军张安世谋欲废贺。光让安世，以为泄语，安世实不泄，召问胜。胜上《洪范五行传》曰："'皇之不极，厥罚常阴，时则有下人伐上。'不敢察察言，故云臣下有谋。"②

---

① 请读者参见虞万里《〈咸有一德〉之"一德"新解》，收录于《榆枋斋学林》（两卷本），华东师范大学出版社，2012，第37～55页。
② （汉）班固：《汉书》，中华书局，1962，第1459页。

相较于夏侯胜的语言，评注的语言风格自然更为高贵典雅。所谓的"伪古文献"很可能包含了战国、秦朝及汉代遗留下来的评注，其中自然也不乏一些编造的文本，它们并非化石般的遗迹，而是出现在学者的研究视野之中。暂且不谈这些个别章节的出处，清代的经学家们敏锐地窥见了经学研究的发展趋势，即古文经文献越来越受到重视。有意思的是，一方面，清初的学者们猛烈地攻击古文献资料的真实性；另一方面，他们却愈发地强调这些文献的重要性。

最先开始的是疑古思潮。

北宋经学家吴棫（1100～1154）的《书裨传》引发了人们对于《古文尚书》的质疑。朱熹（1130～1200）的思想，连同他的威望，进而在诸多方面加深了人们的质疑，同时也影响了后人对这本古老经典的看法，造成了一系列的历史连锁反应。[1] 阎若璩（1636～1704）在其《尚书古文疏证》中浓墨重彩地书写了清代早期学者群体对《古文尚书》文本性质的探讨及质疑，惠栋（1697～1758）在其《古文尚书考》中则提出了《古文尚书》系东晋伪书这一沿用至今的观点。[2] 清华简中的《尚书》文本似乎证实了前代经学家们的研究结论，李学勤认为这些证据解决了关于伪书的历史疑案。[3]

而后便开始了扬古思潮。尽管伪书一案已成定论，晚清学界

---

[1] 读者请参见杨新勋《宋代疑经研究》，中华书局，2007，第199～206页；李学勤《朱熹的尚书学》，收录于《古文献丛论》，中国人民大学出版社，2010，第239～246页。

[2] 读者请参见吴通福《晚出古文尚书公案与清代学术》，上海古籍出版社，2007；刘起釪《尚书学史》（订补本），中华书局，1989，第279～285页。

[3] 读者请参见李学勤《清华简九篇综述》，《文物》2010年第5期，第51～57页。

却不时涌现出迥异的声音，这些驳杂于主流观点之中的反调虽不能替伪书翻案，但至少开辟了一方从儒学角度解读文本的场域。如广东经学家桂文焕（1823～1884）在承认《古文尚书》虚假性的基础上却发现了它的价值与意义，见下文：

> 古文尚书经注至今日而伪迹昭著，无庸再辨，惟处治之道未得其宜。乾隆中有奏请废其伪经者。以武进庄侍郎存与议谓篇中多精理名言，以之进讲最为有益，中止。①

桂文焕继承了其师陈澧（1810～1882）对《古文尚书》价值的论断——"精炼而合理的注释"，陈澧在他闻名遐迩的《东塾读书记》中就《古文尚书》的重要性发表了自己独特的见解。他首次发现郑玄的评注不同于孔安国之处，而孔之评注则往往优于郑之评注。他故而总结道：

> 盖伪孔读郑注，于其义未者则易之，此其所以不可废也。伪古文经传可废，二十八篇伪传不可废。②

人们不应忘记，宋代的经学家正是从《古文尚书》中汲取营养为他们的诠释寻求文本支持，而非《今文尚书》。③

---

① （清）桂文焕：《经学博采录》，台北，明文书局，1992，第 12 页。
② （清）陈澧：《陈澧集》（六卷本），上海古籍出版社，2008，第 97 页。
③ 读者请参见李学勤《朱熹的尚书学》，收录于《古文献丛论》，中国人民大学出版社，2010，第 240～241 页。

这种对《古文尚书》价值的重视一直延续到了今日。《尚书》的当代编订者黄怀信有着与陈澧和桂文焕相同的广博胸襟，他的学术观基于中国古典评注的性质，即那些师徒之间世代相传的口头教诲，历经漫长的时间沉淀，最终化为评注的书面版本，走向了一个凝结的终点。那些看似无关甚至与成书年代相冲突的因素，却能在漫长的口耳相传之后被纳入文本。① 几个颇受欢迎的《尚书》现代译本不加思索地将所谓的"伪古文尚书"理所当然地收入其中，丝毫不计较其真实性问题。②

二 《今文尚书》

班固开始运用《今文尚书》处理《古文尚书》的文本历史问题，见下文：

> 秦燔书禁学，济南伏生独壁藏之。汉兴亡失，求得二十九篇，以教齐鲁之间。讫孝宣世，有欧阳、大小夏侯氏，立于学官。③

此版本被学术教育机构所采用，并以各种编订方式流通于学界。这一现象标志着皇室对此文本的支持，从而也引起了郑玄的极

---

① 读者请参见黄怀信《尚书正义·校点前言》，张岂之编《十三经注疏·尚书正义》，上海古籍出版社，2007，第 3 页。
② 读者请参见王世舜、王翠叶译《尚书》，中华书局，2012；李民、王健译注《尚书译注》，上海古籍出版社，2012。此外，台湾的两个译本还着重呈现之前被略去的《古文尚书》篇章，读者请参见吴瑜编译《新译尚书读本》，台北，三民书局，1977；郭建勋编译《新译尚书读本》，台北，三民书局，2005。
③ （汉）班固：《汉书》，中华书局，1962，第 1706 页。

大关注。我们可从两则官方事例中窥见《古文尚书》的普及：一是刻于 175～183 年的"熹平石经"，其以欧阳大师的文本为基础；二是 240～249 年，朝廷刻印了以《古文尚书》为基础的"三体石经"。

班固的《艺文志》详细地阐述了伏生与其弟子对这一普及本所做的注解工作，如下："尚书古文经四十六卷"介绍了伏生与弟子如何用那个时代的字体转写孔安国的《古文尚书》，"经二十九卷"介述了他们对《古文尚书》所做的编辑修订工作，"传四十一篇"记叙了他们对孔安国生平资料的整理，"欧阳章句三十一卷"则是基于伏生对文本的口头阐释与分析所进行的延伸性书写，接下来是"大、小夏侯章句各二十九卷"、"大、小夏侯解故二十九篇"① 以及"欧阳说义二篇"。② 最后两篇为极其成熟的传记。某些篇目展现了传记与经典之间的关系，却不涉及对文本的具体分析，如刘向五行传记十一卷与许商五行传记一篇。③

此类关于《尚书》（包括《古文尚书》与《今文尚书》）的评注背离了一个涉及注释体本质的基本事实，即最早的注释类作品旨在释读文本。直到时间推移至经学家刘向生活的那个年代，也即东汉末年，方才出现官方钦定的术语"传"，这一文类专注于挖掘经典文本的意涵。至于这种文本批评的趋势究竟是反映了现实生活的需求，还是试图存证历史发展的遗迹，今人尚未可知。回顾历史，韩婴对"传"这一术语的定义及其运用始终是模

---

① 大夏侯指夏侯胜，小夏侯指夏侯建。
② 欧阳指欧阳生，据班固《汉书·儒林传》记载，他名为和伯，为伏生弟子。程元敏曾在其《尚书学史》中比较大、小夏侯与欧阳生的作品，读者请参见程元敏《尚书学史》，华东师范大学出版社，2013，第 628～634 页。
③ 许商是中国古代著名的官僚，曾任职于少府。

棱两可的，班固在《汉书·儒林传》中解释道：

> 韩生亦以《易》授人，推《易》意而为之传。①

换而言之，"传"侧重于挖掘并展现文本所欲传达的信息，韩婴强调的也正是"传"作为某种工具性文体所拥有的使用价值，至于"传"作为一种媒介的本质，则被略去不谈。但值得深思的是，韩婴为《诗经》所书写的两种"传"——《韩诗内传》与《韩诗外传》则映射出两种截然相反的诠释理念，前者重在注解，后者重在阐发。唯一清晰的是，围绕着《尚书》展开的考据及探讨在西汉时期的文本批评活动中占据了重要的位置。下面，我将以《诗经》为例，详细阐述四个分立的释《诗经》学派之《诗经》学观，并凸显汉代口授传统的重要性。

第二节 口头传授：以《诗经》为例

如果说《尚书》作为一种文本是通过"古文"及转写而成的"今文"散播流传的，那么《诗经》的成书及传播则完全依赖于口头传授。或者，至少可以断定，没有具体的史实能够证明《诗经》的成书得益于书面文字的历史沉积。班固曾言：

> 遭秦而全者，以其讽诵，不独在竹帛故也。汉兴，鲁申公为诗训故，而齐辕固、燕韩生皆为之传。或取春秋，采杂说，

① （汉）班固：《汉书》，中华书局，1962，第 3613 页。

咸非其本义。与不得已，鲁最为近之。三家皆列于学官。又有

毛公之学，自谓子夏所传，而河间献王好之，未得立。①

　　不少学者认为，形成于西汉时期的三家诗学派建构了经学发

展历程中的新文本传统，② 但这种看法仅仅表明文本被与时俱进

---

① （汉）班固：《汉书》，中华书局，1962，第 1708 页。关于欧美学界对申培、辕固与
　韩婴三家诗的译介与研究，读者请参见 James Hightower, "The Han - Shih Wai - Chuan
　and the San Chia Shih," Harvard Journal of Asiatic Studies 11（1948）：241 - 310；
　Appendix I, pp. 268 -278。
　　译者注：
　　〔美〕海陶玮（James Robert Hightower, 1915 年 5 月 7 日至 2006 年 1 月 8 日），
　出生于俄克拉荷马州，高中毕业后进入科罗拉多大学博尔德分校学习医学和化学，
　但他很快发现了自己对文学尤其是诗歌的兴趣。通过阅读庞德（Ezra Pound）的诗
　歌，他间接地接触到了中国诗歌，出于对中国文学的好奇，他开始学习汉语和相关
　的中文类课程。1936 年毕业后他获得了一年的海德堡大学语言学研究基金，后赴法
　国索邦大学学习，在那里，他与文学家詹姆斯·乔伊斯进行过交流对话；1937 年秋
　季返美后作为研究生进入哈佛大学远东语言系研习，1940 年获得硕士学位；后受邀
　赴北京担任燕京大学中印研究所所长，并着手撰写博士学位论文，他于第二次世界
　大战结束后回到哈佛完成了博士阶段的学习并获得学位。他一度专注于对《韩诗外
　传》的研究，著有《〈韩诗外传〉的翻译与研究》与《〈韩诗外传〉的应用》。此
　外，他所编著的《中国文学专题：纲要和参考书目》堪称第一本大规模的西方中国
　文学史，他还曾与叶嘉莹共同编写《中国诗歌研究》。
② 读者请参见 James Hightower, "The Han - Shih Wai - Chuan and the San Chia Shih,"
　Harvard Journal of Asiatic Studies 11（1948）：241 -310；Appendix I, pp. 268 -278；范
　佐仁（Steven Van Zoeren）, Poetry and Personality：Reading, Exegesis, and Hermeneutics
　in Traditional China（Standford：Standford University Press, 1991, pp. 80 - 115）；赵茂
　林《两汉三家诗研究》，巴蜀书社，2006；王礼卿《四家诗恉会归》（四卷本），华
　东师范大学出版社，2009。
　　译者注：
　　范佐仁（Steven Van Zoeren）所著的《诗与人格：中国古典传统语境中的阅读、
　注解与诠释》（Poetry and Personality：Reading, Exegesis, and Hermeneutics in Traditional
　China）追溯了中国经典诠释学的历史，其所研究的文本早至公元前 6 世纪。这本专著
　既不是对诗歌的解读，也不单纯是对历史的回顾，而是试图剖析并总结中国诗歌解读
　的传统及原则。作者追溯了诗歌在中国的文化价值及其与政治和秩序的关系，并考察
　了中国古代考试制度及人才选拔方式对诗歌功能产生的作用和影响，同时还区分了诗
　歌在公共场所和私人生活中的不同功用。此书结合了诠释学的相关理论和视角。

地转录成了那个时代的"新"文本，也即浸润着浓厚的汉代书写风格的文本。毛学的创建意味着一种不受益于官方资助的私学传统之诞生，这一学派最终在百家争鸣中脱颖而出。郑玄的《毛诗笺》可谓海纳百川，但关键性的基石依然是毛学，另外三家学派的观点只是有选择性地夹杂其中，因此，毛学成为所谓的正统学术。① 人们也倾向于将毛诗视为"古文"传统的代表，事实上，这种观念是经不起推敲的，因为真正的古文献并未流传至汉代。② 这一错误的认知可能是由"古文"一词固有的歧义造成的，因为它也可被理解为古文字文本。清代的经学家似乎认识到了这种语汇上的歧义性，他们选择以"古文字文本"作为该词的意涵。如冯登府（1783～1841）《三家诗异文疏证》中所有的注释均以毛诗所提供的古文字文本为原本，③ 陈乔枞（1809～1869）之《诗经四家异文考》对书写字体嬗变的考证完全以毛诗为参照系，他在分析"州"字时写道：

此毛氏古文也。加水旁坐洲乃今文俗体耳。④

①　陈奂在其《毛氏笺考证》中总结了郑玄对三家诗的运用："笺中有用三家申毛者，有用三家改毛者。例不外此二端。"读者请参见陈奂《毛氏笺考证》，台北，台湾商务印书馆，1970，第4169～4175页，注释中所引文字见于第4170页。

②　James Hightower, "The *Han – Shih Wai – Chuan* and the *San Chia Shih*," *Harvard Journal of Asiatic Studies* 11 (1948): 241 – 310; Appendix I, pp. 268 – 278, 此观点见于第264～265页。

③　读者请参见（清）冯登府《三家诗异文疏证》，台北，台湾商务印书馆，1972，第11011～11041页。

④　读者请参见（清）陈乔枞《诗经四家异文考》，据湖北省图书馆藏清光绪刻本影印，第5781～5860页，文中所引字句见于第5781页。

最典型的例子是钱大昕将"古文字体"与篆书及楷书并列，视为魏朝三种石刻文字之一。① 然而，隶属于不同诠释派别的经学家已将古文/今文之争上升至史学观的高度，甚至在训诂方法上也各自为阵，生发出对同一文本迥然相异的注释。

阮元（1764～1849）在其《毛诗正义》的前言"毛诗注疏校勘记"中介述了四家诗各自依据的原本以及训诂方法论上的差异，展现了《诗经》学在那一时期所呈示的复杂历史面貌。阮元在此特地使用"古字"这一词义清晰的语汇，而非含混的、歧义丛生的"古文"，如下：

> 考异于毛诗经有齐鲁韩三家之异者。齐鲁诗久亡，韩诗则宋以前尚存。其异字之见于诸书可考者大约毛多古字，韩多今字。有时必互相证而后可以得毛义也。毛公之传诗也同一字而各篇训释不同，大抵依文以立解，不依字以求训。非执于周官之假借者不可以读毛传也。毛不易字，郑笺始有易字之列。顾注礼则立说以改其字而诗则多不欲显言之。②

训诂学的内涵与外延包括正字、正音、识别通假字与异体字以及规范书写，从而使读者能够准确地理解辞章段落的意涵。与阮元同时代、稍较阮元年轻的学者马瑞辰（1782～1853）曾深层

---

① 读者请参见钱大昕《十驾斋养新馀录·一字三字石经》卷二，台北，台湾商务印书馆，1968，第504页。
② （汉）郑玄笺，（唐）孔颖达正义《毛诗正义·毛诗注疏校勘记》，上海古籍出版社，2007，第1页。

次地解释训诂的原则：

> 毛诗为古文，其经字类多假借。毛传释诗，有知其为某字之假借，因以所假之正字释之者；有不以正字释之，而即以所释之正字之义释之者。说诗者必先通其假借，而经义始明。齐、鲁、韩用今文，其经文多用正字，经传引诗释诗，亦多用正字者，正可藉以考证毛诗之假借。①

不同文本表面上虽各有殊异，但藏匿于三家诗文本书写背后的口头传统却极其相似。细数陈奂、陈乔枞与王先谦等经学家对三家诗的整理、校对与编订，以及近代学者在出土简帛文献中寻得的证据，所有迹象都表明《诗经》的口头传诵文本完好无损地保留在了周人的记忆之中，再经由秦朝传至汉代。至于文字转录与书面文本的差异则主要在于字体的书写及正字法的运用上。换而言之，四家诗所依据的口授文本是基本相同的，但他们择取的字体与书写形式各有千秋。② 当然，这并不意味着不同学派对《诗经》的诠释与应用就应该保持统一，但问题在于，若干个世纪以来，这种仅因字体与书写形式不同而带来的差异竟然造成了各家学派之间的隔阂与积怨，从而掩盖了文本背后

---

① （清）马瑞辰：《毛诗传笺通释·毛诗古文多假借考》，中华书局，2012，第 2071 页。
② 读者请参见虞万里《从熹平残石和竹简〈缁衣〉看清人四家〈诗〉研究》，收录于《榆枋斋学林》（两卷本），华东师范大学出版社，2012，第 109～154 页，正文所涉观点见于第 119 页；Martin Kern, "The Odes in Excavated Manuscripts," in Martin Kern, ed. *Text and Ritual in Early China* (Seattle: University of Washington Press, 2005), pp. 149–193。

的一致性。① 关于这一点，司马迁在《史记》中就曾提及，但并未阐明清楚，后世的班固则对此做出了明确的论断："其语颇与齐鲁间殊，然其归一也。"②

---

① 关于作为物质的文字记录与作为精神的智性传播在信息学上的差异性，读者请参见拙著《中国经学史》卷一第三节，"竹简著书与编订自由"，我的主要观点源自 Harold Roth, "Text and Edition in Early Chinese Philosophical Literature," *Journal of the American Oriental Society* 113 (1993): 214 – 227。

译者注：
哈罗德·罗斯（Harold Roth）是宗教学专家，他在冥想研究方面颇有成果。罗斯的学术兴趣广泛，在文本批评、版本学、神秘主义、道教以及中国传统地方信仰等各方面都有所建树，他在诸多跨学科领域中也做出了开创性之举。他曾在已故亚洲社会科学院教授保罗·汤普森的领导下撰写《淮南子的文本史》一书，之后他又撰写了《中国早期哲学文献的文本和版本》这一巨著。他试图重构战国末期和汉初的内省传统，曾写下《早期道家思想中的冥想与修养》《早期道教史》与《庄子的内省》等著作，他将中国古人的冥想称为"内心修养"。他深入地剖析了中国古代文化中的内修维度，并将宇宙论、心理学与政治学融为一体。他认为中国古代哲学群体可被划分为个人主义者、原始主义者和混合主义者三类，他试图将神秘主义及神秘体验作为一种哲学分析方法运用于中国原始宗教，在他看来，老庄是静修、内养和原道的典范，为了将上述论点系统化，他专门撰写了《原道与静修：道教神秘主义的基础》《中国古代宇宙论与道家概念》《神秘主义实践中的老子》以及《庄子的神秘体验》等著述。1975 年他参与了多伦多大学的一个关于汉代早期哲学的学术项目，在参与项目的过程中对《淮南子》产生了浓厚的兴趣，他认为《淮南子》作为综合性的文本详细介绍了几乎所有的知识领域，涵盖了宇宙学、天文学、地理学、政治学和军事学等诸多领域，他同时认为，虽然《淮南子》包罗万象，但究其根本，它的思想基础仍然是道教内修传统。项目结束后，他撰写了《淮南子的人性观念》《淮南子的"原道"与"自然修养"》《道家内心修炼思想与〈淮南子〉文本结构》与《淮南子与早期道教》等一系列文章，他还与约翰·梅耶（John Major）、莎拉·奎因（Sarah Queen）等学者共同翻译了《淮南子》全本，将英文版本取名为《淮南子：中国汉初政府的理论与实践指南》。罗斯的学术研究和哲学实践结合了心灵哲学与脑科学的最新研究成果，他将不少实验技术和数据报告运用于他始创的"沉思与冥想"研究之中，撰写了《沉思与冥想研究：新领域的展望》《沉思与课堂：宗教冥想教育》《跨学科的沉思式学习与探究》与《静修、冥想、沉思与宗教教育》等多篇文章，试图将冥想推广至教育实践之中。罗斯担任了多种学术职务，他从 1993 年起开始担任中国宗教研究学会会长，并同时担任日本道教国际联合研究会会长。除此之外，他还是新英格兰中国思想研讨会（1988～1993）的创始人和联合主办人。

② （汉）司马迁：《史记》，中华书局，1982，第 3124 页；（汉）班固：《汉书》，中华书局，1962，第 3613 页。

这种"归一"性显著地体现在《诗经·关雎》之中：

关关雎鸠，在河之洲；窈窕淑女，君子好逑。①

毛诗保留了"逑"的古字，发音为"gu"，并将之释为"匹"（匹配）；鲁诗与齐诗则采用了与"逑"相谐音的"仇"字；郑玄在其笺注中亦使用了"仇"字，他解释道"怨偶曰仇"。由于郑玄的笺注以毛诗为本，故我们可以合理推断，或许毛诗最初的原始文本也采用了"仇"字，而非"逑"。②逑/仇之辨引出了这样一个问题：此类字词究竟是异体字还是异义字。也就是说，仅仅是字形产生了变化，还是连同意义一道生成了变化？③鲍则岳（William G. Boltz）认为，此类辨析是文本批评的重要任务。④以"逑"与

---

① （汉）郑玄笺，（唐）孔颖达正义《毛诗正义》，上海古籍出版社，2007，第 20 页。
② 读者请参见王先谦《诗三家义集疏》，为湖湘文库丛书之一，岳麓书院，2010，第 26 页。郑玄并非毛学的忠实跟随者，他在注解《诗经》时，海纳百川，博采众长，将其他三家学说信手拈来，故我们不应把郑玄对《诗经》的诠释理所当然地视为那是毛学的映射，请读者在做出判断之前停顿思索片刻。
③ 读者请参见 William G. Boltz, *The Origin and Early Development of the Chinese Writing System* (New Haven: American Oriental Society, 1994), pp. 158 – 167 ; William G. Boltz, "Textual Criticism More Sinico," *Early China* 20 (1995): 393 – 405。
    译者注：
    〔美〕鲍则岳（William G. Boltz），于 1965 年、1969 年、1974 年分别获得加州大学伯克利分校东方语言学士学位、硕士学位和博士学位，现任教于华盛顿大学，担任亚洲语言和文学系教授。他曾与迈克尔·夏皮罗（Michael C. Shapiro）共同撰写《亚洲语言历史语音学研究》（"Studies in the Historical Phonology of Asian Languages"），刊载于《语言学理论当下话题》（*Current Issues in Linguistic Theory*），约翰本杰明出版公司，1997（John Benjamins Publishing Company, 1977）。
④ 读者请参见 William G. Boltz, *The Origin and Early Development of the Chinese Writing System* (New Haven: American Oriental Society, 1994), p. 106。

"仇"为例，它们的字音相同，而当它们被看成单独的两个字时，它们的字义可能相同，也可能相异。《诗经·国风·兔罝》印证了"逑"与"仇"在某种意义上的统一性，如"赳赳武夫，公侯好仇"[①] 这句话中的"仇"字也可替换成"逑"字，二者在此处的意义相同。初唐学者孔颖达（574～648）注意到当此类字被单独看待时，它们的发音是不同的，但他将此总结为"异音义同"。[②] 至少在上述所引诗句中，语音和语义达到了某种一致。

细读《关雎》一篇，我们亦可寻得这种一致性，如表 4 – 1 所示：

表 4 – 1 四家诗中的《关雎》

毛诗	鲁诗	齐诗	韩诗
关关雎鸠			
在河之<u>洲</u>	州	州	州
zhou * *tjaw*			
窈窕淑女			
君子好<u>逑</u>	仇	仇	X
qiu * *gu*			
<u>参差</u>荇菜	槮	槮	槮
cen * *ts'am*　shan * *ts'am*			
	茓	茓	茓
xing * *garaŋʔ*　yan * *cljanʔ*			

① （汉）郑玄笺，（唐）孔颖达疏《毛诗正义》，上海书店出版社，1997，第 3 页。
② （汉）郑玄笺，（唐）孔颖达疏《毛诗正义》，上海书店出版社，1997，第 21 页。

续表

毛诗	鲁诗	齐诗	韩诗
左右流之			
窈窕淑女			
寤寐求之			
求之不得			
寤寐思服			
悠哉悠哉			
辗转反侧			
参差荇菜			
左右采之			
窈窕淑女			
琴瑟友之			
参差荇菜			
左右芼之	X	X	覒

mao＊*maw*　yan＊*maw*

窈窕淑女			
钟鼓乐之			

文本的韵律是显而易见的，"荇""芼"二字自然是完全不同的两个字，除非它们在字形上的相似可以说服我们把一个字符视为另一个字符的视觉变体，从而忽略语音上的差异。这首诗中的变体皆为字形变体，而《诗经·小雅·甫田》[①] 则是语音变体的一个

① （汉）郑玄笺，（唐）孔颖达疏《毛诗正义》，上海书店出版社，1997，第14页。

典型例证，如表 4 - 2：

表 4 - 2　四家诗中的《甫田》

毛诗	鲁诗	齐诗	韩诗
<u>倬</u>彼<u>甫田</u>	X	X	菿/箌
dao * *tǒk*			dao * *tog/*
	X	X	圃
fu * *pi.wa*			pu * pwo
岁取十千			
我取其陈			
食我农人			
自古有年			
今适南亩			
或<u>耘</u>或<u>耔</u>	X	芸	X
yun * *giwən*			yun * *giwən*
	X	籽	X
zi * *tsiəg*			zi * *dẓiəg*
黍稷<u>薿薿</u>	X	擬	X
yi * *ngiəg*			ni * *ngiəg*
攸介攸止			
烝我髦士			

关于"倬"与"菿/箌"的交替使用，许慎曾将"菿"解读为："草木倒，从草到声。"桂馥（1736～1805）则将之视为错误的论断，他根据《尔雅》、《经典释文》及《广韵》中的注释，得出

如下结论："草大也。"① 桂馥的这一定义鲜为人知，却更接近原义，章太炎将他的某本著作命名为《蓟汉三言》，② 显然章氏认同桂馥对"蓟"的解释，倘若将"蓟"释为倒，那么此书之名就神秘不可知其义了。依据章太炎的家学传统及其门生的回忆，章氏将"蓟"念为 zhuo，而毛诗则将"倬"念成 dao，这便是语音的交替性变体形式。郝懿行（1757～1825）认为"倬蓟音义同"。③ 他较早地认识到"卓"与"倬"同，也就是说"倬"、"蓟"与"卓"是异体而同音同义的一组单字，但当时的人们似乎不太认可他的观点，因此仍然将之视为完全不同的汉字。王念孙（1744～1832）认为"卓"与"倬"可以互相替换使用，但他提出"倬"在字义上等同于"灼"，也就是光明。④ 倘若王念孙对这个字的字源推断正确，那么这便是此诗出现的首个语音变异字。

另一组例子则是"甫"与"圃"。一些学者认为语音和字形上的相似暗示了语义之间的关联，而郑玄则对"甫"进行了如下解释："甫之言丈夫也。"这代表了他对古老的农业税收制度（政府对耕作于田地之上的男性农民征税）的赞同。⑤ 郑玄认为这种词义的扩展与变迁从本质上而言是词语自身所具备的特征。需要注意的是，在上述所引之诗剩下的三小节中，只有一个例子是关于文本/词义变迁的。聚焦于第二小节，毛、齐两家所认读的

① （清）桂馥：《说文解字义证》，中华书局，1998，第72页。
② 章太炎：《蓟汉三言》，上海书店出版社，2011。"三言"即"蓟汉微言"、"蓟汉昌言"与"蓟汉雅言劄记"。
③ （清）郝懿行疏《尔雅义疏》，《汉小学四种》（两卷本），巴蜀书社，2001，第892页。
④ （清）王念孙：《广雅疏证》（附索引），中华书局，2004，第4～7页。
⑤ （汉）郑玄笺，（唐）孔颖达疏《毛诗正义》，上海书店出版社，1997，第14页。

"御"与鲁氏所认读的"迎"可以相互替换。

《诗经·小雅·甫田之什》（与《诗经·小雅·北山之什》和《诗经·小雅·桑扈之什》并列）中的九首诗表露了这种微小的文本变异，合计23处，其中只有4处（亦即17%）是纯粹词语意义上的，这4处主要是通过同义性的文本转录来传达另一个词语所内含的信息。我们可在《诗经·周南》的前11首诗中找到35处文本变异，值得玩味的是，没有一处是单纯词语性变异。《清庙之什》中得出的数据也反映了相似的结果，这组诗共计4%的文本变异，词语性变异只占据全部变异的3.8%。通过对《诗经》的取样分析，我们不难得出以下结论：词语性变异的惊人缺乏暗示了词语的内涵及外延与正字法所揭示的意义随着时间的推移逐步趋于统一。

但这种统一并不意味着正字法本身会趋于一致，更不能使各家独立学派的训诂解释相统一。例如，毛派的宗旨是歌颂周朝统治及后妃之德，因此毛诗"小序"是针对皇后和其他王公贵族所书，如下：

> 后妃之德也……周南召南正始之道，王化之基。是以关雎乐得淑女以配君子，忧在进贤，不淫其色，哀窈窕，思贤才而无伤善之心焉，是关雎之义。[①]

与之相反，鲁学与跟随其后的齐、韩二学则力推"刺诗"之

---

① （汉）郑玄笺，（唐）孔颖达疏《毛诗正义》，上海书店出版社，1997，第18页。

说，[①]《汉书·杜钦传》载："钦言：作关雎之人，叹在上之好色无度，冀得淑女配君子也。"据考证，杜钦乃鲁学后生。[②]

据《汉书》记载，杜周曾言：

> 后妃之制，夭寿治乱存亡之端也。迹三代之季世，览宗、宣之缩国，察近属之符验，祸败喝常不由女德？是以佩玉晏鸣，关雎叹之，知好色之伐性短年，离制度之生无厌，天下将蒙化，陵夷而成俗也。故咏淑女，几以配上，忠孝之笃，仁厚之作也。[③]

旨在揭露性欲放纵之恶。

以上针对淫乱行为发出的警告，以及对于淫乱所导致的生理后果之揭示，影响了自周代晚期至汉代萌生并发展的某种另类诠释学派。此类诠释观念发源于《荀子》，兴盛于楚国，柯马丁

---

① Martin Kern, "Beyond the ‘Mao Odes’: *Shijing* Reception in Early Medieval China," *Journal of the American Oriental Society* 127 (2007): 131 – 142; Mark Laurent Asselin, "The Lu – School Reading of ‘Guanju’ As Preserved in an Eastern Han *Fu*," *Journal of the American Oriental Society* 117 (1997): 427 – 443。

　　译者注：

　　马科·劳伦特·艾塞林（Mark Laurent Asselin）著有《富含意义的年代：蔡邕和他的同代人》（*A Significant Season: Cai Yong and His Contemporaries*），美国东方学会，2010（New Haven: American Oriental Society, 2010）。他自攻读硕士学位起就开始专注于蔡邕研究，他的硕士学位论文是《〈后汉书〉中的"蔡邕传记"》（华盛顿大学，1991，University of Washington, 1991），攻读博士学位时将研究视界扩大至与蔡邕同时代的其他学者，他的博士学位论文是《一个时代终结之处的文学：蔡邕与他的同代人》（华盛顿大学，1997，University of Washington, 1997）。他对《诗经》也颇感兴趣，曾撰写《从汉赋中保留的篇章看鲁氏对〈关雎〉的解读》一文。

② 王先谦：《诗三家义集疏》，湖湘文库丛书之一，岳麓书院，2010，第21页。

③ （汉）班固：《汉书》，中华书局，1962，第2669页。

（Martin Kern）曾在其《毛诗之外》中引介当时新兴的独立学派，
如下：

> 另一种全然不同于毛派传统的《诗经》阅读法悄然兴
> 起，我们可在最近出土的两种竹简手稿——湖南长沙马王堆
> 之"汉代早期五行"与"战国晚期孔子诗论"中见出端倪。
> 此二者皆可追溯至公元前 300 年，现藏于上海博物馆，它们
> 都传达了"以／由色谕于礼"的观念。①

对清代经学方法论的严重质疑意味着学者们试图重构诗三家
各自所依据的文本，而问题的特别之处在于，如何还原一种古文
字体向另一种古文字体的转换。我曾在前文对《诗经》做过数据
化分析，指出文本信息与转录文字之间存在统一性。当然，我们
也可消极地看待这些数据以及所关涉的方法论，将之视为某种妄
图以残缺的书面遗骸为基础而重建早期文本传统的方法论，这种
方法论可被认为是存在漏洞而薄弱的。高本汉（Klas Bernhard
Johannes Karlgren）曾对清代考据学的局限性进行过一些批判，他
指出清代考据学在处理文本上存在三个缺点：首先，清代的经学
家缺乏古汉语音韵学方面的知识及其相关的语言学方法论；其
次，清代的经学家过分地依赖释读古汉语的词典，而那不过是文

---

① Martin Kern, "Beyond the 'Mao Odes': *Shijing* Reception in Early Medieval China," *Journal of the American Oriental Society* 127（2007）: 135; Jeffrey Riegel, "Eros, Introversion, and the Beginnings of *Shijing* Commentary," *Harvard Journal of Asiatic Studies* 57（1997）: 143 – 177。

字注释的集合，却忽略了早期文本内在的相似性；再次，清代经学家不论早期文本注释的价值，对其毫无保留地全盘接受，因此，他们自身对经典的诠释模仿有余而创新不足，缺乏带着批判性思维的独立思考。① 高本汉（Klas Bernhard Johannes Karlgren）的见解言之有理，但忽略了清代考据学家在研究三家诗过程中的致命缺陷，即根据某些晚近的评论或清人自己的逻辑推理将某些由转录生成的文本变异判归于此学派或彼学派之下，这才是清代

---

① Bernhard Karlgren, *Glosses on the Book of Odes* (Goteborg: Museum of Far Eastern Antiquities, 1964), pp. 81 – 83.

译者注：

〔瑞典〕高本汉（瑞典语：Klas Bernhard Johannes Karlgren，1889 年 10 月 15 日至 1978 年 10 月 20 日），出生于瑞典延雪平，16 岁时即发表第一篇学术论文，内容是关于达拉纳省的方言。其后，他于 1907～1909 年就读于乌普萨拉大学，成为比较音韵学专家斯拉夫教授伦德尔（J. A. Lundell）的学生，主修俄语，并立志将比较历史音韵学的方法应用于当时还没有人以此方法研究的中文上。由于当时的瑞典还没有人教授中文，他便前往圣彼得堡，跟随艾瓦诺弗（A. I. Ivanov）教授学习了两个月。他于 1910～1912 年在中国研究汉语及方言，通过在华期间的语言实践和研习，他发现中文为语音体系可被划分为 24 区方言。返回欧洲后他开始以法语撰写博士学位论文。1939 年，他接替考古学家乔汉·古纳·安德森（Johan Gunnar Anderson，1874 – 1960）成为瑞典远东古物博物馆（瑞典语：Östasiatiska Museet；英语：Museum of Far Eastern Antiquities）的馆长，直至 1959 年。此公共博物馆于 1926 年建立，收藏了安德森于 19 世纪 20 年代在中国进行史前考古时的发现，其后博物馆亦收藏较晚期的文物以及亚洲其他地区的考古文物。高本汉与安德森多年来一直保持紧密的学术联系，他接替安德森的工作之后同时担任博物馆馆刊编辑，直至 19 世纪 70 年代。他在年刊上刊登了自己大部分的重要著述，并以书籍的形式出版博物馆的专题论文系列。自 1946 年起，高本汉开始猛烈抨击当时学者对中国古代史料粗糙的编纂方法，他认为时人对中国史料的处理极不严谨，存在诸多问题，甚至有一些学者在重构中国古代史时毫无选择性地采用不同年代的文献，他对此表示出强烈的反感和斥责。作为第一位使用历史语言学研究中文的学者，他比较了部分汉字在日语中的训读以及在吴音、粤音和普通话中的读音，还重构了中古汉语及上古汉语的语音。他认为早期中文的人物代名词有变格的情况，指出上古汉语有复辅音，并构拟出 13 组复辅音出来。他所著的《中国上古汉语音韵纲要》与《中国音韵学研究》都是重要的研究成果。

考据学最严重的问题。①

这种推理导致的典型谬误即为，假定某种"师法"以铁腕政策统治了汉代的经学研究。以上误判为后人生造出一个刻板而不真实的印象——所有受制于"师法"学术谱系的门生，无论其与"大师"有过正式还是非正式的接触，都阅读了相同的文本，并经受了相同的训诂学训练。陈乔枞曾言：

> 汉书匡衡传引诗曰君子好仇。衡治齐诗，与翼奉萧望之同师，是所引为齐诗。②

陈氏在此处提及的儒生大抵确实皆拜于西汉经师后仓门下，《汉书·匡衡传》中关于匡衡引用并运用齐诗的例子也可能确为史实，但具体的细节则不得而知。

将源语逐一分配至转录性/变体性文本的难度系数极高，一个突出的例子便是前文所引证的《诗经·小雅·甫田之什》。学术界普遍认为"圃"的转写及变体隶属于汉代书写传统，但被视为正统的毛诗却坚持将"甫"念作 fu，而非 pu，显然毛学并不赞成"圃/甫"二字的通用。尽管郝懿行与朱骏声这两位学者全盘接受了毛学的观点，但在前文提及的"荀/偅"问题上却与毛学相左。③在现存的文本传统中，面对自相矛盾的证据时，将某个

---

① James Hightower, "The *Han - Shih Wai - Chuan and the San Chia Shih*," *Harvard Journal of Asiatic Studies* 11 (1948): 241 - 310, 此观点见于第 252 页。
② 陈乔枞：《毛诗郑笺改字说》，中华书局，1995，第 5766 页。
③ 郝懿行疏《尔雅义疏》，《汉小学四种》（两卷本），巴蜀书社，2001，第 8 页；朱骏声：《说文通训定声》，中华书局，1984，"小部"，第 45 页。

转录性/变体性文本列入某个学派门下是武断的。况且，王先谦提供的证据显示，不同版本的鲁诗在流传过程中相互抵牾。[①] 虞万里曾悉心研究鲁诗，他综合比较了清人的历史性分析、竹简《缁衣》手稿以及采用鲁学注释刻印而成的熹平石经，认为只有35%的文本符合清人的推断。[②] 这一研究成果揭露了清代经学家在试图对诗三家的训诂传统进行重建过程中所存在的重大缺陷。

鉴于上述这些大量的证据表明大部分异文并不指向具体的词语，而只是关涉具体的书写形体，故我们完全可以假定《诗经》中所有的诗篇皆为周人口耳相传而流播至秦汉，各学派依据所得之文本加以灵活地诠释，因此呈现复杂的历史样貌。关于这一点，柯马丁（Martin Kern）曾详细阐释当时的文本形态，如下：

> 尽管齐、鲁、韩、毛四家诗存在文本上的差异，但我们不难发现它们整体上的共通性。这与出土文献中大量的文本变体形成了鲜明的对比。我们无法推断所存残篇背后的规范文本形式，或言最原始的文本形式。出土的残篇很可能以其余三家诗传统为主，而东汉晚期的训诂方法则以毛学为正统，依照当时的情况，其余三家的后学也许根据毛学进行了调整，而它们早先的文本呈现形式则与毛诗形成了较大的差异。看来，唯有出土的竹简给我们以启示，它暗示了相互之

① 王先谦：《诗三家义集疏》，湖湘文库丛书之一，岳麓书院，2010，第800、805、1041页。
② 虞万里：《从熹平残石和竹简〈缁衣〉看清人四家〈诗〉研究》，收录于《榆枋斋学林》（两卷本），华东师范大学出版社，2012，第154页。

间彼此独立的诗篇传授可能发生于战国晚期以及汉代早期。[1]

柯马丁（Martin Kern）指出，这些早期手稿中文本变体的比例远甚于三家诗传统中的文本/词汇变体，前者达到31.6%～40.6%，而后者仅有2.2%～7.6%。[2] 一种合理的解释是，先秦时期各地的字体各不相同，而且处于流变之中，秦代的字体则趋于统一，最终生成了固定的书写形体。

柯马丁（Martin Kern）对《诗经》的各种文本形态进行了研究，包括过去四十年来出土的简帛，结果发现与他之前关于传统毛学影响的研究成果相互抵触，因为绝大多数的文本变体手稿表明产生变异的只是字体形态，而非词语本身。[3] 这意味着在战国晚期一种规范化的诗歌文本已然流传开来，人们对词语所内含的信息也已达成共识，只是外在的书写形态因人因地而异。因此，我们没有理由认为是毛学传统对汉代书写及记录传统产生了关键性的影响，从而使文本记录方式与所欲传达内涵趋于和谐。

一个更重要的问题在于，探讨四家诗的传统是否在汉代均被有效地吸收并接受。文本信息的一致性掩盖了以下事实：不同学派对同一文本的注释，或言对相同词语的训诂取决于其所坚守的政治观与道德观，正是这种基本观念上的差异导致了彼此之间大

[1] Martin Kern, "The Odes in Excavated Manuscripts," in Martin Kern, ed. *Text and Ritual in Early China* (Seattle: University of Washington Press, 2005), p. 152.

[2] Martin Kern, "The Odes in Excavated Manuscripts," in Martin Kern, ed. *Text and Ritual in Early China* (Seattle: University of Washington Press, 2005), p. 156.

[3] Martin Kern, "The Odes in Excavated Manuscripts," in Martin Kern, ed. *Text and Ritual in Early China* (Seattle: University of Washington Press, 2005), p. 175.

相径庭的诠释流派之诞生。换而言之，各家所持存的价值观奠定了其诠释传统之根基。

显然，如何将口授过程中流传下来的信息与《诗经》的文本转录相整合是辕固和申培的燃眉之急，而关涉到异体字辨识的正字法却不被早期的经学家重视，除韩婴一人之外，我们可在其《韩诗内传》中窥见端倪。

结　论

清人江藩曰：

> 汉兴，儒生捃摭群籍于火烬之余，传遗经于既绝之后。厥功伟哉。[1]

江藩怀揣着如此的感伤，叹息后世学者亏欠于汉代经师。钱大昕则更直截了当地表达了这种情感：

> 曾子子思之微言所以不终坠者实赖汉儒荟萃之力。[2]

谈及《尚书》，后人亏欠于孔安国、伏生、欧阳生以及大小夏侯，正是他们保存、编辑并传播了真正的经典，功绩应归于他们。最重要的是，他们以经典诠释这一巧妙的方式及其智性的表

---

[1]　（清）江藩：《宋学渊源记》，《万有文库荟要》，台北，台湾商务印书馆，1965，第1页。

[2]　（清）钱大昕：《潜研堂文集》，上海古籍出版社，1995，第163～164页。

达参与了历史的进程，他们成为中国政治思想史中不可或缺的一部分，他们成就了那个时代的律法和政策。至于四家诗派，他们对《诗经》的转录与评注使这部经典名著得以保存，并丰富了中国人的语言、修辞及审美趣味，其贡献之大不可估量。最后可见，口授与转录——此双重媒介在文本传递过程中起着各自的作用。

第五章

方法论的革新者与语文学的拓展（Ⅰ）：
文本批评

古典语文学逐步迈向成熟的标志在于以下两个方面：一是扩大了可供使用的文本批评方法；二是扩展了研究目的和指向。这些新方法涉及文本批评的准则、文献学、词典学以及训诂学等各个方面。随后，这些新的批评方法很快被纳入学者们的武库之中，而这些基本方法的发展主要得益于三位伟人，他们分别是：刘向、许慎与郑玄。

西方的人文学研究一直以语文学为基础。最近的一项研究更是表明，语文学渗透进了数世纪的各个研究领域之中，某些领域是之前任何人都没有意识到的，也就是所谓的"未知性假设领域"。根据这项研究，连这样的"未知性假设领域"都被认定是浸染于语文学之中。这项研究便是詹姆斯·特纳（James Turner）的《语文学：被遗忘的现代人文学的起源》一书，他在该书中解释道：

语文学不仅仅意味着研究古典文本，它意味着所有的语言类研究，既包括对特定语言的研究，也包括对特定文本的研究。它的研究对象及范围从通过中世纪行吟诗人的语言来探讨古代以色列的宗教到对美洲印第安人语言的探究，再到对语言起源理论受到广泛关注这一现象本身的反省和思索。①

语文学在 19 世纪发展至登峰造极的程度，它涵盖了三种研究模式：文本语文学、语言的历时性发展与语族的历史嬗变。上述所有的研究模式都将它们的研究对象牢牢地镶嵌于更广泛的历史背景之中。② 当我们考察欧洲对中国文化的接受性时，这一话题同样牵涉到语文学，我在此将语文学的精髓展开如下。

文字是处理文本的关键，而研习文字则依赖于考证、书目学、语法学、语内翻译及阐释。语文学意味着一种学术态度，即在具体的历史和物质环境中全神贯注于事实，而不是抽象的思想和理论体系。文献研究堪称希腊化时代（约前 323 ~ 前 30）亚历山大学者的荣耀，③ 但它最终随着罗马帝国的衰落而衰落，并因神圣罗马在智性研究方面的怠惰而萎缩成一个空洞的研究议程。

---

① James Turner, *Philology: The Origins of the Modern Humanities* (Princeton and Oxford: Princeton University Press, 2014), x.
② James Turner, *Philology: The Origins of the Modern Humanities* (Princeton and Oxford: Princeton University Press, 2014), x.
③ 关于经典文本编辑与辨伪过程中语文学方法论的发展，读者请参见 Rudolf Pfeiffer, *History of Classical Scholarship: From the Beginnings to the End of the Hellenistic Age* (Oxford: Clarendon Press, 1968)。

作为一种研究方法，它被辩证法和辩论所取代；作为一种学术态度，它被经院哲学的思辨神学所取代。[①]

总体说来，西方语文学是一套关于如何处理文本与利用所发现信息的批判性方法论，这套方法论以历时性的思维方式来揭示语言的起源，同时也探究文明和制度的起源。正是这种对具体事实、历史语境和终极根源的关注，使得中西方古典语文学从本质上趋同，即均是以"名称、事物、制度和规则"（名物典章）为特征的方法。而且，正是在西汉末期至东汉时期，中国语文学增置了最基本的方法论技巧，尽管方法论系统本身尚不完备，某些具体的方法还有待进一步商榷与拓展，但它为方法论的及时生效奠定了基础。

西汉时期中国语文学发展的主要动力源于汉武帝的政策，其影响了经典文本、评注及经师著述的保存与学术处理，同时也影响了当时其他类型的严肃文学，班固的《汉书·艺文志》曾对此有过详细的记载和分析。汉武帝于前 136 年钦定"五经"当属西汉经学发展史上的第一座里程碑，这一举措最终将西汉帝国的意识形态从黄老道学扭转为儒学。虽然他对采集、编辑古籍的资助并未及时生效，但上述举措至少奠定了国家的意识形态。第二个标志性的事件则是前 51 年汉宣帝召诸儒石渠论辩，议五经异同，完成了经典研习与政治宣传的整合。最后一座里程碑便是汉成帝于前 26 年命刘向及其子刘歆从汉室藏书中拣选重要的手稿，并

---

① 韩大伟（David B Honey）：《语文学，哲学和科学：16 ~ 18 世纪欧洲接受中国知识的背景》，魏思齐（Zbigniew Wesolowski）编《辅仁大学第六届汉学国研讨会之西方早期（1552 ~ 1814）汉语学习和研究论文集》，台北，辅仁大学出版社，2011，第 435 ~ 462 页。

编订汉室新获之古籍。《汉书》载：

> 光禄大夫刘向校中秘书。谒者陈农使，使求遗书于天下。①

汉武帝及其继任者在政策施行上的失败，恰恰造就了刘向及其子校对编订经籍之事业。《汉书》载：

> 迄孝武世，书缺简脱，礼坏乐崩，圣上喟然而称曰：朕甚闵焉！于是建藏书之策，置写书之官，下及诸子传说，皆充秘府。至成帝时，以书颇散亡，使谒者陈农求遗书于天下。诏光禄大夫刘向校经传诸子诗赋……会向卒，哀帝复使向子侍中奉车都尉歆卒父业。②

关于刘向在整理手稿、梳理版本及设计注疏格式等方面所做的开创性工作，本章将进一步讨论其细节。此处，我先介绍他在朝的生活与工作，为下文做好铺垫。

第一节　刘向与文本批评及文献学的发展

一　石渠论辩

刘向是汉室宗亲，他的曾祖父是汉高祖刘邦的弟弟。③ 他年

---

① （汉）班固：《汉书》，中华书局，1962，第310页。
② （汉）班固：《汉书》，中华书局，1962，第1701页。
③ 关于刘向的生平，读者请参见（汉）班固《汉书》，中华书局，1962，第1928～1966页；钱穆《刘向歆父子年谱》，《燕京学报》1930年第7期，第1189～1318页；徐光烈《刘向评传》，南京大学出版社，2005。

幼时便在文学和治学方面显示出惊人的天赋，十二岁时即被任命为士，享有回答皇帝问题的权利。前 51 年，他受邀赴石渠阁（长安未央宫之北面）参加论五经异同的会议。显然，这次辩论是公羊学派与穀梁学派长期争执不下的必然结果。① 《汉书》载：

> 诏诸儒讲五经同异，太子太傅萧望之等平奏其议，上亲称制临决焉。乃立梁丘易、大小夏侯尚书、穀梁春秋博士。②

《汉书》中保留了这次论经会议上生成的四则议奏：四十二卷关于《尚书》，三十八卷关于仪式，三十九卷关于《春秋》以及十八卷的《五经杂议论》。丁凌华认为，石渠论辩的主要目的

---

① Tjan Tjoe Som, *Po Hu T'ung: The Comprehensive Discussions in the White Tiger Hall*, Vol. 1 (Leiden: E. J. Brill, 1949), p. 91; Homer S. Dubs, *The History of the Former Han Dynasty*, 3 vols. (Baltimore: Waverly Press, 1938–1944), 2: 27–74.

译者注：

〔印尼〕曾祖森（Tjan Tjoe Som, 1903–1969），出生于苏腊卡尔塔的穆斯林家庭，后赴荷兰莱顿大学攻读汉学，之后在莱顿大学汉学图书馆担任图书管理员，1950 年被任命为莱顿大学中国哲学教授，1952 年返回印度尼西亚，担任雅加达大学汉学系教授。

〔美〕德效骞（Homer Hasenpflug Dubs, 1892 年 3 月 28 日至 1969 年 8 月 16 日），号闵卿，又名德材和美，出生于伊利诺伊州迪尔菲尔德（Deerfield），年幼时随父母赴中国传教，童年时期在湖南度过。曾就读于欧柏林大学与耶鲁大学，1914 年自耶鲁大学毕业。后获哥伦比亚大学哲学硕士学位与纽约协和神学院神学硕士学位。1918 年作为圣道会（Evangel Mission）教士再次来到中国。回国后，于 1925 年获芝加哥大学哲学博士学位，其博士学位论文是关于荀子的研究。此后，他于 1925～1927 年在明尼苏达大学任教，1927～1934 年又前往马歇尔学院（Marshall College）任教。1934～1947 年，他受美国学术团体协会（American Council of Learned Societies）之托翻译班固的《汉书》。1947 年他因《前汉史》（*History of the Former Han Dynasty*）前两卷获儒莲奖。在《前汉史》第一卷出版后，他还任教于杜克大学、哥伦比亚大学、哈特福德神学院（Hartford Seminary）等校。1947 年后他赴英国牛津大学任汉学教授（Chair of Chinese）。1959 年退休，1969 年在牛津逝世。

② （汉）班固：《汉书》，中华书局，1962，第 272 页。

在于推进鲁学，奠定《春秋穀梁传》的正统地位，制定王室丧葬的礼仪规范。① 根据《汉书·刘向传》的记载，刘向被派去参加会议的主要目的便是为《春秋穀梁传》辩护。② 经师自然代表学富五车，而刘向及其他学者则是开创了除"经师—门生"传承之道以外的另一条经典研习的路径。徐兴无曾解释道，在朝臣士之间存在传承古典学问的内在途径，很显然，刘向那令人印象深刻的治学方法便建立在这种内在性之上。③ 从参与石渠论辩到开始编订经书，刘向已经在政治舞台上留下了自己的美名。但在前47～前46年，他因公然反对某个强大的政治派系而被免职并遭到监禁，此后他试图通过向皇帝递交一系列的谏疏和传记性文章来重新获得人们的关注和好感。他总共撰写了八章这样的文字，构成了他著名的《列女传》，他写传作的动机在于对比当时的嫔妃与过去的女性模范，并将其政治化。他于前33年汉成帝即位之后回归朝廷，并被委以重任，负责参谋宫廷政事。刘向在其《新序》（标题暗示了该书是一大堆旧材料的汇编）与《说苑》中所举的道德实例以及他对历史的描述都是出自上述目的。④

---

① 读者请参见丁凌华撰《西汉石渠遗文解读及其在法制史上的意义》，http：//fashi. ecupl. edu. cn/Article＿Print. asp？ArticleID＝396，accessed on 10/31/2014。

② （汉）班固：《汉书》，中华书局，1962，第1929页。读者还可参见王仁俊《春秋穀梁传说》与《春秋穀梁刘更生义》（二篇），收录于王仁俊《玉函山房辑佚书续编三种》，上海古籍出版社，1989。值得注意的是，《汉书》及《隋书》的书写者并未耗费大量的篇幅描述刘向的工作，但我们可以在《晋书》中发现关于刘向工作的详细描写。读者请参见姚振宗《汉书艺文志拾补》，收录于《二十五史补编》（六卷本）第二卷，中华书局，1980，第1435～1524页。

③ 徐兴无：《刘向评传》，南京大学出版社，2005，第94～100页。

④ 《新序》介绍了他所编辑的其他作品以及之前引用过的作品，读者请参见（汉）班固《汉书》，中华书局，1962，第1727页。

二　文本批评

刘向于五十九岁时开始管理众学者的经书校对工作，他连续承担了十八年这样的职责，直至前 8 年逝世。他主要在天禄阁、石渠阁和麒麟阁工作。班固曾记下经书校对的分工细节，如下：

> 诏光禄大夫刘向校经传诸子诗赋，步兵校尉任宏校兵书，太史令尹咸校数术，侍医李柱国校方技。每一书已，向辄条其篇目，撮其指意，录而奏之。[1]

无论是刘向还是其他的编订者都不是名义上的经师，就学术造诣与治学方向而言，他们也不能被划入"五经博士"的范畴，但他们就是前文中所提及之"朝廷内部治学网络"的一部分。[2]

《管子》的案例表明了编订校对工作的复杂性。保存于王室之中的经书往往都是最常见的、基本的版本，整辑者需要将其与另外的私人珍藏版本进行比较与核实。对《管子》的编订过程就是这样，学者们将王室中所藏的 564 篇《管子》与其他三种私藏珍本进行一一核对，在经历了艰苦卓绝的努力之后，他们将 478 篇重复的篇章删除，只留下最终的 86 篇，其间付出的大量心血是后人难以想象的。对《战国策》的整理修订则面临着更大的困难，即几乎每个古文字都亟待考证与辨识，之后才能对章句段落进行准确的释读。尤其是当某些词语和意群被缩写成一个字或词

---

① （汉）班固：《汉书》，中华书局，1962，第 1701 页。
② 读者请参见徐兴无《刘向评传》，南京大学出版社，2005，第 199 页。

时，则更是难以还原其本义，而针对某些特殊字的考证也堪称艰难，如"赵"与"肖"，"齐"与"立"。

陈国庆对刘向及其他学者担纲的古籍编订工作进行了言简意赅的总结，他将校勘和注释等事项分解成如下五个步骤：（1）收集所有版本；（2）比较所有版本并填充其中空白部分；（3）修改每一卷/章/篇；（4）校勘异文；（5）确定著作名称。① 最后一个步骤往往是棘手的，因为不同版本的作品经常以不同的标题重复出现。最典型的例子便是《战国策》。在刘向对这本书的书目记录中，我们可以找到约六个名称，他最终将此书确定命名为《战国策》，并一直沿用至今。如下：

> 中书本号或曰国策，或曰国事，或曰短长，或曰事语，
> 或曰长书，或曰修书。臣向以为战国时，游士辅所用之国，
> 为之策谋，宜为战国策。②

后人将刘向对经书整理工作的记录命名为"书录"、"叙录"

---

① 读者请参见陈国庆编著《汉书艺文志注释汇编》，中华书局，1983，第 1~2 页；周少川在其《古籍目录学》中也曾介绍了正文中的五个步骤，其优点在于作者佐以具体的事例加以说明，其步骤类似陈国庆的归纳，如下：（1）收集可用的修订；（2）补充缺失的章节或段落；（3）决定段落的顺序并对零散的章节加以整理；（4）确定著作与篇章的名称；（5）整理并抄录成最终版本。读者请参见周少川《古籍目录学》，中州古籍出版社，1996。徐兴无曾在《刘向评传》中为刘向、刘歆父子的文本批评工作泼墨两章，读者请参见徐兴无《刘向评传》，南京大学出版社，2005，第 186~282页；关于这一点，读者还可参见邓骏捷《刘向校书考论》，中国人民大学出版社，2012。

② 严可均编订《全汉文》，收录于《全上古三代秦汉三国六朝文》（四卷本）第一卷，中华书局，1987，第 33 页。

或"奏录"，这些珍贵的记录尚有八本流传下来。另外还有两本，一本为刘歆所书，一本则被认定为伪本。严可均之《全上古三代秦汉三国六朝文》对上述记录的润饰与转载堪称最为通俗易懂的版本，① 这些记录常常被后世学者在古籍的现代修订本之序言部分中引用。这些被保留下来的珍贵记录展现了编订与解码古籍的艰难过程，尤其是彼时学者在阅读《管子》与《战国策》时所遭遇的困难。今人须知，这些记录极其重要，它们真实地反映了那些鲜为人知的细节。我在此将以《晏子春秋》为例，尽管此文的篇幅颇短，如下：

> 护左都水使者光禄大夫臣向言，所校中书晏子十一篇，臣向谨与长社尉臣［杜］参校雠，太史书五篇，臣向书一篇，参书十三篇，凡中外书三十篇，为八百三十八章，除复重二十二篇，六百三十八章，定著八篇二百一十五章，外书无有三十六章，中书无有七十一章，中外皆有以相定。中书以"天"为"芳"，"又"为"备"，"先"为"牛"，"章"为"长"，如此类者多，谨颇略笺，皆已定，以杀青，② 书可缮写。
>
> 晏子名婴，谥平仲，莱人。莱者今东莱地也。晏子博闻强记，通于古今，事齐灵公、庄公、景公，以节俭力行，尽

---

① 严可均编订《全汉文》，收录于《全上古三代秦汉三国六朝文》（四卷本）第一卷，中华书局，1987，第 331~335 页。
② 周少川曾在其《古籍目录学》中解释道，"杀青"指的是在绿色的竹子上雕刻，具体说来，是指选用新的、潮湿的竹子进行切削和雕刻，从而易化刻字的过程；但问题在于，潮湿竹子上的水分会引来蛀虫，故不易保存。读者可参见边春光编著《出版词典》，上海辞书出版社，1989，第 164 页。

忠极谏道齐国，君得以正行，百姓得以附亲，不用则退耕于野，用则必不诳义，不可胁以邪，白刃虽交胸，终不受崔杼之劫，谏齐君，悬而至，顺而刻。及使诸侯，莫能诎其辞，其博通如此。盖次管仲，内能亲亲，外能厚贤，居相国之位，受万　钟之禄，故亲戚待其禄而衣食五百余家，处士待而举火者亦甚众。晏子衣且布之衣，麋鹿之裘，驾敝车疲马，尽以禄给亲戚朋友，齐人以此重之。

晏子盖短……其书六篇，皆忠谏其君，文章可观，义理可法，皆合六经之义。又有复重文辞颇异，不敢遗失，复列以为一篇，又有颇不合经术，似非晏子言，疑后世辩士所为者，故亦不敢失，复以为一篇。凡八篇，其六篇可常置旁御观，谨第录。臣向昧死上。[1]

阮孝绪（479～536）认为，刘向在修订经书时主要考虑以下两点：一是著作所欲传达的意义；二是对文本中谬误之处的分析。[2] 为了探讨更多的细节，陈国庆将刘向之记录的文本结构归纳为：（1）对著作及各篇章标题的记载；（2）对于校勘工作的概述；（3）对作者生平的记叙；（4）对书名的解释；（5）对作品

---

① 张纯一编校《晏子春秋总目》，收录于《晏子春秋校注》，中华书局，1954，第2页；严可均编订《全汉文》，收录于《全上古三代秦汉三国六朝文》（四卷本）第一卷，中华书局，1987，第332页。事实上，原本的《晏子》分为七章，显然是刘向将两章的材料合并为一章，而现代版本则倾向于将之切分为八章。读者还可参见拙著《中国经学史》第一卷第三章第一节"竹简与编订自由"中关于出土竹简《晏子》的探讨。
② 读者请参见任莉莉编《七录辑证》，上海古籍出版社，2011，第3页。

真实性的分析；（6）对作品所表达的哲学内涵之评价；（7）对作者学术渊源的探究；（8）对作品价值的判定。[①]

三　文献目录学的滥觞

考据学与目录学之间的密切联系是显而易见的，即使在现代社会亦是如此。如阅读者在图书馆浏览群书时，总是希望图书馆管理员能够提供给他们一定的建议。在同一本书的诸多版本并存时，图书馆管理员自然会仔细辨识每个版本的优点，以便为读者提供最恰当的建议。当然，此时一个有学术头脑及有远见的管理员就会意识到有必要进行考证与比较，并准备一份方便阅读的版本。

事实上，西方第一篇文献学理论著作便是由亚历山大图书馆的管理者在这种考证与比较的过程中写就的。亚历山大图书馆的第一任馆长泽诺多托斯（Zenodotus of Ephesus，约前325－前269）同时也是对古代文本进行系统整理与校勘的第一人，正是他创造并发明了诸多与文献学相关的学术方法与术语。[②] 与他同时代的稍许年轻的卡利马库斯（Callimachus，前310－前240，一说前305－前240），编撰了第一个带注释的图书馆目录词条库——"百科鸿儒及其著述综合目录"，其包含了作者信息、标题及内容简介。帕加马王国（Pergamum，前281－前133）图书馆的竞争者也推出了自己的"百科鸿儒及其著述综合目录"，只是作者为何人，至今未知。

---

① 陈国庆编著《汉书艺文志注释汇编》，中华书局，1983，第2页。
② Rudolf Pfeiffer, *History of Classical Scholarship: From the Beginnings to the End of the Hellenistic Age* (Oxford: Clarendon Press, 1968), pp. 105－118.

上述文献学的滥觞工作是在刘向诞生前两百年完成的。值得玩味的是，无论是东方还是西方，学术事业得以开展的先决条件总是王朝中心地区对书面手稿的广泛收藏。

班固以对刘向之子刘歆贡献的评价作为其对刘向一生的总结，如下：

> 会向卒，哀帝复使向子侍中奉车都尉歆卒父业。歆于是总群书而奏其七略，故有辑略，有六艺略，有诸子略，有诗赋略，有兵书略，有术数略，有方技略。①

这段文字并未提及刘向在文献目录学领域的开创性贡献，因为在人们看来，刘向所成就的一切是由他所从事的校勘编订工作自然生成的。阮孝绪曾言：

> 随竟奏上，皆载在本书。时又别集众录，谓之别录，即今之别录。②

刘向的《别录》是中国第一个正式的图书目录，准确地说，它是中国历史上第一个全面的书目，后人可恰如其分地将之称为

---

① （汉）班固：《汉书》，中华书局，1962，第1701页。关于由刘歆及其他学者创建的这一开创性的分类系统，邓骏捷曾在其《刘向校书考论》中承认它的价值与贡献，但与此同时，某些史料也反映了时人及后人对刘歆之专制武断的不满。读者请参见邓骏捷《刘向校书考论》，人民出版社，2012，第285~301页。
② 任莉莉编《七录辑证》，上海古籍出版社，2011，第3页。

"分类综合目录"。① 刘向《别录》的文本组织和布局从某种意义上而言更加严格。不幸的是，因唐王朝期间的战乱，《别录》和《七略》已于很大程度上损毁，现存最完整的版本当属姚振宗（1842～1906）的《七略别录佚文》。② 姚振宗对书名做过如下解释：

其曰七略别录者，谓七略之外别有此一录。③

周少川曾对刘向之《别录》和刘歆之《七略》在文献学上的开创性意义进行了如下归纳总结：首先，为书目编纂基本程序的设置奠定了基础；其次，确定了书目的格式；再次，在此之后的目录学家可通过这两个范本习得编纂书目的技巧，并由这些既得经验辨识谬误；最后，后来者可以吸纳刘向和刘歆二人的学术方法、观点及结论。④ 我将要介绍的两个著名的文献目录学家正是追随了他们的脚步。

荀勖曾担任由西晋王室资助的文献目录学项目之主编，这一浩大的工程从 274 年一直持续至 286 年，被称为"中经新簿"，

---

① 周少川：《古籍目录学》，中州古籍出版社，1996，第 107 页。
② 姚振宗编校《七略别录佚文》，收录于邓骏捷编校《七略佚文》，上海古籍出版社，2008，第 8 页。
③ 姚振宗编校《七略别录佚文》，收录于邓骏捷编校《七略佚文》，上海古籍出版社，2008，第 8 页。
④ 读者请参见周少川《古籍目录学》，中州古籍出版社，1996，第 110～111 页；邓骏捷《刘向校书考论》，人民出版社，2012，第 257～354 页。这两本著作综合评价了刘向的校勘工作及他的《别录》，此两作者均认为刘向所取得的成就促成了考据学、目录学、文献学以及古籍鉴定辨伪学的发展；对于某些学术研究领域则更是造成了至关重要的影响，如六经的重新排序以及后来演变为"条目"并被运用于《四库全书总目提要》之中的文献目录性总结。

共计 29945 卷。苟勖于此期间提出了著名的"四分法"，他将经典系统明确地分为四个有机组成部分，即经典性、历史、作者与纯文学。苟勖的编辑工作是以刘向的《别录》作为范本及参照系的。① 根据出土竹简"汲塚"中的手稿，他此后的编辑工作也是按照同样的路线进行的。②

近三百年后，樊逊于 557 年被委以监督其他十位学者编订文献目录的工作，这一委命堪称重任，其特殊之处在于众学者编订的是用以教育皇室继承人的典籍。樊逊同样参考了刘向开创的先例，他收集了同一文本所有的不同版本，包括藏于王室与匿于民间的。源自私人所藏的 3000 多个备用/可选择版本得到了充分的利用，樊逊遵循了刘向的文本编订辑录过程，他将之称为"故事"。王重民认为樊逊"专辑刘向在目录实践中所创造出来的经验、方法和理论上的文献记录"。③ 班固著《汉书》时则借鉴了刘歆的《七略》，是谓：

删其要，以备篇籍。④

正是刘向与刘歆父子奠定的文献学方法及规范滋养了后世学者。直至今日，我们对周、秦及西汉时期的经学进行研究时，依

---

① 读者请参见（唐）房玄龄等《晋书》卷 39，中华书局，1974，第 1154 页。周少川曾在其《古籍目录学》一书中对名为"中经新簿"的浩大工程进行过简要的概述，读者请参见周少川《古籍目录学》，中州古籍出版社，1996，第 121～122 页。
② Edward L. Shaughnessy, *Rewriting Early Chinese Texts* (Albany: The State University Press, 2006), pp. 131–184.
③ 王重民：《中国目录学史论丛》，中华书局，1984，第 29 页。
④ （汉）班固：《汉书》，中华书局，1962，第 1701 页。

然倚赖于这些治学途径与法则的引导。①

第二节　刘歆与古文经学的兴起

当子承父业时，刘歆不得不考虑其所处时代的意识形态因素，即王莽日益增长的影响力与他对古文本研究的热衷及资助。

刘歆（前 46~23）是刘向三个儿子中最年幼，同时也是最有成就的一个。有趣的是，事实上，刘向的长子刘伋才当属家业的真正传承者，他继承了刘氏治《易经》的家学，并以教授《易经》为业。②刘歆以其出色的文学才华和诗文记诵的功力打动了汉成帝，年轻时便被委以重任，他负责协助其父刘向进行官书的修订，其父逝世后，遂子承父业，立志完成父亲的宏愿，他在《别录》的基础上创作了《七略》。

父子之间学术取向的差异预示了西汉王朝向东汉王朝转变的时代震荡，《汉书》载：

歆及向始皆治易，宣帝时，诏向受穀梁春秋，十余年，大明习。及歆校秘书，见古文春秋左氏传，歆大好之。时丞相史

---

① 刘向《别录》、刘歆《七略》以及班固《汉书·艺文志》之间的异同与联系是值得悉心探究的。《四库全书总目提要》首次成书于 1781 年，1790~1794 年增补至 200 卷并印刷出版，共涉及 10289 部著述。由于官方资助的缩减，皇室藏书经阁命学者将其缩略为《四库全书简明目录》，共计 20 卷，涉及 3470 部著述，于 1782 年完成。二者之间的比较在文献目录学界已成为一个普遍的话题。

② 关于刘歆的生平，读者请参见（汉）班固《汉书》，中华书局，1962，第 1967~1972 页；钱穆《刘向歆父子年谱》，《燕京学报》第 7 期，1930 年，第 1189~1318 页；徐兴无《刘向评传》，南京大学出版社，2005，第 432~478 页；Michael Loewe, *A Biographical Dictionary of the Qin, Former Han and Xin Periods*, pp. 383–386.

尹咸以能治左氏，与歆共校经传。歆略从咸及丞相翟方进受，质问大义。初左氏传多古字古言，学者传训故而已，及歆治左氏，引传文以解经，转相发明，由是章句义理备焉。歆亦湛靖有谋，父子俱好古，博见强志，过绝于人。歆以为左丘明好恶与圣人同，亲见夫子，而公羊、穀梁在七十子后，传闻之与亲见之，其详略不同。歆数以难向，向不能非间也，然犹自持其穀梁义。及歆亲近，欲建立左氏春秋及毛诗、逸礼、古文尚书皆列于学官。哀帝令歆与五经博士讲论其义，诸博士或不肯置对，歆因移书太常博士，责让之曰……①

值得注意的是，班固特别提到了刘歆与五经博士之间的学术张力，一些学者不屑于与他辩论，另一些则断然拒绝了他的要求。上述引文中所提到的书信名为《移责让太常博士书》，根据伊娃·宇恩－瓦·淳（Eva Yuen-wah Chung）的考证，"移书"是用来进行正式沟通的书信体裁的名称，刘歆的这封信则为此种"移书"类文体提供了原型。②《移责让太常博士书》的"出炉"彰显了刘歆对自身学术造诣及地位的自信。伊娃·宇恩－瓦·淳对这封书信及围绕着此信展开的争论做过深入的分析，她提炼出了该文的几个核心观点：首先，重构的"今文"文本并非完整的经典；其次，"古文"文本与"今文"文本的背离证明了后者的不

---

① （汉）班固：《汉书》，中华书局，1962，第1967页。
② Eva Yuen－wah Chung, "A Study of the 'Shu'（Letters）of the Han Dynasty（206 B.C.－A.D. 220），"（Ph. D. diss., University of Washington, 1982），p. 288. 她对刘歆《移责让太常博士书》的翻译及解读见该文第482~495页。

可靠性；再次，"古文"文本是用来校对"今文"文本的最佳参照（之所以得出这样的结论，是源于刘歆自身编订典籍的经历及其在参与父亲"修书"伟业过程中所积累的经验）；最后，"古文"文本与民间的口头传播一致。① 伊娃·宇恩－瓦·淳认为，刘歆撰此书信的宗旨在于以下三点：

（1）保存真正的古籍与失落的经典；（2）与太常博士合作，挖掘古籍被遗忘的内涵；（3）执行圣旨。②

伊娃·宇恩－瓦·淳对刘歆《移责让太常博士书》的总体分析是正确的，但忽略了刘歆力推"古文"的时代指向性，以及刘歆主张将"古文"文本纳入经学教育的总体语境。刘歆之所以主张保存和应用古老而完整的礼乐制度，并一再强调圣人执政之道，旨在适应他所处的政治生态环境。在刘歆看来，只有当经典的原始形式得以保存并被学习和研究之时，"治道"才能够盛行天下，而这一切皆依赖于王室的资金支持。

这种对礼乐的关注是"古文"文本得到关注的一个标志。如果说，当时这些学者尚未形成一个固定的学派，但至少他们对"古文"文本的共同关注已然形成了一股思潮。作为当世的研究

---

① Eva Yuen－wah Chung, "A Study of the 'Shu' (Letters) of the Han Dynasty (206 B. C. － A. D. 220)," (Ph. D. diss., University of Washington, 1982), pp. 293－295.

② Eva Yuen－wah Chung, "A Study of the 'Shu' (Letters) of the Han Dynasty (206 B. C. － A. D. 220)," (Ph. D. diss., University of Washington, 1982), p. 295. 章权才对刘歆的《移责让太常博士书》进行过类似的分析，读者请参见章权才《刘歆的让太常博士书与经今古文学的第一次论争》，收录于氏著《两汉经学史》，台北，万卷楼，1995，第204~209页。

者，我们必须在此处停顿片刻，审视今古文之异同。王葆玹对这个关键性的问题进行过深入细致的分析与探究，他指出，今古文之辩主要体现在学派之间，而非文本之上。

王葆玹比较了今文学派内部的鲁、齐两派之别，并研究了二者的始创根基及在西汉时期的发展。鲁学倾向于《春秋穀梁传》，齐学则倾向于《春秋公羊传》。鲁学创建于孔子故里山东，以孔圣思想遗产的保存者和发扬者自居，重点在于研究礼仪类文本和祭祀仪式；齐学则将关注的焦点聚于《诗经》与《尚书》，旨在揭示经典的微言大义，并将之运用于时政，这是稷下学宫的遗产。荀子时期，齐学尤其强调对《春秋》的研究。汉高祖君临天下之后，齐学的经典教育围绕着《诗经》、《尚书》、《易经》和《春秋》展开；鲁学则重视《诗经》、《春秋》、《易经》和《礼记》。就思维方式和哲学内涵而言，齐学的特点是天人合一、阴阳交替与五行相生，尽管有神秘主义倾向，但同样重视经验和逻辑；鲁学则强调道德教诲，侧重于仪式，虽然看似对时策和政治思想史的贡献较少，但就某些方面而言，相比经验主义式的分析，其对政治理念的解释更为直观。

到了西汉中期，一些学者融合了鲁、齐两派的学术观念与治学方法，并加以"后仓之学"。① 后氏最杰出的学生是戴德和戴圣，他们对《礼记》的整理编订基于"古文"文本。另一个知名的学生是匡衡，他是前 31 年改革浪潮的中坚力量，这些改革可

---

① 关于"后仓之学"，读者请参见王葆玹《今古文经学新论》，中国社会科学出版社，1997，第 99 ~ 107 页。

被视为后氏之学的具体表现。^① 另一个典型的例子便是许慎（58～
147）的《五经异义》，这本著作融合了鲁、齐二学以及"古文"
文本的内容。根据现存文本呈现于世的面貌，我们不难发现，许
慎借鉴了《春秋公羊传》、《春秋穀梁传》、《左传》、《大戴礼记》
及《周礼》等诸种文本中各不相同的注释与观念，并将之融为一
体。正是基于上述事实，王葆玹明确地指出古文经学派发起的回
归"古文"的运动并不是回到真正的"古文"文本，而是旨在发
扬学派本身的学术与政治观念，具体的结果显现为对一直由今文
经学派垄断的官方教育之威胁。在刘歆之前，"古文"文本及注
释并未对今文经学派造成这样的威胁，因其只是私下流传，对于
经师与儒生而言，这不过是为研习者提供了经典的多种版本，从
而方便比较。可见，戴梅可（Michael Nylan）的论断是有据可依
的，她认为古今文经学派两大阵营所使用的文本很可能是一致
的，就文本本身而言，并无学派之分。^② 无论诸如此类的论断是
否完全正确，但当时的文本及注释的确融合了颇多因素，从而呈
现多元化的样貌。一些传注可能同时吸收了被今文经学派宗为正
统的文本与古文经学派所倡导的注解，学者们即便确实在训诂及

---

① Michael Loewe, "Kuang Heng and the Reform of Religious Practices—31 BC," in *Crisis and Conflict in Han China* (London: George Allen and Unwin, 1974), pp. 154 – 192.

② Michael Nylan, "The Chin Wen/Ku Wen Controversy in Han Times," *T'oung Pao* 80 (1994): 83 – 145. 她的文章代表了近几十年的学术新观念，她认为汉代的今古文之争纯属晚清经学家们的捏造，以显示对自己所属学派的忠诚。王葆玹认为今古文经学之争源于诸种学术目的，包括对王室经济资助以及政治资源的争夺。其他相关论述读者可参见李学勤《今古学考与五经异义》，《古文献论丛》，远东出版社，1996，第 318～328 页；Hans Van Ness, "The Old Text/New Text Controversy: Has the 20th Century Got it Wrong?," *T'oung Pao* 80 (1994): 147 – 170.

辨伪方面产生了些许矛盾，但问题的症结未必在于文本的差异，派别之争在文本之外。总之，刘歆对"古文"文本的支持引发了今文经学派的危机，尤其是他对《春秋左氏传》推崇备至，加之王莽为《周礼》设周官，政治学意义上的古文经学派就此产生。然而最重要的还在于——鲁、齐学派的融合，后氏之学的普及，"古文"文本的流行——所有的一切为郑玄（127~200）"通学"的生成奠定了坚实的基础。① 谶纬之学的出现同时改变了今文经学派与古文经学派二者的治学精神，79 年，汉章帝宣诏："欲使诸儒共正经义，颇令学者得以自助。"

篡位者王莽（前 46~23）创立了中国历史上一个短命的王朝——新朝，仅存在于 9~23 年。在此期间，他命学者研究古老的礼仪制度以及与其相关的文本，以实现他的政治目的。与此同时，他自己对古籍也怀揣着一种特殊的研究热情。②《汉书·王莽传》载：

受礼经，师事沛郡陈参，勤身博学，被服如儒生。③

看来，他注定要成为一位学者，一位礼仪方面的研究专家，

① 读者请参见王葆玹《西汉经学源流》，台北，东大图书公司，1994，第 33~101、383~400 页。
② 关于王莽专政的背景，读者请参见 Han Bielenstein，"Wang Mang, the Restoration of the Han and Later Han," in Denis Twitchett and Michael Loewe, eds., *The Cambridge History of China*, Volume 1: *The Ch'in and Han Empires*, 221 B. C. – A. D. 220（Cambridge: Cambridge University Press, 1986），pp. 223 – 290。
③ （汉）班固：《汉书》，中华书局，1962，第 4039 页。

一位热衷于"古文"文本的经学家。但若将之放置在更广泛的背景下进行审视，我们便会觉察到截然不同的一面。王莽所关注的文本是《仪礼》，而非真正意义上的"古文"经典。此外，他还研究《易经》和《左传》，而唯有后者是所谓的"古文本"。为彰显自己对儒学虔诚的信仰，他舍弃了宫廷华服，选择身着儒生所穿的朴素布衣，与他那些富裕高贵的堂兄弟们形成了鲜明的对比。他对古文经学派的大力支持显然源于极其现实的出发点，而非指向纯学术性目的。1年，王莽接受"安汉公"的称号；3年，王莽将长女王嬿嫁与汉平帝刘衎，并立她为皇后；6年，汉平帝病逝，王莽立年仅两岁的刘婴为皇太子，自己则代天子处理朝政；9年，王莽借谶纬之势，受符命而摄位，改国号为"新"。

关于王莽篡位称帝的这段历史，最令后人不解的是，在血缘宗法制已然建立的汉代，皇位竟然以"禅让"（实为逼退）的方式传给了一个非刘姓的外人，甚至在王莽篡位之后，他仍然宣称自己继承了尧舜先帝的美德，并以刘氏宗庙的守护者自居。然而，他在掌权期间却处处向刘氏宗亲刘歆请教礼仪方面的事项。例如，刘歆曾经参与筹办王莽之女王嬿与汉平帝的婚礼，他就如何举行仪式给出了颇多切实的建议，他还亲自担任新娘的侍陪。此外，刘歆将各种"异象征兆"解释为祥瑞之端，为王莽赢得了民众的支持。身为刘氏宗亲，刘歆对篡位称帝的王莽竟然如此忠心耿耿，极尽能事为其保驾护航。我们在倍感诧异的同时自然应该深入地研究刘歆背叛生父及宗亲的缘由。

鲁惟一（Michael Loewe）解释了刘歆与王莽之间紧密的共生关系，如下：

刘歆与王莽二人所追求的利益在多方面互相吻合。二人在汉哀帝统治时期均已失宠；二人均支持改革派的思想，一方面是因为他们可以利用这些想法获得政治上的支持，另一方面则是因为他们确实对改制心怀真诚的憧憬与信仰。同时，汉平帝的登基为胸有大志的人们提供了实现野心的机会。从某种程度上而言，刘歆利用了王莽在那个时代强大的号召力和影响力，从而以王莽之名将《左传》推至正统的地位，并得以规范敬拜仪式，弘扬他所认为的周代传统礼仪章制。刘歆熟稔于古籍读解与文章书写，他深知如何将文字技巧运用于政治权术之中，这得益于他之前所从事的典籍整理修订工作。

王莽自然欣喜于刘歆对他的支持，一是因为刘歆堪称当时才华横溢的著名学者，二是因为他属汉室宗亲。王莽冀望于刘歆能为其赢得知识界的普遍支持，并向朝廷证明他对皇权的行使是正当合法的。①

徐兴无的观点是类似的。他认为，由于刘歆的儒学观始终秉持着一种"向后看"的怀旧姿态，因此，王莽将天象、命理、仪式与政治相融合的做法对于刘歆而言有着天然的吸引力。刘歆进一步将外在的"符兆"与内在的"天命"合二为一，从而发展了利于政治趋向性的谶纬学说。王莽的托古改制对崇尚"古文"的

---

① Michael Loewe, "The Support for Wang Mang," in *Crisis and Conflict in Han China*, pp. 303 – 304.

刘歆来说同样有着致命的诱惑力，它符合刘氏自身的文化理想与
人文情怀，与此同时，刘歆也确实坚信改制能够带来百姓与国家
的安定富强。①

班固在《汉书·王莽传》中记载了王莽摄政期间的执政纲
领，我们可由此得知为何刘歆大为赞赏王莽在学术和礼仪方面采
取的措施，如下：

> 是岁，莽奏起明堂、辟雍、灵台，为学者筑舍万区，作
> 市、常满仓，制度甚盛。立乐经，益博士员，经各五人。征
> 天下通一艺教授十一人以上，及有逸礼、古书、毛诗、周
> 官、尔雅、天文、图谶、锺律、月令、兵法、史篇文字，通
> 知其意者，皆诣公车。网罗天下异能之士，至者前后千数，
> 皆令记说廷中，将令正乖缪，一异说云。②

王莽对周王朝"特殊的兴趣"体现在他精心策划了一系列将
自己与周公联系起来的"奇事"。由于周公是中国历史上有名的
贤臣，而且据传他创作了经典，故而若能说服人们相信周公在天
之灵庇护并保佑王莽，那么他的摄位便会被认为是合法而正当
的。但恰恰在这一点上，刘歆与王莽殊异，刘氏的治学兴趣在于

---

① 读者请参见徐兴无《刘向评传》，南京大学出版社，2005，第 436 页。
② （汉）班固：《汉书》，中华书局，1962，第 4069 页。关于王莽对古文经学的资金支
　持以及刘歆对王莽执政纲领的赞赏，读者还可参见黄彰健《经今古文学问题新论》，
　台北，中研院历史语言研究所，1992，第 87～127 页。

真正的《周礼》文本，而非周公。①

　　刘歆将自己的女儿嫁给王莽之子王临，从此两家结下姻亲关系。当王莽正式登基时，他授予了刘歆极高的职位，并托以重任。刘歆为新朝编制了新的历法系统，以"三统"取代西汉的"太初"。但现在看来，刘歆对王莽可能一直是不冷不热的，更多的是自我提升与自我保护，而非发自内心深处的忠诚。显然，他对汉平帝的离世感到内疚，这使他陷入了与自身价值观相左的政治潮流之中。② 我们也可断定，他无法按照个人喜好自由地进行学术研究，因为若是得不到王莽在经济与政治上的支持，他便难以立足。刘歆最终选择了叛变王莽。23 年，他卷入了一场针对王莽的阴谋之中，这场反叛对恢复刘室起到了积极的作用，但阴谋败露之后，他自杀而亡。他晚年将自己的名由"歆"改为"秀"，这当然是为了避讳，因为"歆"与王莽新朝的"新"字同音，但

①　关于这一点，读者请参见王葆玹《今古文经学新论》，中国社会科学出版社，1997，第 144～149 页；Michael Puett, "Centering the Realm: Wang Mang, the *Zhouli*, and Early Chinese Statecraft," in Benjamin A. Elman and Martin Kern, eds. , *East Asian History*, (Leiden and Boston: Brioll, 2010), pp. 129-154.

　　译者注：

　　〔美〕迈克尔·普鸣（Michael Puett）是哈佛大学宗教研究委员会主席，中国历史和人类学教授。他涉猎广泛，对哲学、人类学、历史和宗教等都颇感兴趣，希望将中国学纳入更大的比较研究的框架之内，著有《中国早期宇宙学》、《牺牲与自我神化》以及《早期中国的创新与辩论》等书。

　　〔美〕本杰明·艾尔曼（Benjamin A. Elman），生于 1946 年，他于 1973 年在华盛顿大学获得汉学硕士学位，主攻中国现当代史，之后赴台湾大学华文中心继续习汉学，1978 年在日本东京大学获得中国学博士学位，1984～1985 年担任得克萨斯州休斯敦莱斯大学博士后研究员。他曾先后任教于密歇根大学中国研究中心、加州大学洛杉矶分校与普林斯顿大学汉学研究院。他的教学和研究领域包括中国知识和文化史、帝国晚期的科学史和教育史。

②　关于这一点，读者请参见徐兴无《刘向评传》，南京大学出版社，2005，第 448 页。

我们也可将之视为一个象征性的预言——借助某种虚设的来源助其推翻王莽的政权。①

第三节　扬雄其人

扬雄（前 53～18）是历史上公认的智者与思想家，同时也是擅长写赋的文学家和词典学家。后世学者通常不会视他为经学家，多亏了戴梅可为其正名："扬雄是宋代之前最伟大的经学家及形而上哲学家。"② 班固《汉书》载：

> 赞曰：仲尼称材难不其然与！自孔子后，缀文之士众矣，唯孟轲、孙况，董仲舒、司马迁、刘向、扬雄。此数公者，皆博物洽闻，通达古今，其言有补于世。③

扬雄作为经学家的身份是值得探讨的，他与刘歆的文献整理工作及王室赞助的文献搜集工作有着密不可分的联系，他在词典编纂及注释领域也有着独特的贡献。扬雄生于蜀地，他的赋作模仿了同乡司马相如（前 179～前 127）之作的风格和结构，赋是司马相如早年最喜爱的文学体裁。④ 扬雄亦颇欣赏屈原的骚体诗，尽管他并不赞同屈原以自杀的方式退出政治舞台。赋这一文学形

---

① 读者请参见王葆玹《西汉经学源流》，台北，东大图书公司，1994，第 398 页。
② 姚兴中编《儒学百科全书》，中国大百科全书出版社，1997，第 741 页。
③ （汉）班固：《汉书》，中华书局，1962，第 1972 页。
④ Michael Loewe, *A Biographical Dictionary of the Qin, Former Han and Xin Periods*, p. 638. 鲁惟一认为这种模仿是人们虚构出来的，但班固声称他自己就创作赋，读者请参见（汉）班固《汉书》，中华书局，1962，第 3515 页。

式强调精湛的语言表达，它的功用之一在于取悦那些豢养门生与
士的达官贵人，作赋这一行为似乎不符合扬雄作为严肃学者的身
份。班固在《汉书·扬雄传》中描写了他的这种自相矛盾的性格
特质，如下：

> 雄少而好学，不为章句，训诂通而已，博览无所不见。为
> 人简易佚荡，口吃不能剧谈，默而好深湛之思，清静亡为，少
> 者欲，不汲汲于富贵，不戚戚于贫贱，不修廉隅以徼名当世。
> 家产不过十金，乏无儋石之储，晏如也。自有大度，非圣哲之
> 书不好也；非其意，虽富贵不事也。顾尝好辞赋。①

他作为较早时代学者中的一位，竭力支持以古文文本为主导
的学术传统了无痕迹地转向以今文文本为主导的新传统。然而，
这一评判基于扬雄对分类的负面观点。王青对扬雄某个引经据典

---

① （汉）班固：《汉书》，中华书局，1962，第3514页。《汉书》中扬雄的传记被分为
两个部分，一部分见于第3513~3556页，另一部分见于第3557~3585页，其中包含
了他的七篇赋作中的一部分，因此其传记的篇幅也得到了相应的扩展，它已被康达
维（David Knechtges）翻译并详细注释，读者可参见 David Knechtges, *The Hanshu
Biography of Yang Xiong (53 B. C. - A. D. 18)* (Tempe, AZ: Center for Asian Studies,
Arizona State University, 1982)。读者还可参见 Michal Nylan, *Yang Xiong and the
Pleasures of Reading and Classical Learning in China* (New Haven, CT: American Oriental
Society, 2011), pp. 24 - 31，她在此文中还介绍了扬雄同辈人的生平著作。此外，读
者还可参见王青《扬雄评传》，南京大学出版社，2000。
　　译者注：
　　〔美〕康达维（David R. Knechtges），生于1942年，华盛顿大学东亚系中国文学
教授，他主攻汉赋和六朝文学，对这一长期被西方学者所忽视的研究领域做出了极
大贡献，使得这一领域重新引起了西方学者的兴趣，他最重要的成就是首次全英文
翻译了《文选》。他于2006年被选为美国文理科学院院士，2014年荣获第八届中华
图书特殊贡献奖。

的文例进行了详尽的分析和审视，结果表明，扬雄主要利用今文文本，而且，他在训诂与阐释时尽量避免"灾异预兆"性质的谶纬理论。① 诸多矛盾的证据提醒我们，古今文经学派之争是一个极其复杂的问题，它超越了校订与训诂等纯粹版本学意义上的争论，扬雄作赋的才华似乎反而成了他性格上的缺陷，"赋家"的名声反倒成为他早年的"恶名"。他三十岁时（一说四十岁）所作的《长安赋》引起了当时圣上的极大关注和极高赞赏。班固的《汉书·扬雄传》保留了他的七篇赋作，身为皇室旅行及举行仪式时的侍从，这些经历给予了他作赋的灵感。扬雄之后放弃了作赋的兴趣爱好，他声称这一消遣性质的文学体裁虽然旨在批评不道德的或太过极端的行为，但它很少真的生效。此外，他还认为那个时代的赋作不符合王道的法规和制度，亦偏离了名流绅士的正统文风。②

当然在此之前，他仍向皇帝呈献了数篇得意之作。在受到皇帝的青睐之后，他便担任了类似学术顾问的工作，但他所从事的工作又并不隶属于当时正统经学的研究领域，自然亦不被划归为五经博士所承担的职责范畴之内，这一点颇似刘歆与王莽的情

---

① 王青：《扬雄评传》，南京大学出版社，2000，第74~86页。关于传统学界对扬雄的定位，读者请参见解丽霞《今古转型的扬雄经学观》，《中华文化论坛》2007年第3期，第130~135页。读者还可参见 Frank Melvin Doeringer, Yang Hsiung and His Formulation of a Classicism, (Ph. D. diss., Columbia University, 1971)。

② （汉）班固：《汉书》，中华书局，1962，第3575页。康达维（David R. Knechtges）对扬雄的赋作进行了深入细致的分析，堪称英语学界对此话题研究得最透彻的一位，读者可参见 David R. Knechtges, The Han Rhapsody: A Study of the Fu of Yang Xiong (53 B. C. – A. D. 18) (Cambridge: Cambridge University Press, 1976)。读者还可参见龚克昌《汉赋研究》，文艺出版社，1990，此书中的部分章节也曾被康达维（David R. Knechtges）翻译成英文并出版 (New Haven: American Oriental Society, 1997, pp. 183 – 226, 美国东方学会，1997，第183~226页)。

形。至于他的工作有何特别之处，世人或许可从下述例子中知晓。前 5 年，扬雄和他的一个同僚将震彻皇宫的铃声解释为"鼓天"。依据当时的时代背景，他们似乎也只能得出这样的结论，因为唯有如此才符合《尚书·洪范》的阐释传统。[①] 扬雄此后得到了提拔，但事实上，他并未从他担任的职位当中获得真正实际的利益或权力，他后半生主要致力于词典的编纂与注释，其成果有一卷本《苍颉训纂》与十三卷本《方言》。[②]

　　两汉诗歌的艺术性及趣味性与词典编纂学的紧密联系似乎是天然生成的，它们均着眼于文字之趣与诗意的生产。在亚历山大时期，词条目录是诗歌创作的一部分，我们可以参考卡利马库斯（Callimachus）的例子。他著名的"Pinakes"便是一系列的条目编纂，我们可以合理猜测，"Pinakes"旨在帮助他创作出"特殊微妙"的诗句——这是他给诗制定的卓越标准。[③] 早期的诗人，如菲拉塔斯（Philatas）与赞诺多图斯（Zenodotus）也是这样的条目分类学家。鲁道夫·普法伊费尔（Rudolph Pfeiffer）解释道：

　　　　Philatas 是诗人，也是学者。诗歌创作与学术研究是他的一体两面。没有前代文人的长期积淀，就不会诞生新的诗歌创作技巧。对于词语的择取无疑是诗歌创作中最重要的一步，条目分类学及古籍整理校对学则有助于我们对过去的伟

---

① （汉）班固：《汉书》，中华书局，1962，第 1429 页。
② 《汉书》记录了一卷本的《训纂》和一卷本的《苍颉训纂》，读者请参见（汉）班固《汉书》，中华书局，1962，第 1720 页。
③ Rudolf Pfeiffer, *History of Classical Scholarship: From the Beginnings to the End of the Hellenistic Age* (Oxford: Clarendon Press, 1968), p. 132.

大诗歌进行深入的理解。我们可以在古希腊著作中窥见这一学术趣旨，如亚里士多德就曾研究如何进行注释。但对于一位诗人来说，就这样的学术主题书写大量的著作的确是一件新鲜事。[1]

可见，扬雄不是第一个编纂词典的文学家。另外，在他之前，司马相如就曾著一卷本《凡将》。[2] 但我们不能将扬雄编纂词典的动机简单地视为旨在探索纯文学的内在魅力。自然，从表面上看，他或许只是一个文学工匠，他对于文字学、音韵学和词语意义的内在丰富有着一股由衷的兴趣和热情，他热衷于挖掘双关语和习语的趣味性，他乐于运用语汇建构表达上的完整性与和谐性。[3] 此外，赋这一特殊的体裁似乎也让他在词条编排上更加细致，赋作本身意味着文人对大量生僻字的熟练运用。但我们需注意，扬雄编纂的词典不只是与文学相关，而是包罗万象。《汉书·扬雄传》铺陈了前人在编纂学方面所做的贡献，揭示了扬雄编纂词典这一学术行为得以产生的历史背景：

史籀篇者，周时史官教学童书也，与孔氏壁中古文异

---

[1] Rudolf Pfeiffer, *History of Classical Scholarship: From the Beginnings to the End of the Hellenistic Age* (Oxford: Clarendon Press, 1968), p. 90.

[2] Rudolf Pfeiffer, *History of Classical Scholarship: From the Beginnings to the End of the Hellenistic Age* (Oxford: Clarendon Press, 1968), p. 90. （汉）班固：《汉书》，中华书局，1962，第1720页。

[3] 关于扬雄精湛的语言和出色的口才，读者请参见 Michael Nylan, *Yang Xiong and the Pleasures of Reading and Classical Learning in China* (New Haven, CT: American Oriental Society, 2011), pp. 62–98。

体。苍颉七章者，秦丞相李斯所作也；爰历六章者，车府令赵高所作也；博学七章者，太史令胡毋敬所作也：文字多取史籀篇，而篆体复颇异，所谓秦篆者也。是时始造隶书矣，起于官狱多事，苟趋省易，施之于徒隶也。汉书［兴］，闾里书师合苍颉、爰历、博学三篇，断六十字以为一章，凡五十五章，并为苍颉篇。武帝时司马相如作凡将篇，无复字。元帝时黄门令史游作急就篇，成帝时将作大匠李长作元尚篇，皆苍颉中正字也。凡将则颇有出矣。至元始中，征天下通小学者以百数，各令记字于庭中。扬雄取其有用者以作训纂篇，顺续苍颉，又易苍颉中重复之字，凡八十九章。臣复续扬雄作十二章，凡一百二章，无复字，六艺群书所载略备矣。苍颉多古字，俗师失其读，宣帝时征齐人能正读者，张敞从受之，传至外孙之子杜林，为作训故，并列焉。①

马国翰所编的《玉函山房辑佚书》收录了司马相如的《凡将》、扬雄的《苍颉训纂》以及杜林的《苍颉训纂》。② 一些零星的证据显示了《尔雅》中包含着诸多同义词。③ 出于偶然的兴趣，

---

① （汉）班固：《汉书》，中华书局，1962，第1721页。
② （清）马国翰辑《玉函山房辑佚书》，广陵古籍刻印社，1990，第1~5页。
③ 关于这些早期词典的内容和功用，读者可参见〔法〕弗朗索斯·博特罗（Françoise Bottéro）《西汉时期的重要"手册"》（Les "Manuels de charactères" à l'époque des Han occidentaux），克里斯丁·古叶恩·特里（Christine Nguyen Tri）与凯瑟琳·戴斯珀（Catherine Despeux）编《中国教育指南》第一卷（éducation et instruction en Chine, vol.1），皮特尔斯，2003，第99~120页（Paris: éditions Peeters, 2003, pp.99-120）。邢义田《汉代仓颉，急就，八体和书书问题：再论秦汉官吏如何学习文字》，收录于李宗焜编《古文字与古代史》第二卷，台北，历史与语文学系列论坛，2009，第429~470页。苏尚耀《中国文字学丛谈》，台北，文史哲出版社，1976，第41~65页。

马国翰对《玉函山房辑佚书》中所收录篇目的标题进行了研究。他认为，一些标题从字面上看极其晦涩的原因在于作者借用了古代著作中的典故和疑难字。① 罗杰·格瑞特雷克斯（Roger Greatrex）对构成《苍颉篇》的《苍颉》、《爰历》和《博学》提出了自己的看法：

> 汉初的这三部作品（共计二十个章节）构成了《苍颉篇》。当《苍颉篇》成书后，它便被重新分为五十五个章节，每个章节包括六十个字符，也即共计三千三百个字符，其中包含了些许重复的部分。这本书极其朴实，可被当作儿童的启蒙教育书，或是随手翻阅的小册子。近年来出土了《苍颉篇》的早期雏形，我们可知，西汉时期《苍颉篇》历经了修改、增补和完善。后来，扬雄编订出了《苍颉训纂》，这也是《苍颉篇》发展至此的最终成果。王莽于公元5年在未央廷组织召开了一次朝廷大会，一百多位学者参加了会议，他们在会议上发表的观点也变相地促成了扬雄《苍颉训纂》的生成。扬雄为《苍颉篇》增添了三十四个章节，他所编纂的《苍颉训纂》则共计八十九个章节，包含

---

① 读者请参见（清）马国翰辑《玉函山房辑佚书》，广陵古籍刻印社，1990，第1页。何明勇和景鹏对这些著作中所包含的象形字进行过统计，根据他们统计的结果，《仓颉篇》包含了3300个象形字，《训纂篇》包含了5340个象形字，读者请参见何明勇、景鹏编著的《中国词典学：从公元前1046年至公元1911年》（*Chinese Lexicography: A History from 1046 B. C. to A. D. 1911*），牛津大学出版社，2008，第47页（Oxford and New York: Oxford University Press, 2008, p. 47）。

五千三百四十个字符。①

    扬雄《方言》所涉及的语汇规模更大，遗憾的是，他直至逝世也未将之完整化。我们在班固的记载中只能见到那些异字或是别字。②钱大昕认为《方言》是《輶轩史［使］者绝代语释别国方言》的缩写，这一观点被后世学者陈国庆采纳。③应劭（约153~196）则认为书名暗示了一种一直持续至秦代的古老习俗，他解释道：

    周、秦常以岁八月遣輶轩之使，求异代方言，还奏籍之，藏于秘室。④

    应劭考证了各式人物，揭示了他们都是在这类文本上进行汇编的。他由此得出结论，认为扬雄之后的编纂工作是建立在前人已经归类整理好的档案基础上的，扬雄对各类材料进行了独具个人风格的润饰。这一观点作为论据支撑了保尔·塞瑞斯（Paul L-

① 〔瑞典〕罗杰·格瑞特雷克斯（Roger Greatrex）：《西汉早期同义词：〈苍颉篇〉抄本》（*An Early Western Han Synonymicon: The Fuyang Copy of the Cang Jie Pian*），收录于乔吉姆·恩沃尔（Joakim Enwall）编《简帛研究：古然·马尔姆奎斯特70岁生日纪念文集》（*Outstretched Leaves on His Bamboo Staff: Studies in Honour of Göran Malmqvist on His 70th Birthday*），东方研究协会，1994，第97~113页（Stockholm: Association of Oriental Studies, 1994, pp. 97–113）。
  译者注：
  〔瑞典〕罗杰·格瑞特雷克斯（Roger Greatrex）是瑞典隆德大学东亚研究中心的汉学教授。
② （汉）班固：《汉书》，中华书局，1962，第1720页。
③ 陈国庆：《汉书艺文志注释汇编》，中华书局，1983，第89~90页。
④ 应劭著，王立器编《风俗通义校注》（两卷本），中华书局，1981，第11页。

M Serruys）的论断。在保尔·塞瑞斯（Paul L-M Serruys）看来，"《方言》不是扬雄一人的著作，它汇集了各种即成的语汇资料，而后由扬雄润饰而成"。① 遗憾的是，上述结论现已无据可查。

《方言》一书的书名出现在《隋书》《唐书》及宋代文献之中，《四库全书简明目录》载：

> 方言十三卷。旧本题汉扬雄，然于古无征。许慎《说文》引雄说，皆不见于方言，其义训用方言者，又不言扬雄。至后汉应劭始称雄作，疑依托也。②

扬雄曾在给刘歆的书信中索要"方言工程"的文本成果。假如这些信件都是真实的，那么它便印证了一些学者的观点，即《方言》为集体的结晶。张溥《汉魏六朝百三名家集》载：

---

① 〔比利时〕保尔·塞瑞斯（Paul L-M Serruys）：《中国汉代方言：以扬雄的〈方言〉为参考依据》（*The Chinese Dialects of Han Time According to Fang Yen*），加州大学出版社，1959，第 5 页（Berkeley and Los Angeles：University of California Press，1959，p. 5）

译者注：

〔比利时〕保尔·塞瑞斯（Paul L-M Serruys，1912 – 1999），出生于比利时西弗兰德地区。他的初等教育完成于当地的乡村学校，之后他开始在附近的科特赖克的一所天主教高中寄宿，学校要求学生能够流利地讲法语、德语以及拉丁语和希腊语经典，这刺激了他对语言学的兴趣。受到传教士利玛窦等人事迹的启发和鼓舞，他开始在鲁汶天主教大学深入学习普通话、古代汉语和中国各地的方言。他于 1936 年 8 月 4 日被任命为天主教神父，并于 1937 年 8 月抵达中国进行传教。他曾在台湾辅仁大学和加州大学伯克利分校进行汉学研习，并获得古根海姆奖学金。他曾担任乔治敦大学语言和语言学研究所中文项目主任。1965 年受邀赴华盛顿大学任教，在此期间他教授古代汉语和汉字发展史，他专注于甲骨文与中国青铜铭文研究，著有《汉代中国方言》与《商甲铭文语言研究》等书。

② （清）纪昀、永瑢编《四库全书简明目录》，上海古籍出版社，1985，第 157 页。读者还可参见《四库全书总目提要》，台北，汉京文化事业有限公司，1981，第 227 页。

又敕以殊言十五卷，君何由知之……令尚书赐笔墨钱六
万，得观书于石渠……故天下上计孝廉及内郡卫卒会者，雄
常把三寸弱翰，赍油素四尺，以问其异语。归即以铅摘次之
于椠，二十七年矣。而语言或交错相反，方覆论思详悉集
之，燕其疑。①

扬雄的《殊言》在结构和语义上均与《别字》这一标题接
近，而《方言》则可能是《别国方言》这一原始标题的略写。我
们可由这些相似之处得出结论，扬雄所使用的书名旨在彰显这是
一本关于方言或地区用语异同的词典。通过对张溥《汉魏六朝百
三名家集》中只言片语的分析，我们可以觉察出不同标题所带来
的表达性差异，如下：

闻子云独采集先代绝言，异国殊语以为十五卷……今闻
此甚为子云嘉之。②

《方言》包含 669 个条目，共计 11900 多字。现存的版本已
经过郭璞（276～324）及东汉、三国魏学者的校订和润饰，钱大

---

① 张溥编《汉魏六朝百三名家集》（六卷本）第一卷，台北，文津出版社，1979，第
331 页。读者还可参见康达维（David R. Knechtges）《刘歆与扬雄关于〈方言〉的交
流》（*The Liu Hsin/Yang Xiong Correspondence on the Fang Yen*），收录于《塞内卡纪念
文集》，普林斯顿大学出版社，2000，第 309～325 页；Michael Nylan, *Yang Xiong and
the Pleasures of Reading and Classical Learning in China*（New Haven, CT: American
Oriental Society, 2011）, pp. 20 - 24。
② 张溥编《汉魏六朝百三名家集》（六卷本）第一卷，台北，文津出版社，1979，第
369 页。

昕的侄子钱绎曾注释《方言》，并著成《方言笺疏》，他对《方言》首则的批评性注解通常被视为清代学术的出发点，如下：

党晓哲知也。楚谓党。（注：党明也解悟貌）。或曰晓齐宋之间谓之哲。①

钱绎的阐释是详尽细致而又独具慧眼的，故而常被后世学者引用。

在今人看来，扬雄的两部巨著——《太玄经》与《法言》皆为阐述哲学问题的深刻之作，我则不同意这种观点。自然，于内容上，一部是形而上学性质的，一部是伦理导向性质的，但这并不代表每字每句皆指向形而上的理论或道德伦理。我认为，与扬雄其他诸多语言学及文学著作相同，《太玄经》与《法言》的功能在于注释，前者为《易经》作注，后者则为《论语》作注。

戴梅可（Michael Nylan）将《太玄经》译为"最神秘的经典"，她这样介述道：

几千年来，中国读者所看到的《太玄经》对寻求时代之道的人来说，是一个真正的向导。今天，在欧美地区，读者会发现《太玄经》是理解宇宙之道的必不可少的工具。就心理上而言，这是如同《易经》般神圣的文本。《太玄经》写于公

---

① 《汉小学四种》（两卷本）第二卷，巴蜀书社，2001，第1233页。
译者注：
巴蜀书社将《尔雅》、《说文解字》、《方言》（《輶轩使者绝代语释别国方言》）与《释名》合为一书出版，名为《汉小学四种》。

元前 2 年，是中国思想主流的第一次大合成，它将儒、道、阴阳五行理论、炼金术及占星术等要素编织成一个系统的、有组织的整体。可以说，中国早期信仰的所有基本成分被托于纸上。作为一本占卜书，《太玄经》提供了一种评价各种行动及行为路线的方法；作为一本哲学书，《太玄经》传达了生命中元素变化的意义。结构复杂的四线图揭示了太阳、月亮和恒星的神秘运动轨迹，展示了四季和昼夜变化的节奏，暗示了潮起潮落中蕴含的宇宙能量，呈示了天、地和人的动态关系。①

根据戴梅可（Michael Nylan）的说法，《太玄经》模仿了宇宙的本质。但归根结底，《太玄经》是对《易经》的注解，《易经》的价值在扬雄这里得到了高度弘扬。

人们普遍认为《法言》是对《论语》的仿写。② 它以关于学习的篇章起始，明显模仿了《论语》和《荀子》开头的章节。事实上，《法言》在结构上保持着与《论语》和《荀子》相似的同构性。我们可从以下语句窥见扬雄对典型古典主义的还原：

> 学行之上，言之次也。教人又其次也。咸无焉为众人。③

---

① 此书曾被译为英文，读者可参见〔美〕戴梅可（Michael Nylan）译《宇宙基本元素的变化：古代中国的太玄经》，纽约州立大学出版社，1994，第 1 页。
② 李英华：《"第二部〈论语〉"——〈法言〉述评》，《孔子研究》1997 年第 2 期，第 84～91 页。
③ （汉）扬雄著，（晋）李轨等注《宋本扬子法言》，国家图书馆出版社，2017，第 1 页。此书的英文翻译可参见〔美〕戴梅可（Michael Nylan）译《法言》，华盛顿大学出版社，2013，第 2 页。

《法言》的学习观摒弃了传统的经学教诲包袱，将古典道德教育融入日常生活实践，而非仅仅依赖于文字和语篇。古老的伦理道德借由个体行为及其口授从而代代相传。这种学习与实践相结合的观念，恰恰继承了孔子思想的精华。

扬雄遵循着孔子的脚步，扛下了儒学教育的重担。《法言》曰：

> 天之道，不在仲尼乎？仲尼驾说者也，不在兹儒乎？如将复驾其说，则莫若使诸儒金口而木舌。①

关于上述引言，龚可昌评论道：

> 不似早期作赋的文人们般矫揉造作，扬雄作赋总是应具体情境而作，他所书写常常是他周遭发生的一切，自发流出，一气呵成。但他写的赋往往很短，因为他的赋是为具体问题而作，有时则是为了某个具体的应酬或任务而作。②

在"自序"中，扬雄承认他刻意模仿古代典籍的形制，并试图将经典中的某些语句化入自己的著作之中，如下：

> 以为经莫大于易，故作太玄；传莫大于论语，作法言。③

---

① （汉）扬雄著，（晋）李轨等注《宋本扬子法言》，国家图书馆出版社，2017，第1页。此书的英文翻译可参见〔美〕戴梅可（Michael Nylan）译《法言》，华盛顿大学出版社，2013，第5页。
② 龚可昌：《汉赋研究》，文艺出版社，1990，第224~225页。
③ （汉）班固：《汉书》，中华书局，1962，第3583页。

　　自然，他对每一种经典的模式都进行了独具自我风格的处理，从而无愧于令他声名鹊起的"文章"之名，他在遣词造句方面的严谨和修辞上的尽善尽美也表明他以自己的行动实现了他对"文"的终身承诺。同时，扬雄还是一位杰出的历史学家，但他似乎超越了中庸之道与对经典虚怀若谷的虔诚，而是将太多的注意力聚焦于他自身。对此，戴梅可（Michael Nylan）评价道："扬雄把自己描绘成一个精通古典学问的修辞大师，他成功地使自己成为了可与古代传奇人物相媲美的当世英雄。"对一些人来说，扬雄模仿圣人之举显得太过急功近利，他将自己评注经典的文字也极力打造成经典，《汉书·扬雄传》载：

　　　　诸儒或讥以为雄非圣人而作经，犹春秋吴楚之君僭号称王，盖诛绝之罪也。①

　　扬雄与王莽的长期合作关系以及他在王莽宫室中担任职位这一事实使他被众儒生贬低乃至辱蔑。

　　扬雄自己一定意识到了他那前无古人的大胆想法，这就是为何他会刻意地用自己的作品拓展经典已然奠定的模式，为其添砖加瓦，在著作中融入一些改进的修辞。《法言》中有言如下：

　　　　或曰：述而不作，玄何以作？曰：其事则述，其书则作。②

① （汉）班固：《汉书》，中华书局，1962，第3583页。
② （汉）扬雄著，（晋）李轨等注《宋本扬子法言》，国家图书馆出版社，2017，第14页。〔美〕戴梅可（Michael Nylan）译《法言》，华盛顿大学出版社，2013，第79页。

扬雄认为，作者仅仅是记录事实，"作"是一种传播手段，而非旨在发挥作者的权威性。他还认为，经典的本质意义在于作为"道"的具体体现，如下：

> 或曰：经可损益与？曰：易始八卦，而文王六十四，其益可知也。诗、书、礼、春秋，或因或作而成于仲尼，其益可知也。故夫道非天然，应时而造者，损益可知也。①

《班固·扬雄传》以《太玄经》与《法言》的"命运"收尾：后者广为流传，前者中晦涩的部分被保留了下来，但当时光推移至扬雄逝世后的第四十个年头时，《太玄经》就逐渐被人遗忘，变得鲜为人知了。班固的结论性评语可以说是对扬雄作为经学诠释家的一种微妙而有效的认可，而同时也是对他自称圣人这一行为的终极否定。

第四节　贾逵与白虎观论经

刘歆于前6年向朝廷上疏，要求进行古今文经学之论辩。撇开王莽时期对古文经典挖掘整理工作的经济资助不谈，事实上，在此之前，古文经典就已有被授予官方正统地位的倾向。26年，韩歆请求立《左传》为经典，28年朝廷举行正式的古今文经学之论辩，继而立《左传》为正统，任李封为教授《左传》的经

---

① （汉）扬雄著，（晋）李轨等注《宋本扬子法言》，国家图书馆出版社，2017，第13页。〔美〕戴梅可（Michael Nylan）译《法言》，华盛顿大学出版社，2013，第73页。

师，只可惜李封因病英年早逝。76 年，贾谊的第九代传人古文字学家贾逵（30 ~ 101），要求再次确立《左传》的地位，并请求皇室为《左传》研究提供经济资助，引发了 79 年的白虎观会议。贾逵与何修（129 ~ 182）曾就今文文本展开争论，郑玄则曾对《春秋公羊传》与《春秋左传》展开比较。在此，我仅聚焦于贾逵的经学观念和白虎观论经这一重要的历史事件。①

班固《汉书》对贾逵（30 ~ 101）一生的书写始于对贾逵之父贾徽的介述，贾徽与刘歆之间有着一种特殊的联系，如下：

> 父徽，从刘歆受左氏春秋，兼习国语、周官，又受古文尚书于涂恽，学毛诗于谢曼卿，作左氏条例二十一篇。②

像贾徽这样的学者专门致力于研究古文文本，稍晚时期的学者郑兴则经历了观念上的转折，他原先致力于研究《公羊传》，在跟随刘歆研习典籍之后，他将研究重心转向了《左传》。③

汉章帝对古文经学的兴趣驱使他命贾逵赴位于皇宫北端的白虎观和位于皇宫南端的云平台为众儒讲授《左传》。汉章帝对贾逵的经学见解颇为赞赏，以至于将他对"春秋三传"（《公羊

---

① Eva Yuen – wah Chung, "A Study of the 'Shu'（Letters）of the Han Dynasty（206 B. C. – A. D. 220），" （Ph. D. diss. , University of Washington, 1982）, pp. 290 – 292.

② （汉）班固：《汉书》，中华书局，1962，第 1234 页。拉弗·德·克里斯皮涅（Rafe de Crispigny）：《自汉代晚期至三国时代的文献学词典》（*A Biographical Dictionary of Later Han to the Three Kingdoms, 23 – 220 AD*），布瑞尔出版社，2007，第 366 ~ 369 页（Leiden and Boston：Brill, 2007, pp. 366 – 369）。

③ （汉）班固：《汉书》，中华书局，1962，第 1217 页。郑兴传播了刘歆的思想，继承了刘歆对《左传》的研究成果。

传）、《穀梁传》与《左传》）的比较性研究成果结集成书，其中还收录了贾逵其他的杂谈性文章。① 班固的《汉书・贾逵传》保留了此书的些许片段以及贾逵的佚文。当后世学者试图评价贾逵在经学史上的贡献时，他们亦可从这篇传记文章中获得某些细节性的资料，如下：

> 逵悉传父业，弱冠能诵左氏传及五经本文，以大夏侯尚书教授，虽为古学，兼通五家穀梁之说……尤明左氏传、国语，为之解诂五十一篇，永平中，上疏献之。显宗重其书，写藏秘馆。②

贾逵的研究跨越了古文文本与今文文本之间的界限，从而架构起一座沟通的桥梁，弥合了古文经学派与今文经学派之间的鸿沟。他曾经将二十个专攻公羊学的经生训练为《左传》专家。有趣的是，他为经生们准备了足够的竹简与纸张，以便于他们记下他所依崇的《春秋》版本。我们可以合理假设这是使学术界更为广泛地使用这一文本的重要转折点。③ 当然，这一趋势离不开皇室的政策性支持。汉章帝曾下令编纂《尚书》的多种版本，包括大小夏侯及欧阳生的版本在内，并命学者加以比较。在皇室的大力支持下，贾逵发奋钻研四家诗的异同。当时的其他研究成果并不足以影响古文经学派与今文经学派之间的纷争，贾逵试图恢复

---

① （南朝宋）范晔：《后汉书》，中华书局，2000，第 1236 ～ 1238 页。
② （南朝宋）范晔：《后汉书》，中华书局，2000，第 1235 页。
③ （南朝宋）范晔：《后汉书》，中华书局，2000，第 1239 页。

古文文本用词的优雅与古朴，他重视经学家对《古文尚书》的注释，但同时也期望通晓古文经学与今文经学。① 这种对文献典籍的广泛阅读实际上即为郑玄式的"通学"，对于贾逵来说，他的治学目标是对文本进行开放性的阐释，而非为某种文献版本设立官方地位。正是在这一意义上，班固才会在《汉书·贾逵传》中赞其为"通儒"，而只有少数人如班固之父班彪能获此殊荣。②

贾逵和郑玄均被后世学者视为"宗儒"，贾逵对《左传》的讲授和注解之所以会受欢迎乃得益于皇室的支持。③ 当然，贾逵的经学观念也有助于那个时期政治结构的完善，而且他还有效地运用谶纬学说，此外，他竟能将刘氏汉室追本溯源至尧帝。如下：

> 今左氏崇君父卑臣子，强干弱枝，劝善戒恶……又五经家皆无以证图谶明刘氏为尧后者，而左氏独有明文。④

遗憾的是，贾逵的作品并不见于《隋书》目录之中，因为自郑玄出现之后，人们便以他作为全面通学的标杆。

汉章帝于 79 年 11 月颁布的诏令中解释了在白虎观召开论经大会的缘由，如下：

> 盖三代导人，教学为本。汉承暴秦，褒显儒术，建立五

---

① 这些关于皇室资助学术的文献资料皆见于《后汉书》之中。
② （南朝宋）范晔：《后汉书》，中华书局，2000，第 1240 页。
③ （南朝宋）范晔：《后汉书》，中华书局，2000，第 1240 页。
④ （南朝宋）范晔：《后汉书》，中华书局，2000，第 1234 页。

经，为置博士。其后学者精进，虽曰承师，亦别名家。孝宣皇帝以为去圣久远，学不厌博，故遂立大、小夏侯尚书，后又立京氏易。至建武中，复置颜氏、严氏春秋，大、小戴礼博士。此皆所以扶进微学，尊广道蓺也。中元元年诏书，五经章句烦多，议欲减省。至永平元年，长水校尉儵奏言，先帝大业，当以时施行。欲使诸儒共正经义，颇令学者得以自助。孔子曰：学之不讲，是吾忧也。又曰：博学而笃志，切问而近思，仁在其中矣。於戏，其勉之哉！于是下太常，将大夫、博士、议郎、郎官及诸生、诸儒会白虎观，讲议五经同异，使五官中郎将魏应承制问，侍中淳于恭奏，帝亲称制临决，如孝宣甘露石渠故事，作白虎议奏。[1]

十一位经学家参与了这场历时数月的经学论辩，论辩的过程及结果被详细地记录了下来，这就是《白虎通义》，范晔认为这本书的编者是班固。[2]《后汉书》载：

> 天子会诸儒讲论五经，作白虎通德论，令固撰集其事。[3]

蔡邕将汉宣帝时期与汉章帝时期的经学论辩进行了比较，认为白虎观会议的主旨是"通经释义"。[4] 印尼学者曾珠森（Tjan

---

① （南朝宋）范晔：《后汉书》，中华书局，2000，第 137~138 页。
② （南朝宋）范晔：《后汉书》，中华书局，2000，第 2546 页。
③ （南朝宋）范晔：《后汉书》，中华书局，2000，第 1373 页。
④ （南朝宋）范晔：《后汉书》，中华书局，2000，第 1996 页。

Tjoe Som）支持刘师培（1884~1919）的观点，他认为：

> 讨论的结果仅仅被忠实地记录在了一种文本之中，皇室的态度是显而易见的。尽管奏议和通议并存不悖，但前者才是详细的报告，它包含了皇室反对的观点；而后者则是史官对皇室观点的总结。[①]

这一假设看似合理，但缺乏有力的证据。

隋唐时期的学者始称六卷本的白虎观历史文献为《白虎通》，[②] 陈振孙（约1179~1262）的《直斋书录解题》保留了书名，但将之增至十卷，根据班固的记载以及学者对宋代文献资料的研究，留存后世的很可能是十卷本的《白虎通德论》。[③] 陈立（1809~1869）编订的《白虎通疏证》[④] 是迄今为止最完整全面的传统版本，其注解亦十分详尽；《白虎通逐字索引》则为最权威的现代评注本。[⑤] 章权才的诠释给予了书名中的"通"字三层含义：其一，"通"字暗示了圣人通晓一切，在圣人眼里，万事万物皆通；其二，"通"字暗示了书中所涉及的一切古籍及观念都

---

① Tjan Tjoe Som, *Po Hu T'ung*（Leiden：Brill, 1952），p. 16.
② （唐）魏徵等：《隋书》，中华书局，1997，第937页；（后晋）刘昫等：《旧唐书》，中华书局，1975，第1982页；（宋）欧阳修等：《新唐书》，中华书局，1975，第1445页。
③ 王尧臣编《崇文总目》（四卷本），中华书局，1985，第31页。晁公武著，孙猛编《郡斋读书志校证》，上海古籍出版社，2006，第140页。
④ 王先谦编《皇清经解续编》，齐鲁书社，2016，第6262~6349页。
⑤ 读者请参见刘殿爵、陈方正《白虎通逐字索引》，香港，商务印书馆，1995。

有相通之处；其三，"通"字暗示了现在与未来的联结。[1]

"白虎观论经"的目的在于确定最恰当的仪式形式以及文章典制所使用的专业术语，并予典籍中艰深晦涩的段落以官方阐释。鲁惟一（Michael Loewe）曾总结道：

> 文本总是有缺陷的、不完整的且不够清晰的。大部分文本采取问答形式，问题引自于某部经典，答案以及答案的延伸亦引自于某部经典，指向性与权威性的来源也出自于经典。今文经典的被引用率颇高。文本涉及范畴如下：人与人之间的关系，如等级秩序以及正确的头衔与称呼，再如君臣夫妇关系；宗教与哲学主题，如神灵崇拜、占卜、牺牲、五行、灾异及命运；自然世界的特征，如四季、天地与阴阳；皇室与国家典礼事宜，如射箭、赠礼、献祭及音乐；帝王与政府行为，如迁都、处罚、警示及教育。[2]

鲁惟一以言简意赅的方式提炼出了重要的主题，其他研究者自然可以从中提取出更多的二级主题。杨向奎认为，从引用经典的类型及知识背景来看，这是思想书写远离政治取向的关键一步，围

① 章权才：《两汉经学史》，广东人民出版社，1990，第246页。
② 鲁惟一（Michael Loewe）编著《早期中国文本：书目指南》（*Early Chinese Texts: A Bibliographical Guide*），加州大学伯克利分校上古中国研究联盟与东亚研究院，1993，第347~356页（Berkeley: The Society for the Study of Early China and the Institute of East Asian Studies, University of California, Berkeley, 1993, pp. 347–356）。Tjan Tjoe Som, *Po Hu T'ung* (Leiden: Brill, 1952), pp. 195–216. 陈列了整个目录以便读者可以轻松地浏览主题。

绕着教育的核心概念，最终政治哲学转向了神学。① 正如前文所指出的那样，显然杨向奎考虑到了谶纬、仪式及惩戒。② 最终，因为政治现实越来越残酷，基于《春秋公羊传》之上的政治大一统观念也随之失却了立锥之地，"大统"之论越来越站不住脚了，横亘在中央王朝与夷狄之间的鸿沟变得难以跨越。③ 事实上，正如鲁惟一总结的那样，对于今文经典的频频引用说明了今文经典的普及程度，而贾逵所拥戴的古文经学观对白虎观会议的影响同样是显而易见的。④ 论辩的结果是今文经典课程继续被纳入官方教育，而古文经典课程则在私学中日渐盛行。⑤ 由此可见，古代典籍的官方确立经历了自汉末至三国时期的转变。

---

① 杨向奎：《〈白虎通义〉的思想体系》，收录于林庆彰编《中国经学史论文选集》，台北，文史哲出版社，1993，第 308～315 页。关于神学转向，读者请参见周立升《神学目的论通过谶纬和白虎通的进一步发展》，收录于周立升等编《春秋哲学》，山东大学出版社，1989。

② 读者可参见陈玉台的博士学位论文《陈立〈白虎通疏证〉之礼研究——以〈白虎通〉引三礼类为范畴》，中国文化大学，2000。杨向奎：《白虎通义的思想体系》，收录于林庆彰编《中国经学史论文选集》，台北，文史哲出版社，1993，第 308～315 页。

③ 杨向奎：《白虎通义的思想体系》，收录于林庆彰编《中国经学史论文选集》，台北，文史哲出版社，1993，第 308～315 页。章权才试图从经济学的角度来看待这次会议，以此来说明新兴土地所有者的政治权力和意识形态。章权才：《两汉经学史》，广东人民出版社，1990，第 242～244 页。

④ 黄彰健：《贾逵与古文经学》，收录于黄彰健《经今古文学问题新论》，台北，中研院历史语言研究所，1992，第 191～214 页。

⑤ 扬·哈格曼（Jan L. Hagman）指出，西汉时期皇室书院占据了教育的主体，而到了东汉，民间私立的学校则迅速流行，主导了教育界。读者请参见扬·哈格曼（Jan L. Hagman）《汉代的私学与官学》（*Private and Government Schools in the Han Dynasty*），收录于乔吉姆·恩沃尔（Joakim Enwall）编《简帛研究：古然·马尔姆奎斯特 70 岁生日纪念文集》（*Outstretched Leaves on His Bamboo Staff: Studies in Honour of Göran Malmqvist on His 70th Birthday*），东方研究协会，1994，第 114～130 页（Stockholm: Association of Oriental Studies, 1994, pp. 114－130）。

若是我们对石渠阁论经与白虎观论经进行一番比较，便会发现：前者旨在探讨是否应该给予今文经学一席之地，后者则旨在探讨是否应该为古文经学端上一把交椅；① 前者的争论集中在《春秋公羊传》与《春秋穀梁传》之间，后者的争论则聚焦于《春秋公羊传》与《春秋左传》之间。② 白虎观论经大会也许不会导致古文经典官方地位的确立，但它可能带来贾逵《左传》学派更为广泛的传播，实际上它还促使当时的人们对其他古文经典产生兴趣，变相地引领了其他古文经典的日益流行。③

如前所引：

> 天子会诸儒讲论五经，作白虎通德论，令固撰集其事。④

可见，班固只是被指派记录下白虎观会议的论辩过程，并非作为辩者参与论辩本身。桑姆（Som）认为，班固之所以没有参与其中（如果他真的没有），是因为他不是一个经学家。⑤ 但我们不妨断言，他亦非历史学家，也不仅仅是一介记录历史的文人，或一位纯文学家。他是一位受过传统经学训练的学者，他博览

---

① Tjan Tjoe Som, *Po Hu T'ung* (Leiden：Brill, 1952), p. 171.
② 读者请参见〔日〕南部英彦《从〈白虎通义〉看公羊学研究的性质》(白虎通に见えろ公羊學の性について)，《东洋学集刊》1999 年第 82 期，第 1～20 页 (*Shūkan Tōyōgaku* 1999, 82, 1－20)。
③ 关于《左传》对汉代经学产生的影响以及贾逵学派自马融至服虔再到郑玄的脉络，详见郭丹《左传与两汉经学》，《经学研究论丛》1998 年第 5 期，第 181～192 页。
④ （南朝宋）范晔：《后汉书》，中华书局，2000，第 1373 页。
⑤ Tjan Tjoe Som, *Po Hu T'ung* (Leiden：Brill, 1952), p. 64.

群书，各种古籍均在他的治学范围之内。他之所以被委以撰写史书的重任，正因他是一位知识广博、受人尊敬的学者，而不是一位单纯的经学家。至于班固与司马迁史学观的异同将始于下一章。

第六章

方法论的革新者与语文学的拓展（Ⅱ）：
经学批评

本章的焦点人物是许慎，我们将重点探讨他对词典学发展所做出的贡献，但我们必须先审视司马迁的私人化史学与班固的文学性史书书写。值得玩味的是，皇室之所以命班固撰写《汉书》并予以经济资助，旨在宣扬刘氏汉室的正统性与合法性，至于班固史书撰写过程中所彰显出的文学性则完全出乎意料。本章将在介述司马迁与班固史学观的同时引入那一时期其他文本批评家的观点，当然，本章的重点是许慎和他的《说文解字》。

第一节　班固与《汉书·儒林传》

回顾班固（32～92）的家史，班氏家族曾长期服务于中央王朝，立下汗马功劳。班固在其《汉书·序传》中详尽地追溯了这一段历史。① 他的曾祖父班况曾被委任军职，班况之女班婕妤则

---

① （汉）班固：《汉书》，中华书局，1962，第4197～4234页。

于前 32 年被选入皇宫，不久便得到汉成帝的宠幸，升为皇妃。
班况后迁居长安，修建汉成帝的皇陵，班氏家族也就此定居于皇
城。班况膝下三子皆侍奉于朝廷。班固的叔叔班伯曾师从师丹研
习《诗经》，后成为中常侍。班伯相貌英俊，善于记诵经典。他
专攻《论语》与《尚书》，尤其精通大、小夏侯的《尚书》学，
但推崇小夏侯而贬低大夏侯，曾就此问题与许商激烈争辩。班固
的大伯班斿被称为"博学有俊才"，他以贤德著称，对政治事务
和经典古籍的解读亦颇有见地，遂很快在朝中谋得职位，并帮助
刘向，协同他整理古籍手稿。班固《汉书》载：

> 斿以选受诏进读群书。上器其能，赐以秘书之副。时书
> 不布……①

这些著作增加了班氏家族的藏书量，使其成为学者私人藏书
界的翘楚。

安东尼·E. 克拉克（Anthony E. Clark）曾这样分析道：

> 班固对私藏书籍这一行为的推广奠定了班氏家族的独特
> 地位，并在各级官员和皇亲国戚之中赢得了声誉，因为其他
> 的文职官员并未获得这样的优待。班稚的社交圈子包括扬雄
> 这样的知名学者，令人印象深刻的是，扬雄特地长途跋涉去
> 造访班氏家族的藏书阁。据班固回忆，他的表妹班嗣曾谢绝

---

① （汉）班固：《汉书》，中华书局，1962，第 4203 页。

名震一时的思想家桓谭（约公元前43年–公元28年）从藏
书阁借书，这实属罕事。①

不幸的是，与其兄班伯一样，班斿英年早逝。班况的第三个
儿子班稚便是班固的祖父，他同样接受了传统的经典教育，并任
职于朝廷，为政事出谋划策。遗憾的是，班稚由于在皇位继承的
问题上发表了不当言论，被降职。但所幸他巧妙地避开了各种是
非，到王莽执政时，他依旧保持低调的姿态，并尽量与王莽政权
维系良好的交往关系。

班稚之子班彪（3~54）为班固之父，其传记载于范晔（398~
445）的《后汉书》。②班彪参与了王莽篡权这一政变，但随着王
氏短命王朝的结束，他最终转向效忠于汉光武刘秀（25~57年在
位）。③范晔曾书：

---

① 安东尼·克拉克（Anthony E. Clark）：《班固所书写的早期中国历史》（*Ban Gu's
History of Early China*），坎布瑞亚出版社，2008，第83页（Amherst, NY: Cambria
Press, 2008, p. 83）。
　　译者注：
　　〔美〕安东尼·克拉克（Anthony E. Clark），任教于美国华盛顿州惠特沃斯大学，
教授中国历史，著有《中国圣人：清代天主教殉教徒》等书，还曾主持美国EWTN
电视台大型纪录片《中国的圣徒与烈士》。
② （南朝宋）范晔：《后汉书》，中华书局，2000，第1323~1330页介绍了班彪的生平
著作，第1320~1394页介述了班固的生平著作。
③ 关于班彪政治观念的转变，读者可参见拉弗·德·克里斯皮涅（Rafe de Crispigny）
《自汉代晚期至三国时代的文献学词典》（*A Biographical Dictionary of Later Han to the
Three Kingdoms, 23 – 220 AD*），布瑞尔出版社，2007，第3~4页（Leiden and
Boston: Brill, 2007, pp. 3~4）。毕汉斯/汉斯·毕勒恩施坦（Hans Bielenstein）也详
细分析过这一历史转折，读者请参见〔瑞典〕毕汉斯/汉斯·毕勒恩施坦（Hans
Bielenstein）《〈后汉书〉的史学》（前言"汉代复兴"），（*The Restoration of the Han
Dynasty with Prolegomena on the Historiography of the Hou Han Shu*），远古文物博物馆，
1954（Stockholm: Museum of Far Eastern Antiquities, 1954）。（转下页注）

彪性沉重好古……彪既才高而好述作，遂专心史籍之间。①

范晔认为班彪传承了司马迁的史学工作，纠正了司马迁在历史研究和书写中所犯的谬误，充实了原有的历史记录。刘向、刘歆和扬雄等名士皆被纳入《后汉书》之中，此外还增添了十七篇史料，《后汉书》遂多至百余卷。②范晔将班彪若干著称于世的史学文章收录其中，还撰"略论"（"王命论"）评价司马迁，总结其功过。③

班固虽著《汉书》，却不代表着他仅仅是一位历史学家，班固堪称纵览群书的博学之士，与扬雄颇为相似：

固字孟坚。年九岁，能属文诵诗赋，及长，遂博贯载籍，九流百家之言，无不穷究。所学无常师，不为章句，举

（接上页注③）译者注：

　　〔瑞典〕毕汉斯（Hans Henrik August Bielenstein, 1920 - 2015），出生于瑞典斯德哥尔摩，1945 年获得斯德哥尔摩大学汉学系中国学研究硕士学位，1952 年受邀访学于加州大学伯克利分校，同年被任命为澳大利亚堪培拉大学东方语言学院院长，1961 年转而任教于美国哥伦比亚大学，1969～1977 年担任该校东亚语言文化系主任，其间获得"古根海姆研究员"的荣誉职称，1980 年被任命为瑞典皇家文学院院士，1985 年被任命为哥伦比亚大学中文系主任。他关注中国的人口统计学与行政经济史，尤其是自汉至宋的制度演变，著有《汉代的官僚制》与《外交和中国的贸易》等书。

① （南朝宋）范晔：《后汉书》，中华书局，2000，第 1323 页。
② 吕世浩：《从〈史记〉到〈汉书〉：转折过程与历史意义》，台北，台湾大学出版中心，2009，第 151～190 页。
③ （南朝宋）范晔：《后汉书》，中华书局，2000，第 1325～1327 页。

大义而已。性宽和容众，不以才能高人，诸儒以此慕
之……①

班彪逝世后，班固回到他的故土扶风（位于现咸阳东北地
域），子承父业，继续已故父亲未竟的史书大业。与司马迁不同
的是，司马迁虽也子承父业，但动力源于其父司马谈临终前的嘱
咐，班固则不然，他撰写史书的动力源于自身内心深处。然而也
正因为如此，班固著《汉书》受到了来自宫廷的压力，皇室尤为
不满，对其倍加谴责，理由是他作为个人不该私自修史，唯有史
官方能记录国家历史。幸亏班固之弟班超向皇帝苦苦求情，才使
班固免于一死。之后，汉明帝明察秋毫，重新审视《汉书》中的
篇章，意识到班固的才华和他对刘氏汉室的一片忠心，便召他进
朝，任命他为兰台御史，并命他与另外几位史官一道编修明帝之
父光武帝的传记以及汉光武帝时期的历史，这一资料被称为"东
观汉纪"，班固由此始被封"士"。与此同时，他继续着编写《汉
书》的工作，并将之分为二十八卷。此后，他得到了皇室对私人
修史的支持，便完全沉浸在个人对史书的编写之中。故，班固在
这一时期既为宫廷史官，亦为自由学者；既修官史，也修私史。②
此外，班固还以他杰出的赋作而闻名，他对词典学的贡献也

---

① （南朝宋）范晔：《后汉书》，中华书局，2000，第1330页。读者还可参见陈其泰、
赵永春《班固评传》，南京大学出版社，2002；郑鹤声《班固年谱》，商务印书馆，
1993；拉弗·德·克里斯皮涅（Rafe de Crispigny）《自汉代晚期至三国时代的文献
学词典》（*A Biographical Dictionary of Later Han to the Three Kingdoms, 23 – 220 AD*），
布瑞尔出版社，2007，第6~7页（Leiden and Boston：Brill, 2007, pp. 6~7）。

② （南朝宋）范晔：《后汉书》，中华书局，2000，第40页。

不可小觑，其对清代考据学的影响源远流长。在经典注释方面，班固继承了扬雄的成果，并延续了扬雄的风格，只可惜他的一卷本《太甲篇》和《在昔篇》在 6 世纪初就已失传。[①]

班固对司马相如和扬雄的赋作颇感兴趣，在他看来，二者文学作品中的词语均值得研究。首先，这些文学词语源于经典，进而成为理解经典的载体；其次，作为表达思想的媒介，这些文学作品为后人贡献了优雅的措辞和丰富的想象力。因此，班固汲取了前辈与时人的文学养分，他的作品文采斐然，熠熠生辉，王充赞曰：

> 赋颂记奏，文辞斐炳，赋象屈原、贾生，奏象唐林、谷永，并比以观好，其美一也。[②]

班固曾写下诸多庆典方面的赋作，当然，班固的历史叙事与文学创作是有差别的。《后汉书》载：

> 及肃宗雅好文章，固愈得幸，数入读书禁中，或连日继夜。每行巡狩，辄献上赋颂。[③]

事实上，班固即使在忙于修史之际也从未疏于赋的创作，作

① （汉）班固：《汉书》，中华书局，1962，第 1721 页。
② （汉）王充：《论衡·案书》，上海人民出版社，1974，第 279 页。此书曾被翻译成英文，读者请参见 Alfred Forke, *Lun-Heng*, 2 vols（New York：Paragon Book Gallery, 1962），p. 469。
③ （南朝宋）范晔：《后汉书》，中华书局，2000，第 1373 页。

赋的文采为他的史书书写也增添了光辉。在此，我将着重介绍他的赋作及其创作目的。

班固的《幽通赋税》创作于他父亲逝世之后，那时他二十二岁，这篇文章被完好无损地保存了下来。[1] 其他的赋作仅留存了题目和少数的几行文字，如《终南山赋》、《览海赋》、《耿恭守疏勒城赋》、《竹扇赋》与《白绮扇》。[2]《答宾戏·序》有言：

> 永平中为郎典校秘书，专笃志于儒学，以著述为业。或讥以无……故聊复应焉。[3]

然而，班固作赋的动机并不仅仅是源于这种自我防卫机制，最重要的是，他必须宣扬汉代"天赋人权"的意识形态，并歌功颂德，美化当时的政治生态。

班固的《两都赋》就是一个典型的例子，龚克昌在《汉赋研究》一书中写道：

> 第一，诗歌的保存和发展是紧密相连于朝代之间的；第二，赋作为诗歌的一种存在形式，它的主要功能是为朝廷皇

---

[1] 此书曾被翻译成英文，读者请参见 David R. Knechtges, *Wenxuan or Selections of Refined Literature*, Vol. 3 (Princeton: Princeton University Press, 1996), pp. 82 – 103。

[2] 读者可参见龚可昌《汉赋研究》，文艺出版社，1990，第 265 ~ 266 页；（明）张溥辑《汉魏六朝百三家名家集·班兰台集》，江苏古籍出版社，2002，第 423 ~ 437 页；欧阳询编《艺文类聚·游居赋》，上海古籍出版社，1999，第 506 ~ 507 页。

[3] （唐）李善：《增补六臣注文选》，台北，华正书局有限公司，1970，第 45 页；龚可昌：《汉赋研究》，文艺出版社，1990，第 234 ~ 235 页。

室歌功颂德；第三，尽管如此，但除了赞扬之外，诗赋也能以某种巧妙的方式对时政进行批评，对王侯将相提出忠告，当然，发出警诫的目的是巩固和加强王朝统治。①

显然，赞美和褒奖是高于一切的，至于修辞方法则是多种多样的。例如，《两都赋》的创作动机是支持皇室迁都洛阳的决策，并对定都长安的拥护者进行反驳和抵制，与此同时，通过具有感染力的文字向众人证明洛阳优于原来的都城长安。② 由此可见，作赋的最终宗旨在于宣扬圣上的执政纲领，我们可在班固的赋作之中看出他对东汉皇帝德行的仰慕和崇拜。针对这一点，龚克昌在《汉赋研究》一书中这样分析：

> 班固在批判西汉皇室骄奢淫逸的同时，将东汉皇室与之相对比，强调了东汉帝王的节俭朴素与克制勤勉。③

皇帝只是作为溢美之词的个体化对象，其赞颂的实则是整个东汉帝国。

班固的另一篇作品《典引》则表达了他对父亲的追忆及其对汉王朝合法性的追本溯源，这篇文章同样承载了赞颂的理念，所谓：

---

① 龚可昌：《汉赋研究》，文艺出版社，1990，第229页。
② （南朝宋）范晔：《后汉书》，中华书局，2000，第1335页。
③ 龚可昌：《汉赋研究》，文艺出版社，1990，第246页。

固又作典引篇，述叙汉德。①

班固在《两都赋》中已经鲜明地指出了汉代建基的合法性，当他谈及王莽篡权专政一事时，曰：

上帝怀而降鉴，致命于圣皇。于是圣皇：乃握乾符，阐坤珍，披皇图，稽帝文。赫尔发愤，应若兴云。霆发昆阳，凭怒雷震。遂超大河，跨北岳，立号高邑，建都河洛。绍百王之荒屯；因造化之荡涤。体元立制；继天而作。系唐统，接汉绪。②

我将在下一节阐述班固《汉书》的说教意义和政治效用。与他的诗赋作品一样，他在私人修史时也凸显了这些实际的功用，从根本上而言，《汉书》彰显了汉朝的正统性。③

班固在叙述汉代历史的发展时，鲜明地指出了古代圣贤所建之王朝的合法性来源，④ 如下：

固以为汉绍尧运，以建帝业，至于六世，史臣乃追述功德，私作本纪，编于百王之末，厕于秦、项之列，太初以

---

① （南朝宋）范晔：《后汉书》，中华书局，2000，第1375页。
② （南朝宋）范晔：《后汉书》，中华书局，2000，第1360页。
③ 关于《汉书》研究的脉络和源流，读者请参见傅荣贤《汉书艺文志研究源流考》（两卷本），黄山出版社，2007。读者还可参见陈国庆《汉书艺文志注释汇编》，中华书局，1983；周少川《古籍目录学》，中州古籍出版社，1996。
④ （南朝宋）范晔：《后汉书》，中华书局，2000，第1334页。

后，阙而不录，故探撰前记，缀集所闻，以为汉书。起元高祖，终于孝平王莽之诛，十有二世，二百三十年，综其行事，傍贯五经，上下洽通，为春秋考纪、表、志、传凡百篇。固自永平中始受诏，潜精积思二十余年，至建初中乃成。当世甚重其书，学者莫不讽诵焉。①

撰写《后汉书》的范晔也认为尧称帝的合法性被植入了汉朝的建立之中，这种合法性进而在汉代历任帝王的英明决策和辉煌政绩中得到体现。

安德鲁·克拉克（Andrew Clark）解释了为何汉代统治合法性的问题需要追溯至尧帝，而非其他的古代圣贤，他分析并总结道：

班彪和班固父子俩的文章都表明他们不再认为天授王权仅仅是基于道德品行，班氏实际上推翻了先辈的固有观念。在班固看来，首先，上天的旨意不会因为世人的不当行为就做出改变；其次，王莽篡权实属意外，上天真正的旨意是让刘氏夺回统治权，故而刘氏家族才是上天选中之人。班固的这一说法赋予了刘氏汉朝独特的合法性意义，如果他的理论成立，那也就是说刘氏家族是获得上天馈赠的少数群体，他们享有专权，与上天保持着难以言喻的神秘联系，但若是他

---

① （南朝宋）范晔：《后汉书》，中华书局，2000，第1334页，此部分是基于班固自己在《汉书》中的陈述而写成的，见于《汉书》，中华书局，1962，第4235页。关于班固在史书书写方面的独创性与他作为历史学家对后人的贡献以及他的史学观，可参见陈其泰、张爱芳编《〈汉书〉研究》（四卷本），瞿林东编《20世纪二十四史研究丛书》，中国大百科全书出版社，2009。

们出现不当行为，也应受到谴责。[①]

在这一观念的支撑下，班固可以利用自身家族与刘氏家族的历史渊源和特殊联系来强调自身的地位，如此一来，他就不再是私修史书的个人化学者了，而成为官方历史学家。我们注意到，司马迁则与之形成鲜明对比，他始终强调自己的个体性身份。班固认为，著史也是上天的安排与恩赐，某些人注定要记录统治者的功绩，而非作为统治者亲自执掌朝政，这些人就是史学家；他们的使命是书写历史，他们虽无王位，但具美德，他们是上天选中的记录历史之人。

司马迁与班固史学观的差异源于二者修史目的和观史视角的不同：前者是纯粹的个人修史，看待历史与书写历史的视野是宏大的，视角是自由的，并认为自己所从事的是一项极为崇高的工作，且完全没有名利的因素掺杂其中；后者则代表着官方修史的立场，故而导致了其对汉代政权不加争辩的歌颂和赞扬。[②] 后者充分利用了前者对于西汉早期时代背景的书写，并着眼于西汉历史与东汉时局的差异，大力宣扬东汉政权的优越性。班固后期的作品通常以司马迁的原始信息为基础，对历史进行物理性的记叙。[③] 但

---

① 安德鲁·克拉克（Andrew E. Clark）：《班固所书写的早期中国历史》（*Ban Gu's History of Early China*），坎布瑞亚出版社，2008，第 142 页（Amherst, N. Y.: Cambria Press, 2008, p. 142）。
② 读者可参见我所撰写的《〈汉书·儒林传〉叙事法初探》，《历史文献研究》2015 年第 1 期，第 118～127 页。
③ 读者可参见我所撰写的《汉书及日本所藏的史记手抄本对整理史记的价值：以"匈奴列传"为例》，《中国文学：文章与评论》1991 年第 21 期，第 63～94 页。

即使运用司马迁早期的叙事手法，班固也以微妙的方式改变了叙事。如司马迁在《史记》中言道：

> 贬天子，退诸侯，讨大夫，以达王事而已矣。[①]

显然，班固不能照搬这一观念，他需要坚定不移地证明汉王朝的合法性并宣扬刘氏汉室的美德。[②] 后人并览《史记》与《汉书》，也可见司马迁与班固在史学观和叙事手法方面的差异。司马迁视自己为坚守儒家传统的古典主义者，他曾言：

> 自孔子卒，京师莫崇庠序，唯建元元狩之间，文辞粲如也。作儒林列传第六十一。[③]

且不论学术，更勿论师承纽带，没有任何一种学术研究能够与文学创作给一个时代馈赠的精神财富相提并论。两相对照，班固侧重于经学的传承，孔孟之道借由他的书写得以留存，儒学研究透过他的笔触得以散播，正所谓：

> 旷旷亡秦，灭我圣文，汉存其业，六学析分。是综是理，是纲是纪，师徒弥散，著其终始。述儒林传第五十八。[④]

---

① （汉）司马迁：《史记》，中华书局，1982，第 3297 页。
② （汉）班固：《汉书》，中华书局，1962，第 2717 页。
③ （汉）班固：《汉书》，中华书局，1962，第 3318 页。
④ （汉）班固：《汉书》，中华书局，1962，第 4265 页。

司马迁私撰史书则开篇于对那个倾塌的秦氏王朝的深刻省思，他旨在以古照今、借古谏今，著文的字里行间昭露着对时事的观照。他追溯《诗经》的政事功能以刺判秦氏王朝，叙述《春秋》的成书以哀叹"道"之衰落，引用孔子话语以反讽时政。所有的这些批评都蕴含于他的"私学"之中，凭借着他的个人力量汹涌而出。① 相比之下，班固官修史书则始于对六经的钻研，他对"道之不行"的感伤以及对孔子的评价完全参照官方观点，其修史目的在于"成一王法"。② 他征引孔子之言以表彰周朝所制定的黄金律法，同时强化了尧帝的圣王形象，他赞叹道：

> 大哉，尧之为君也！唯天为大，唯尧则之。巍巍乎其有成功也，焕乎其有文章也！③

班固在治学与解经方面显然比司马迁更加细致审慎，他的书写对象也更加宏阔，囊括了整个西汉时期，这是自然的，因为他生活的年代晚于司马迁。而且班固所能征引的历史资料也不仅仅局限于司马迁参考的典籍，所能借鉴的历史观念亦不限定于司马迁采用的角度。班固竭力将官方的政策指向性因势利导地加诸经典研究，而这正与司马迁背道而驰。我在此奉上以下结语：

> 班固撰《儒林传》旨在倡官学以助其纂《汉书》之大

---

① （汉）司马迁：《史记》，中华书局，1982，第 3115 页。
② （汉）班固：《汉书》，中华书局，1962，第 3589～3590 页。
③ （清）刘宝楠注《论语正义》，中华书局，1990，第 19 页。

纲，乃不在继司马氏称颂救世治民之诸德，贬责逆行天道之
君臣，而在明汉室受天命之大义也。在王新亡后不久，此论
尤为切要矣。①

第二节　东汉早期的经学批评：桓谭与王充

桓谭（约前43～约28）是当时著称于世的批评家，他与扬
雄、刘歆为密友。他涉猎广泛，博览群书，学术视野宏大。他放
眼时局，纵观政治经济，洞悉历史潮流。缇莫泰乌斯·波可拉
（Timoteus Pokora）十分钦佩桓谭广博的学问，他赞曰：

尽管从经学派别上而言，桓谭隶属于古文经学，但他却
不同于那些死守派别的极端主义者，恰恰相反，他博采众
长，并且在治经的同时侧重于吸收实用经验，亦吸纳了当时
流行于世的思想观念。他不是一位系统哲学家，事实上，他
的经学观更大程度上受到广义儒学的影响。②

① 读者可参见我所撰写的《〈汉书·儒林传〉叙事法初探》，《历史文献研究》2015 年
第 1 期，第 118～127 页。

② 〔捷克〕缇莫泰乌斯·波可拉（Timoteus Pokora）：《〈新论〉与桓谭的其他著述》
［Hsin-Lun (New Treatise) and Other Writings by Huan T'an (43 B. C. - 28. A. D.)］，密
歇根大学中国研究中心，1975，第 6 页（Ann Arbor: Center for Chinese Studies, The
University of Michigan, 1975, p. 6）。

译者注：

〔捷克〕缇莫泰乌斯·波可拉（Timoteus Pokora, 1928 - 1985），出生于布尔诺
（当时仍属于捷克斯洛伐克共和国的一部分），曾在布尔诺大学攻读法律本科学位，
后赴布拉格查尔斯大学攻读汉学硕士学位，在那里撰写了关于汉代哲学家王充的论
文，并于 1955 年获得硕士学位，之后赴北京大学学习并获得博士学位。他在完成学
业后回到捷克斯洛伐克，并在捷克科学院东方研究所（捷克语：Orientálníústav）担
任研究员。他还曾受邀赴海德堡大学与密歇根大学担任研究员。

桓谭后期的思想其实颇为激进，他竭尽所能抵制官方经学，缇莫泰乌斯·波可拉（Timoteus Pokora）接着论述道：

> 桓谭与后继者王充引领了批判的潮流，他们通过攻击今文经学彰显反叛精神，他们宣誓要摘去前辈学者为远古圣贤戴上的完美光环。①

根据史书记载，桓谭继承了其父的音乐才华：

> 桓谭字君山，沛国相人也。父成帝时为太乐令。谭以父任为郎，因好音律，善鼓琴。博学多通，遍习五经，皆诂训大义，不为章句。能文章，尤好古学，数从刘歆、杨雄辩析疑异。性嗜倡乐，简易不修威仪，而憙非毁俗儒，由是多见排抵。②

与扬雄以及刘歆二人的思想交流与情谊往来对桓谭的思想形成尤为重要，因其哲学质疑精神正是受到扬、刘二人的启迪和影

---

① 〔捷克〕缇莫泰乌斯·波可拉（Timoteus Pokora）：《〈新论〉与桓谭的其他著述》[*Hsin-Lun（New Treatise）and Other Writings by Huan T'an（43 B. C. – 28. A. D.）*]，密歇根大学中国研究中心，1975，第 6 页（Ann Arbor: Center for Chinese Studies, The University of Michigan, 1975, p. 6）。

② （南朝宋）范晔：《后汉书》，中华书局，2000，第 955 页。读者还可参见钟肇鹏、周桂钿《桓谭王充评传》，南京大学出版社，1993，第 1~84 页；〔捷克〕缇莫泰乌斯·波可拉（Timoteus Pokora）《桓谭生平》（"The Life of Huan Tan"），《东方文献》1963 年第 31 期，第 1~79、521~576 页（*Archive Orientáln*í,（31）1963, pp. 1 – 79, 521 –576）；拉弗·德·克里斯皮涅（Rafe de Crispigny）《自汉代晚期至三国时代的文献学词典》（*A Biographical Dictionary of Later Han to the Three Kingdoms, 23 – 220 AD*），布瑞尔出版社，2007，第 338 页（Leiden and Boston: Brill, 2007, p. 338）。

响，同时也在与扬、刘二人的思想交锋之中促使彼此完善各自的
哲学理念。刘歆是一位理想主义者，他信仰纯粹精神，他认为借
由冥想等精神修炼可以益寿延年。桓谭则是一位实用主义者兼审
美主义者，他着眼现实，同时将天道理论与实际生活融为一体。
桓谭说服了扬雄，使之由信仰盖天说转为信仰浑天说，另外，他
自己也跟随扬雄学习赋的写作。①

　　史学家将桓谭的学术成就与创作才华总结如下：

　　　　谭著书言当世行事二十九篇，号曰新论，上书献之，世
　　祖善焉。琴道一篇未成，肃宗使班固续成之。所著赋、诔、
　　书、奏，凡二十六篇。②

而作为一介朝廷官员，桓谭是郁郁不得志的。他曾向皇帝上书多封
谏言，但皆被驳回。关于这一点，史书载："世祖即位，征待诏。
上书言事失旨，不用"；"帝省奏，愈不悦"；"书奏，不省"。直至
晚年，桓谭依旧没有摆脱失志的厄运，史书记载：

　　　　其后有诏会议灵台所处，帝谓谭曰：吾欲谶决之，何

---

① 关于桓谭与忘年之交刘歆及扬雄的交往，读者可参见钟肇鹏、周桂钿《桓谭王充评
　　传》，南京大学出版社，1993，第 12～17 页；李祥俊《扬雄桓谭的学术创作》，收录
　　于张立文编《中国学术通史》（秦汉卷），人民出版社，2004，第 272～284 页。
② （南朝宋）范晔：《后汉书》，中华书局，2000，第 961 页。关于他的赋作，读者可
　　参见缇莫泰乌斯·波可拉（Timoteus Pokora）《桓谭、扬雄与司马相如：关于历史与
　　传统的只言片语》（*Huan T'an and Yang Hsiung and Ssu-ma Hsiang-ju*：*Some Desultory
　　Remarks on History and Tradition*）。

如？谭默然良久，曰：臣不读谶。帝问其故，谭复极言谶之
非经。帝大怒曰：桓谭非圣无法，将下斩之。谭叩头流血，
良久乃得解。出为六安郡丞；意忽忽不乐，道病卒，时年七
十余。①

桓谭的主要著作为《新论》，共 16 卷，由于某些篇章后被拆
分，因此计算下来总共 29 卷。至于将书中篇章拆分开来的缘由，
则很可能是因为当桓谭于 26 年上书光武帝时，光武帝坚持让他
将长文拆分成短章。② 《新论》开篇便阐述了其创作动机，并以
《春秋》为参照典范，如下：

余为新论，术辨古今，亦欲兴治也，何异春秋褒贬
邪！……谭见刘向新序、陆贾新语，乃为新论。③

《新论》中的《正经》纠正了前代与当时注经者细枝末节处
的错误，批判了当时经学界的谬论。④ 桓谭认为当时经学家的治
经方法与教学手段均存在不容忽视的问题，他指责道："学者既
多蔽暗，而师道又复缺然，此所以滋昏也。"他列举了以下例子：

---

① （南朝宋）范晔：《后汉书》，中华书局，2000，第 961 页。
② 鲁惟一（Michael Loewe）编著《早期中国文本书目指南》（*Early Chinese Texts*），加
　州大学伯克利分校上古中国研究联盟与东亚研究院，1993，第 158~160 页。
③ （汉）桓谭撰，朱谦之校辑《新辑本桓谭新论》，中华书局，2009，第 1 页。桓谭的
　《新论》还被翻译成英文，读者可参见〔捷克〕缇莫泰斯·波可拉（Timoteus
　Pokora）译《新论》，布尔诺大学出版社，1990，第 1 页。
④ （汉）桓谭撰，朱谦之校辑《新辑本桓谭新论》，中华书局，2009，第 38~41 页。

> 刘子政、子骏、子骏兄弟子伯玉三人，俱是通人，尤珍重左氏，教授子孙，下至妇女，无不读诵者，此亦蔽也。[①]

此外，"秦近君能说尧典，篇目两字之说，至十余万言，但说曰若稽古，三万言"。

桓谭逐一探讨了古文经文本，包括《易经》、《尚书》、《礼记》和《论语》，他还讨论了《孝经》。他充实了古文经文本，为每一本经典都增添了一定数量的卷轴和文字，并详细计算了古文经文本与今文经文本之间的字数差别。对此，桓谭自己总结道："盖嘉论之林薮，文义之渊海也。"这些细节之处的技术性处理对于文本批评而言是颇具价值的，只可惜留存至今的只有一部分，所幸他的弟子王充在其文章著作中引用提及了老师桓谭的言语和主张。桓谭认为《左传》优于《春秋公羊传》，曰："左氏传于经，犹衣之表里，相待而成。"中华书局版的《左传》延续了这一观点，即："经而无传，使圣人闭门思之，十年不能知也。"

桓谭探讨了《春秋》以降的经典教育及古代礼仪中心明堂和辟雍的建筑形制与具体功能，还对扬雄的诸多著作进行了评论，曰："诸儒睹春秋之记，录政治之得失，以立正义，以为圣人复起，当复作春秋也。自通士若太史公亦以为然。余谓之否。何则？前圣后圣，未必相袭。夫圣贤所陈，皆同取道德仁义，以为奇论异文，而俱善可观者。"

---

① （清）严可均辑《全上古三代秦汉三国六朝文·全后汉文》，中华书局，1958，第537~553页。

王充在其《论衡》中时不时称赞桓谭，他常将扬雄与桓谭并置相较，认为此二人皆出身贫寒，如星辰冉冉升起，皆似刘向、刘歆一般平步青云，所谓"汉兴以来，未有此人"。[①] 王充将桓谭视为独具批判性思维的先驱和开山鼻祖式的文本批评家，他赞叹道：

> （桓谭）能差众儒之才，累其高下，贤于所累。又作《新论》，论世间事，辩照然否，虚妄之言，伪饰之辞，莫不证定。彼［阳成］子长、子云说论之徒，君山为甲。[②]

在王充看来，桓谭理所应当被誉为引领文本批评潮流的大学问家，他这样评价道：

> 仲舒之言道德政治，可嘉美也；质定世事，论说世疑，桓君山莫上也。故仲舒之文可及，而君山之论难追也。[③]

王充最终将扬雄、刘向、刘歆与桓谭并称为当时最杰出的文学家。[④]

王充（27~约100）是历史上极负盛名的思想家和批评家，他那敏锐的观察、尖酸的话语、对意识形态无情的讨伐以及对儒家教条严厉的指责都使他在思想史上独树一帜。他显然传承了桓

---

① （汉）王充：《论衡》，岳麓书社，2006，第297~298页。
② （汉）王充：《论衡》，岳麓书社，2006，第136页。
③ （汉）王充：《论衡》，岳麓书社，2006，第279页。
④ （汉）王充：《论衡》，岳麓书社，2006，第135页。

谭的风格和姿态，并且有过之而无不及，他同样具备宏大的视野以及着眼于当下的精神品质，他的研究指向性不单单在于史学，更在于经学。①

《后汉书·王充传》颇为简短，故在此奉上全文，如下：

> 王充字仲任，会稽上虞人也，其先自魏郡元城徙焉。充少孤，乡里称孝。后到京师，受业太学，师事扶风班彪。好博览而不守章句。家贫无书，常游洛阳市肆，阅所卖书，一见辄能诵忆，遂博通众流百家之言。后归乡里，屏居教授。仕郡为功曹，以数谏争不合去。充好论说，始若诡异，终有理实。以为俗儒守文，多失其真，乃闭门潜思，绝庆吊之礼，户牖墙壁各置刀笔。著论衡八十五篇，二十余万言，释物类同异，正时俗嫌疑。刺史董勤辟为从事，转治中，自免还家。友人同郡谢夷吾上书荐充才学，肃宗特诏公交车征，病不行。年渐七十，志力衰耗，乃造养性书十六篇，裁节嗜欲，颐神自守。永元中，病卒于家。②

---

① 钟肇鹏、周桂钿：《桓谭王充评传》，南京大学出版社，1993，第 59~71 页；董俊彦：《桓谭研究》，文史哲出版社，1986，第 151~154 页。

② （南朝宋）范晔：《后汉书》，中华书局，2000，第 1629~1630 页。读者还可参见钟肇鹏、周桂钿《桓谭王充评传》，南京大学出版社，1993，第 85~546 页；钟肇鹏《王充年谱》，齐鲁书社，1983；〔瑞士〕尼古拉斯·祖福瑞（Nicolas Zufferey）《王充：中国古代政治家》[Wang Chong（27~97?）：Connaissance, politique et vérité en Chine anciene]，皮特朗，1995（Bern：Peter Lang, 1995）；拉弗·德·克里斯皮涅（Rafe de Crispigny）《自汉代晚期至三国时代的文献学词典》（A Biographical Dictionary of Later Han to the Three Kingdoms, 23 – 220 AD），布瑞尔出版社，2007，第 806~807 页（Leiden and Boston：Brill, 2007, pp. 806 – 807）；〔捷克〕缇莫泰乌斯·波可拉（Timoteus Pokora）《王充著作概览》（"The Works of Wang Ch'ung"），《东方文献》1968 年第 36 期，第 122~134 页（Archiv Orientalni,（36）1968, pp. 122 – 134）。

《后汉书》对王充一生极为精简的概括与他自身长篇累牍式的自述性文字形成了鲜明的对比。《论衡·自纪》相当于总括性的前言，《论衡·对作》则为他对自身观点的辩护，二者都涵盖了他对真理、物质和文学体式等问题的看法，是后人了解其思想的重要文献资料。[①] 王充自豪于与生俱来的天赋、才华和分析能力，他毫不谦虚地褒扬自己所著的《论衡》，如下：

> 况论衡细说微论，解释世俗之疑，辩照是非之理，使后进晓见然否之分，恐其废失，著之简牍，祖经章句之说，先师奇说之类也。其言伸绳，弹割俗传。俗传蔽惑，伪书放流，贤通之人，疾之无已。孔子曰：诗人疾之不能默，丘疾之不能伏。是以论也。[②]

王充探讨了诸多话题，我的侧重点自然在于经学。王充认为：

> 故夫能说一经者为儒生，博览古今者为通人，采掇传书以上书奏记者为文人，能精思著文连结篇章者为鸿儒。故儒

---

① 德博拉·桑默（Deborah Sommer）认为《后汉书》中的许多信息都涵盖并反复出现在《论衡》的"对作"篇和"自纪"篇之中，但这些章节相比之下篇幅更长，对细枝末节之处的描述更加详尽，故反而可能不太可靠，这些添油加醋的内容多半是在为王充自身的哲学观点辩解。此外，王充在追溯自己的家庭背景时，常将其先辈刻画得凶残恶毒，而将自己刻画成一个温和、正直、彬彬有礼而早熟独立的人，读者可参见姚兴中编《儒学百科全书》（*Routledge Curzon Encyclopedia of Confucianism*），中国大百科全书出版社，1997，第 630 页。

② （汉）王充：《论衡》，岳麓书社，2006，第 281 页。

生过俗人，通人胜儒生，文人踰通人，鸿儒超文人。故夫鸿儒，所谓超而又超者也。①

他进一步指出儒者的局限性：

> 儒生说名于儒门，过俗人远也。或不能说一经，教诲后生。或带徒聚众，说论洞溢，称为经明。或不能成牍，治一说。或能陈得失，奏便宜，言应经传，文如星月。②

王充认为，在各自文体领域出类拔萃的优秀者——无论是古人还是今人皆是平等的，这就开辟了一种全新的观念，即文类平等，古今平等。换而言之，经典与非经典文本是平等的，经学家与其他领域的学者是平等的。

"儒增"篇批判了人们对所谓先贤明君的美化、圣化以及神化，他认为那些不切实际的过分赞美是一种理想化的虚构，一种错误的表达，一种欺骗性的叙述，与真实情况完全不相符。坊间曾传董仲舒的轶事，言其因专心治学，三年不曾觉察自家园地里已长出蔬菜。对此，王充不屑一顾地反击道：

---

① （汉）王充：《论衡》，岳麓书社，2006，第 135 页。关于王充是如何看待儒生、通人、文人以及鸿儒这四类儒者的，读者可参见钟肇鹏、周桂钿《桓谭王充评传》，南京大学出版社，1993，第 458～467 页。

② （汉）王充：《论衡》，岳麓书社，2006，第 135 页。读者还可参见张分田《王充对汉代经学统治思想的怀疑与批判》，收录于刘泽华编《中国政治思想史（秦汉魏晋南北朝卷）》，浙江人民出版社，1996，第 313～332 页。

> 仲舒虽精，亦时解休，解休之间，犹宜游于门庭之侧，
> 则能至门庭，何嫌不窥园菜？闻用精者，察物不见，存道以
> 亡身，不闻不至门庭，坐思三年，不及窥园也。①

王充的激进表达通常是有理可依的，他有时将哲思蕴含在一则神
话或寓言之中，再将之运用于道德规范中，并使之被时人所接
受。王充的批判往往透露着一股子尖酸刻薄，而且无往不利。他
批判的范围也颇广，如孔子、孟子和韩非等人也在其内。

"正说"篇所针对的对象是早期的今文经学，他指责儒生的
学问没有实体的根基，缺乏创新，曰：

> 儒者说五经，多失其实。前儒不见本末，空生虚说；后
> 儒信前师之言，随旧述故，滑习辞语，苟名一师之学，趋为
> 师教授，及时蚤仕，汲汲竞进，不暇留精用心，考实根核。
> 故虚说传而不绝，实事没而不见，五经并失其实。尚书、春
> 秋事较易，略正题目觕粗之说，以照篇中微妙之文。②

在这一部分中，王充提供了丰富的例证和详尽的分析，而激
进的言辞和观点自然是少不了的。对他而言，诠释学、史学和文
法学在功能上有着相通之处，所涉猎范围可包括书写材质、文本
变体以及文本批评，但在某些方面就略显欠缺了，如哲学、文

---

① （汉）王充：《论衡》，岳麓书社，2006，第81页。
② （汉）王充：《论衡》，岳麓书社，2006，第269页。

学、书籍文化、教育、宗教、民俗以及物质文化等方面。①

王充一系列文章中所蕴含的信息裨益于文化研究的各个层面，如哲学、文学、史学、社会学、经济学、民俗学、物理学以及世界本质和人类本性等。这种百科全书式的大杂烩在当时是独一无二的，其不仅包含了王充自传式的自我评价，也涉及了他的研究方法论。王充认为以尖锐的视角看待古代文本有助于人们更加清晰地把握历史。为证明他的这一观点，他不仅列举了实例，而且提供了解读文本的理论方法。正因如此，后世怀揣着"反叛"思想的文人学者无一不借鉴他的研究成果和学术态度。②

关于王充对后世思想产生的巨大影响，拉弗·德·克里斯皮涅（Rafe de Crespigny）做过如下总结：

> 王充哲学思想的核心在于怀疑精神，他始终对官方推崇的今文经学保持着一种审慎的、质疑的态度，并以一种夸张的姿态和言语挑战权威。他主张重新审视历史，反对人云亦云。究其一生，王充的绝大部分著述都不被时人所重视，就连《论衡》也无人问津。在他被流放南方期间，蔡邕偶得其文，阅后惊为天人，大肆宣扬，而后曹操听闻之。随着今文

---

① 关于王充的学术路径，尤其是他研究经学的方法，读者可参见谢朝清《王充治学方法研究》，台北，文津出版社，1986。

② 关于王充对语文学的贡献以及他的理性批判思维，读者请参见李伟泰《汉初学术及王充论衡述论稿》，台北，长安出版社，1985，第 169～190 页。

经学走向衰颓，王充的激进派思想逐渐为人所知，并大受欢迎。①

第三节　许慎与词典编纂学发展的盛极之鼎

我曾在前文中提及一些在文字学方面颇有钻研的文学家，但他们的成果仅限于四字式的识读性启蒙书籍，间接地解释了字义，而且过于简单。这一四字式的形式回应了早期的诗歌文本特征，同时也反映了诗人与学者灵魂深处的相通。现举一例为证：

> 苍颉作书，以教后嗣。幼子承诏，谨慎敬戒。勉力讽诵，昼夜勿置。苟务成史，计会辩治。超等轶群，出尤别异。初虽劳苦，卒必有意。②

这种形制和篇幅长短必定流行于那一时期。

上述所引的识读性启蒙书籍自然难以涵盖对某一字词精确的

---

① 拉弗·德·克里斯皮涅（Rafe de Crispigny）《自汉代晚期至三国时代的文献学词典》（*A Biographical Dictionary of Later Han to the Three Kingdoms*, 23–220 AD），布瑞尔出版社，2007，第 807 页（Leiden and Boston: Brill, 2007, p. 807）。可以肯定的是，乾隆时期的在朝学者纪昀（1724～1805）、惠栋（1697～1758）、王鸣盛（1722～1797）、钱大昕以及杭世骏（1696～1773）等人都认为王充对古代圣贤，如孔子、孟子和韩非进行了极其尖刻的贬抑，但这些当朝大臣也只是追随着皇帝的观点，故而对他们的看法不必加以重视。读者可参见褚问鹃《王充〈论衡〉研究》，台北，"中央"图书出版社，1974，第 27～35 页。
② 读者请参见 http://ctext.org/library.pl? if = gb&res =1607。

定义。①《尔雅》则算得上难得一见的例外，它整合了公元前 3 世纪前后人们对某些字词的定义和用法。事实上，《毛诗》也可被看作一种释义的文本。据传，《尔雅》为周公所著，在唐代被奉为经典，后被纳入"十三经"。它包含 19 个部分，并列有同义词条目。②《尔雅》虽堪称经典，但许慎的《说文解字》则具有某种划时代的革新意义，因其将释义方法论与诗歌分离开来，从而将研习的重点由记诵转向诠释，将文字从特定的文章段落中抽取出来赋予它们以专门性的内涵。③ 此外，它还将文字释义置入成人阅读的情境之中，以更为复杂、难度系数更大的文本作为例句释读文字，故训诂释读不再只囿于孩童蒙学的范畴。许慎的《说文解字》开拓了一个崭新的领域，他始创构架了关于"六书"的新理论，将每个汉字的结构分解为字形、语音和语义这三个部分。条目的排序不再按照原先的字义分类，而是依据偏旁部首进行排列。

许慎（约 58 ~ 147）出生的年代今文经学正盛行，他目睹了这一经学学派与潮流的兴起，见证了官方诠释以及宏大的宇宙理

---

① 读者请参见何明勇、景鹏编著《中国词典学：从公元前 1046 年至公元 1911 年》（*Chinese Lexicography: A History from 1046 BC to AD 1911*），牛津大学出版社，2008，第 27 ~ 28 页（Oxford and New York: Oxford University Press, 2008, pp. 27 - 28）。

② 罗杰·格瑞特雷克斯（Roger Greatrex）：《西汉早期同义词：〈苍颉篇〉抄本》（*An Early Western Han Synonymicon: The Fuyang Copy of the Cang Jie Pian*），收录于乔吉姆·恩沃尔（Joakim Enwall）编《简帛研究：古然·马尔姆奎斯特 70 岁生日纪念文集》（*Outstretched Leaves on His Bamboo Staff: Studies in Honour of Göran Malmqvist on His 70th Birthday*），东方研究协会，1994，第 100 页（Stockholm: Association of Oriental Studies, 1994, p. 100）。

③ 读者可参见科布林（W. South Coblin）的文章，收录于鲁惟一（Michael Loewe）编著《早期中国文本》（*Early Chinese Texts*），美国东亚研究所出版社，1994，第 94 ~ 99 页。

论与之相结合的情状。不幸的是，受到古文经学的冲击，今文经学派逐渐式微，朝野上下的争论与质疑也此起彼伏。曹褒继承了其父曹充的衣钵，曹充是汉光武帝时期的五经博士之一，专攻《礼记》，他年轻时曾为朝廷重建礼仪，是继叔孙通之后又一位将经学运用于朝纲仪礼方面的学者。正因如此，他十分崇敬叔孙通，也借鉴了叔孙通的一些治学经验。《后汉书》载：

> 诏召玄武司马班固，问改定礼制之宜。固曰：京师诸儒，多能说礼，宜广招集，共议得失。帝曰：谚言作舍道边，三年不成。会礼之家，名为聚讼，互生疑异，笔不得下。昔尧作大章，一夔足矣。[1]

鲍则岳（William G. Boltz）曾言：

> 类似于上述这种倨傲轻蔑的姿态持续了几十年，它与后宫嫔妃及太监等遵循的制度有关。[2]

直到 120 年，朝中氛围才有所改观。对于此类学者的辱蔑和歧视也才逐渐转变为尊重和信任，至此之后，朝廷开始接纳这样的学

---

① （南朝宋）范晔：《后汉书》，中华书局，2000，第 1203 页。关于这段历史，读者还可参见拉弗·德·克里斯皮涅（Rafe de Crispigny）《自汉代晚期至三国时代的文献学词典》（A Biographical Dictionary of Later Han to the Three Kingdoms, 23 – 220 AD），布瑞尔出版社，2007，第 35 ~ 45 页（Leiden and Boston: Brill, 2007, pp. 35 – 45）。
② 读者可参见鲍则岳（William G. Boltz）的文章，收录于鲁惟一（Michael Loewe）《早期中国文本》（Early Chinese Texts），美国东亚研究所出版社，1994，第 430 页。

者，并希望他们能够为经学发展做出贡献。① 尽管许慎的《说文解字》成书于100年前后，但由他的儿子许冲上呈给皇帝观阅。②

史书对许慎生平的记载甚至比王充传更加简短，而且被随意地与一些末流之辈并置在一起，见下文：

> 许慎字叔重，汝南召陵人也。性淳笃，少博学经籍，马融常推敬之，时人为之语曰：五经无双许叔重。为郡功曹，举孝廉，再迁除洨长。卒于家。初慎以五经传说臧否不同，于是撰为五经异义，又作说文解字十四篇，皆传于世。③

正如前文所述，许慎一直静居家中，潜心著书，直至晚年他的书才得以面呈圣上，故在时人看来，许慎是一位纯粹的经学家，而非词典编纂学家。他为人所称道的著述是十卷本的《五经异义》，现仅存100多篇断章，勉强可以凑成三卷。④ 据许慎之子许冲在《说文解字》前言里的记述，其父曾为贾逵（30～101）

① 罗伊·安德鲁·米勒（Roy Andrew Miller）详细描述了这一时期经学氛围的转向以及朝廷对经学家态度的转变，读者可参见他的博士学位论文《〈说文解字〉问题研究》（"Problems in the Study of Shuo wen chieh tzu"），哥伦比亚大学，1958，第3～26页（Columbia University，1958，pp. 3 - 26）。
② 王蕴智：《中国的字圣——许慎》，河南人民出版社，1994，第19页。
③ 王蕴智：《中国的字圣——许慎》，河南人民出版社，1994，第19页。拉弗·德·克里斯皮涅（Rafe de Crispigny）：《自汉代晚期至三国时代的文献学词典》（A Biographical Dictionary of Later Han to the Three Kingdoms, 23 - 220 AD），布瑞尔出版社，2007，第910页（Leiden and Boston：Brill，2007，p. 910）。读者还可参见陶方琦编《许君年谱》，诸可宝编《许君疑年录》，收录于北京图书馆编《汉晋名人年谱》（三卷本），北京图书馆出版社，2004，第277～319、321～399页。
④ （清）陈寿祺疏证，曹建墩点校《五经异义疏证》，上海古籍出版社，2012，第9647～9716页。

门生，他自 84 年便受教于贾逵门下，接受过古文经学派的学术训练，深受古文经学派的影响，故而他在著书立说的过程中时常援引贾逵的观点。①

罗伊·安德鲁·米勒（Roy Andre Miller）认为许慎是一位观点独特、想法独到的古文经学家，并给予了他极高的评价。② 而许慎的作品之所以流传甚广与郑玄是分不开的。郑玄（127 ~ 200）是一位颇具反叛精神的经学家，被后人盛赞为"通儒"，他通晓古今两派，博览群书，不受自家门派的局限。郑玄找出了许慎著作中的一些谬误，并一一驳斥。这种以许慎作为靶心加以射击的做法，实际上从另一个侧面推动了其著作的传播。③

此外，许慎在学术上的忠诚和坚守反映了古典时期师承关系的纯粹性。当代学者顾涛曾在《段注论〈说文〉与〈仪礼〉今古文之关系析疑》一文中论及此问题。顾涛认为，尽管许慎也受到了今文经学派的影响，但归根结底他还是一位古文经学家，他对古文经学派的忠守是显而易见的，更勿论他与郑玄在众多学术观点上的差别。④

据当代学者的研究成果，《五经异义》探讨了 25 个独立的主

---

① 关于这一断言背后的推理，读者可参见王蕴智《中国的字圣——许慎》，河南人民出版社，1994，第 19 页。
② 罗伊·安德鲁·米勒（Roy Andrew Miller）：《许慎的〈五经异义〉》（"The Wu-Ching I-I of Hsu Shen"），收录于《塞内卡纪念文集》，1977 ~ 1978，第 4 页（*Monumenta Serica*，1977 –1978，p. 4）。
③ 罗伊·安德鲁·米勒（Roy Andrew Miller）：《许慎的〈五经异义〉》（"The Wu-Ching I-I of Hsu Shen"），收录于《塞内卡纪念文集》，1977 ~ 1978，第 8 页（*Monumenta Serica*，1977 –1978，p. 8）。米勒还分析了许慎和郑玄在认知程度和知识结构上的差异。
④ 顾涛：《段注论〈说文〉与〈仪礼〉今古文之关系析疑》，《中国经学》2012 年第 10 期，第 125 ~ 146 页。

题，涵盖了以下方面：婚姻与夫妻之道、祭祀与牺牲、寺庙与朝廷、亲缘关系与等级、政府与惩治等。① 很显然，许慎模仿了《白虎通义》的形制，其目的在于抨击不再研习古文文本的时人和官僚。《后汉书·徐防传》曾提及上述现象（注：徐防曾被举孝廉，担任尚书郎，他是抵制今文经学的中流砥柱）：

> 防以五经久远，圣意难明，宜为章句，以悟后学。上疏曰：臣闻诗书礼乐，定自孔子；发明章句，始于子夏。其后诸家分析，各有异说。汉承乱秦，经典废绝，本文略存，或无章句。收拾缺遗，建立明经，博征儒术，开置太学。孔圣既远，微旨将绝，故立博士十有四家，设甲乙之科，以勉劝学者，所以示人好恶，改敝就善者也。伏见太学试博士弟子，皆以意说，不修家法，私相容隐，开生奸路。每有策试，辄兴诤讼，论议纷错，互相是非……今不依章句，妄生穿凿，以遵师为非义，意说为得理，轻侮道术，浸以成俗……臣以为博士及甲乙策试，宜从其家章句，开五十难以试之。解释多者为上第，引文明者为高说；若不依先师，义有相伐，皆正以为非。五经各取上第六人，论语不宜射策。虽所失或久，差可矫革。诏书下公卿，皆从防言。②

黄永武的两卷本主题式研究著作《许慎之经学》考察了许慎

---

① 董希谦、张启焕：《许慎与〈说文解字〉研究》，河南大学出版社，1988，第 39 页。
② （南朝宋）范晔：《后汉书》，中华书局，2000，第 1500～1501 页。

对五经的运用，在谈及许慎对《易经》的研究及注解时，黄永武认为：

> 许慎为通儒，学既兼赅古今，识能臧否同异，其说易义，立言惟求其当，本不墨守一家。①

又言：

> 非主一家。而解字之篇，则创自从逯文学之后，乃特崇古学。是故许君之书学，于异义则博洽多方，期于惬理；于说文则笃守古学，独称孔氏。②

在黄永武看来，许慎对《诗经》的言说可谓"唯依据明确者是从"，③至于对其他经典的研究，许慎侧重于《仪礼》和《左传》；④郑玄则广泛地研读"三礼"和"春秋三传"。⑤黄永武曾将许慎与郑玄并置比较，做出以下总结：

> 许君异义既汇萃汉师之遗说，郑君驳议又广备通儒之高论，是以许书郑驳，实兼综古今之殊旨者也。而两京坠绪，肯綮在此，学者称汉学，乃推许郑之学焉……故尔书中诸家

---

① 黄永武：《许慎之经学》（两卷本），台北，商务印书馆，1972，第1页。
② 黄永武：《许慎之经学》（两卷本），台北，商务印书馆，1972，第83页。
③ 黄永武：《许慎之经学》（两卷本），台北，商务印书馆，1972，第200页。
④ 黄永武：《许慎之经学》（两卷本），台北，商务印书馆，1972，第369页。
⑤ 黄永武：《许慎之经学》（两卷本），台北，商务印书馆，1972，第499页。

竞说，反使全美见焉。①

不似黄永武的话题性书写，马宗霍的《说文解字引经考》则采用文本分析的方式探讨了许慎在《说文解字》中对五经及其他上古典籍的引用。据他的统计，《说文解字》共引用《易经》78条，《尚书》159条，《逸周书》10条，《诗经》422条，《三家诗》2条，《礼记》145条，《春秋》181条，《国语》20条，《论语》31条，《逸论语》2条，《孝经》3条，《尔雅》28条，《孟子》8条。②

许慎的传世名作《说文解字》可视为一本解释常用字、分析复杂字词的词典性工具书，该书聚焦于字形及字义。③ 这是中国

---

① 黄永武：《许慎之经学》（两卷本），台北，商务印书馆，1972，第369页。
② 马宗霍：《说文解字引经考》，台北，台湾学生书局，1971。
③ 读者可参见江举谦《说文解字综合研究》，台中，东海大学出版社，1970；祝敏申《〈说文解字〉与中国古文字学》，复旦大学出版社，1998；季旭升《说文新证》（两卷本），台北，艺文印书馆，2004～2008；罗伊·安德鲁·米勒（Roy Andrew Miller）《〈说文解字〉问题研究》（*Problems in the Study of Shuo wen chieh tzu*），哥伦比亚大学，1958，第98～271页（Columbia University，1958，pp. 98-271）；鲁惟一（Loewe）编著《早期中国文本》（*Early Chinese Texts*），美国东亚研究所出版社，1994，第429～442页，鲍则岳（William G. Boltz）的这篇文章堪称对《说文解字》条目内容、术语和结构最详尽的分析。
　　译者注：
　　〔美〕罗伊·安德鲁·米勒（Roy Andrew Miller，1924-2014），出生于明尼苏达州的威诺娜，1953年获得博士学位，1955～1963年在东京国际基督教大学担任语言学教授，之后赴耶鲁大学任教，1964～1970年担任该校东亚和南亚语言和文学部主席，1970～1989年在西雅图华盛顿大学任职。他还曾在德国和斯堪的纳维亚地区任教。他长期致力于日语、汉语和藏语的研究和教学，著有《日语和其他阿尔泰语言》、《西藏语法传统研究》、《日语的起源》、《语言和历史》以及《日本的现代神话：语言和超越》等书。

第一部以偏旁部首为索引的字词典，许慎细分出 540 个部首。①
《说文解字》共包含 9353 个字，外加 1163 个重文。唐朝学者李
阳冰系统研究过《说文解字》，他依据此书将自己的名字解释为
"太阳下的冰"，这与他的遭遇和心境也有关，因其一直不被朝廷
重用，其政治及学术观点也始终不受欢迎。徐铉（916～991）和
徐锴（920～974）两兄弟穷极一生钻研《说文解字》，写下《校
订说文解字》，每一卷分为两个部分，并增加反切读法。徐锴还
著有《说文解字系传》，对部首和字形加以解释。清代学者段玉
裁是力图横跨文本批评与注解性分析两个领域的少数学者之一，
著有《说文解字注》。②

　　且不谈许慎的学术贡献和革新精神，他编写《说文解字》的
宗旨远大于纯粹的学术，鲍则岳（William G. Boltz）曾言：

　　　　许慎之所以著《说文解字》，并不是出于语言学或词典学
　　研究的动机。他真正的目的在于弘扬经典，向天下人昭告古文
　　经学的合法性，并彰显自己对汉王朝的忠心，同时以确立文字
　　语汇含义的方式为世间确立秩序。许慎所借用的方式是语义学
　　和词典学，但探寻字词的含义却不是他学术道路的终点。③

---

① 对许慎生发之偏旁的探究和分析，读者可参见蒋世德《文字学：说文部首编》，台
　北，秀威资讯科技股份有限公司，2007。
② 鲍则岳（William G. Boltz）对此问题有过十分细致详尽而深刻的分析。读者请参见鲁
　惟一（Loewe）编著《早期中国文本》（*Early Chinese Texts*），美国东亚研究所出版
　社，1994，第 429～442 页。
③ 鲁惟一（Michael Loewe）编著《早期中国文本》（Early Chinese Texts），美国东亚研
　究所出版社，1994，第 430 页。

以许慎对"一"的解释为例：

> 惟初太始，道立于一，造分天地，化成万物。[①]

当代学者汤可敬在《说文解字今释》一书中评价道：

> 惟初太始四句，不是解释一字，而是说明本书立一为首的哲学依据。说得十分堂皇。[②]

至于数字"三"，《说文解字》的解释是：

> 三数名，天地人之道也。[③]

汤可敬更是引申道：

> 王天下所归往也。董仲舒曰：古之造文者，三画而连其中谓之王。三者，天地人也，而参通之者王也。孔子曰：一贯三为王。[④]

---

① （汉）许慎著，（清）段玉裁注《说文解字注》，上海古籍出版社，2008，第1页。段玉裁将"太始"注解为"太极"，同样的释读见于徐锴《说文解字系传》，中华书局，1987，第1页。

② 汤可敬：《说文解字今释》（两卷本）第一卷，岳麓书社，1997，第1页。

③ （汉）许慎著，（清）段玉裁注《说文解字注》，上海古籍出版社，2008，第17页。

④ （汉）许慎著，（清）段玉裁注《说文解字注》，上海古籍出版社，2008，第13～14页。

　　许慎在方法论上的独特性透过《说文解字》表露无遗。首先是以发音类比为策略确定某个字的基本属性。这种方式以语音元素取代了字形结构，上述运用在《说文解字》里比比皆是，如"士"与"事"，"君"与"尊"以及"酒"与"就"，等等。如：

　　　　所以就人性之善恶。[①]

这反映了许慎借由语音相似所进行的语汇延伸。他还引用孔子、韩非以及司马相如的话语作为佐证，只是他所征引的某些话语后人并未从古籍中寻得原文。我们可以合理推测，这些无证可考的话语出自他对古人思想的自我提炼和整合。下面再举一例，许慎对"士"的解释为"推十合一为士"，段玉裁认为许慎的解释可谓"由博返约"。但正如前文所谈及并分析的那样，许慎此处的解释也属无证可考、无迹可寻，汤可敬认为若将此归于孔子言论，则根基虚无。[②]

[①]（汉）许慎著，（清）段玉裁注《说文解字注》，上海古籍出版社，2008，第21页。充分利用双关语的词典当属刘熙的《释名》，它分为八章，包括天、地、山、河等，共计大约1500个条目，按照语音及语义分类。如："天，显也。在上高显。"读者可参见罗伊·安德鲁·米勒（Roy Andrew Miller）的文章，收录于鲁惟一（Loewe）编著《早期中国文本》（*Early Chinese Texts*），美国东亚研究所出版社，1994，第425～428页。此外，读者还可参见张舜徽《郑学丛著》（两卷本）第二卷，齐鲁书社，1984，第420～611页；读者也可参见〔美〕许思莱（Axel Schuessler）《ABC上古汉语词源词典》（*ABC Etymological Dictionary of Old Chinese*），夏威夷大学出版社，2007（Honolulu: University of Hawaii Press, 2007），第507～508页。

[②]汤可敬：《说文解字今释》（两卷本）第一卷，岳麓书社，1997，第59页。

许慎在《说文解字》序言里阐明了著此书的目的和宗旨，[①]
如下：

> 盖文字者，经艺之本，王政之始。前人所以垂后，后人
> 所以识古。故曰：本立而道生。知天下之至赜而不可乱也。[②]

这澄清了他的书写动机，也表明他的书写行为与经学、王权及上
古文化密切相关。蒂默瑟·欧·内尔（Timothy O'Neil）曾将这篇
序言视为"正名"之作。"正名"一词出自孔子之口，后被荀子
发扬，如下：

> 子路曰：卫君待子而为政，子将奚先？子曰：必也正名
> 乎！子路曰：有是哉，子之迂也！奚其正？子曰：野哉由
> 也！君子于其所不知，盖阙如也。名不正，则言不顺；言不
> 顺，则事不成；事不成，则礼乐不兴；礼乐不兴，则刑罚不
> 中；刑罚不中，则民无所措手足。故君子名之必可言也，言

---

① 许慎《说文解字》序言部分曾被翻译成英文，读者请参见瑟恩（K. L. Thern）译
《〈说文解字〉"序"：中国第一部全面而综合的词典》（*Postface of the Shuo-wen Chieh-*
tzu: The First Comprehensive Chinese Dictionary），威斯康星大学，1966，第 8 ~ 18 页
（Madison, Wisconsin: The University of Wisconsin, 1966, pp. 8 – 18）；蒂默瑟·欧·
内尔（Timothy O'Neill）《许慎年表：对〈说文解字〉序的另一种解读》（"Xu Shen's
Scholarly Agenda: A New Interpretation of the Postface the Shwuowen jiezi"），《美国东方
学会》2013 年总第 133 期，第 413 ~ 440 页 [*Journal of the American Oriental Society*
(133) 2013, pp. 413 – 440]。读者还可参见此书的第 429 ~ 478 页，从而了解法语和德
语版本，以及其他英语版本。邮承铨：《说文解字序讲疏》，陈新雄、于大成编《文
字学论文集》，台北，木铎书局，1976，第 51 ~ 194 页。
② （汉）许慎著，（清）段玉裁注《说文解字注》，上海古籍出版社，2008，第 15 ~
21 页。

之必可行也。君子于其言，无所苟而已矣。①

"正名"论是孔子留给后人的思想遗产，这一观点和论调激发了荀子，他因而写下这样一段文字：

故王者之制名，名定而实辨，道行而志通，则慎率民而一焉。故析辞擅作名，以乱正名，使民疑惑，人多辨讼，则谓之大奸。其罪犹为符节度量之罪也。故其民莫敢托为奇辞以乱正名，故其民悫；悫则易使，易使则公。其民莫敢托为奇辞以乱正名，故壹于道法，而谨于循令矣。如是则其迹长矣。迹长功成，治之极也。是谨于守名约之功也。今圣王没，名守慢，奇辞起，名实乱，是非之形不明，则虽守法之吏，诵数之儒，亦皆乱也。若有王者起，必将有循于旧名，有作于新名。然则所为有名，与所缘以同异，与制名之枢要，不可不察也。②

根据孔、荀二人的理论，正名是社会秩序的基础，是王权得以稳固的根基。这一观念在荀子那里发挥到了极致，盖因荀子所生活的年代时局动荡，礼崩乐坏，人心惶惶。既然名实应相符，恰当的名称映射出恰当的事物和现实，故而语义实践与物象及时

① （清）刘宝楠注《论语正义》，中华书局，1990，第108页。
② 王先谦：《荀子集解》，中华书局，1988，第275～276页。此书曾被诺布罗克（Knoblock）翻译成英文，读者请参见诺布罗克（Knoblock）译《荀子著述的翻译和研究全集》（*Xunzi: A Translation and Study of the Complete Works*），斯坦福大学出版社，1994，第128页。

事是紧密相连的，名称可以反映一个时代的样貌。

关于"正名"的问题，《说文解字注》里有这么一段文字：

> 书或不正，辄举劾之。今虽有尉律，不课，小学不修，莫达其说久矣。①

可见，对于名称的诠释并未被纳入孩童启蒙教育之中。而从许慎的观点出发，这种字词释义方面的训练本应被纳入。

清代学者在"正名"观念下的诠释学框架之中突出强调了"小学"这一范畴，欧·内尔（O'Neil）将之翻译为"基础教育"，他援引了戴震（1724～1777）、段玉裁（1735～1815）、王念孙（1744～1832）以及朱骏声（1788～1858）的观点，认为孔子及荀子的正名理论可被运用于许慎的文字观之上。②

在此，欧·内尔（O'Neil）实际上将探讨引入了更深刻的层面，他认为许慎对正名观的评价与文字书写形式及字体的历史嬗变有着千丝万缕的关联。诚然，古文作为一种字样形态，出现在孔子和左丘明的书写之中。任何由此发展而出的晚近字体都已经脱离了古文的生存语境，正如《说文解字注》中所言：

---

① （汉）许慎著，（清）段玉裁注《说文解字注》，上海古籍出版社，2008，第 13 页。蒂默瑟·欧·内尔（Timothy O'Neill）：《许慎年表：对〈说文解字〉序的另一种解读》（"Xu Shen's Scholarly Agenda: A New Interpretation of the Postface the Shwuowen jiezi"），《美国东方学会》2013 年总第 133 期，第 434 页 [*Journal of the American Oriental Society* (133) 2013, p. 434]。

② （汉）许慎著，（清）段玉裁注《说文解字注》，上海古籍出版社，2008，第 414～417 页。

及宣王太史籀，著大篆十五篇，与古文或异。至孔子书六经，左丘明述春秋传，皆以古文，厥意可得而说也。其后诸侯力政，不统于王。恶礼乐之害己，而皆去其典籍。分为七国，田畴异亩，车涂异轨，律令异法，衣冠异制，言语异声，文字异形。秦始皇帝初兼天下，丞相李斯乃奏同之，罢其不与秦文合者……是时，秦烧灭经书，涤除旧典。大发吏卒，兴戍役。官狱职务繁，初有隶书，以趣约易，而古文由此绝矣。自尔秦书有八体……①

上述看法似乎是有一些道理的，蒂默瑟·欧·内尔（Timothy O'Neill）总结道：

尊重并研究古文经学文本是十分有必要的，无论是在宫廷朝中还是在民间私学。古文文本包含了极其重要的信息，它暗含了古今之间的联系，故而对朝廷政治纲领也有所启示，使人们试图回归理想中的往昔社会。②

---

① （汉）许慎著，（清）段玉裁注《说文解字注》，上海古籍出版社，2008，第 8～11 页。瑟恩（K. L. Thern）译《〈说文解字〉"序"：中国第一部全面而综合的词典》（*Postface of the Shuo-wen Chieh-tzu: The First Comprehensive Chinese Dictionary*），威斯康星大学，1966，第 17 页（Madison, Wisconsin: The University of Wisconsin, 1966, p. 17）。

② 蒂默瑟·欧·内尔（Timothy O'Neill）：《许慎年表：对〈说文解字〉序的另一种解读》（"Xu Shen's Scholarly Agenda: A New Interpretation of the Postface the Shwuowen jiezi"），《美国东方学会》2013 年总第 133 期，第 425 页［*Journal of the American Oriental Society*, (133) 2013, p. 425］。

我在此愿引用郦承铨的话作为总结，在他看来，即使人们以一日一字的速度钻研《说文解字》，那么穷极一生也还是无法将此书研究透彻。[①] 他进而在《说文解字序讲疏》一书中这样写道：

> 《说文解字》的价值不可估量，倘若没有这本著作，那么先秦时期的很多文字以及书写样态就不可能得以留存下来。难能可贵的是，《说文解字》还保留了甲骨文、金文及篆书，后世可借由这本书了解上古文字的语音及字体结构。同时，《说文解字》还有社会学及神话学层面上的价值，读者可以透过文字进而窥见远古时代中国的政治、经济、律法以及文化。[②]

① 郦承铨：《说文解字序讲疏》，陈新雄、于大成编《文字学论文集》，台北，木铎书局，1976，第 51 页。
② 瑟恩（K. L. Thern）译《〈说文解字〉"序"：中国第一部全面而综合的词典》（*Postface of the Shuo-wen Chieh-tzu: The First Comprehensive Chinese Dictionary*），威斯康星大学，1966，第 4 页（Madison，Wisconsin：The University of Wisconsin，1966，p. 4）。关于《说文解字》的训诂学意义和价值，读者请参见宋永培编《说文与训诂研究论文集》，商务印书馆，2013。

第七章

方法论的革新者与语文学的拓展（Ⅲ）：
注释学

    本章将会探讨并审视与文本批评相关的方法论、研究姿态以及文类，东汉时期郑玄的生平著作将会是研究重点。范晔（398～445）曾在《后汉书·儒林列传》中引用郑玄对《毛诗》①、《尚书》②、《周礼》以及《礼记》③的评注，只有他对《易经》的注解被引用得较少，取而代之的是荀爽（128～190）④的评注，《左传》则没有被纳入其内。⑤ 广为人知的是，郑玄的著作乃服虔注解的基础。⑥

---

① （南朝宋）范晔：《后汉书》，中华书局，2000，第2576页。
② （南朝宋）范晔：《后汉书》，中华书局，2000，第2566页。
③ （南朝宋）范晔：《后汉书》，中华书局，2000，第2577页。
④ （南朝宋）范晔：《后汉书》，中华书局，2000，第2554页。
⑤ （南朝宋）范晔：《后汉书》，中华书局，2000，第2587页。
⑥ 《世说新语》载郑玄无意中听到了服虔对《左传》的看法，发现服虔与自己的观点是一致的，于是将自己未竟的事业交付给服虔，让其完成这部评注。读者请参见（南朝宋）刘义庆著，（南朝梁）刘孝标注《世说新语校释》，上海古籍出版社，2011，第48页。此书曾被翻译成英文，读者请参见 Richard B. Mather, *Shih - Shuo Hsin - Yü: A New Account of Tales of the World*, 2nd ed. (Ann Arbor: Center for Chinese Studies, The University of Michigan, 2002), pp. 98 – 99。此书还记载了郑玄的家庭生活与社会交往，诸多轶事都分散其中，读者可从中获得一些补充性的信息。（转下页注）

郑玄综合了五经的四种官方版本，将之融入自己的教学之中，并在此基础上渗透了独特的一己之见。后人将郑玄盛赞为"通儒"，对其十分景仰，他为古籍经典所书写的注解也颇具权威性。唐代确立"十三经"，其中有四经皆采用他的注解，这四经分别是《周礼》、《仪礼》、《礼记》以及《毛诗》。①细数历史上的经学家，鲜有人可以获得如此殊荣。此外，他对历法系统的贡献同样不容小觑。约瑟夫·居斯塔斯·斯卡利杰尔（Joseph Justus Scaliger，1540－1609）曾对郑玄的生平著作进行编年史式的详尽分析和归纳，②我在此暂且借他的研究成果一用。据他考察，郑玄研读并转录过的文本如表7－1所示。

表7－1 郑玄研读、转录的经典

经典	传	作者
《尚书》	大夏侯尚书	牟融
	小夏侯尚书	王良

（接上页注⑥）译者注：

　〔美〕理查德·马瑟（Richard Burroughs Mather，1913－2014），作为传教士家庭的孩子，他出生在其父母传教于中国之时，并且在中国度过了他的青少年时期，1935年获得普林斯顿大学学士学位，后赴加州大学伯克利分校攻读博士并取得学位，1949年被聘为明尼苏达大学教授，在那里他创立并开设了常规的中文课程。退休后他与同事组建了中文私人阅读翻译小组，小组成员一般每周会面一两次，阅读中国文学作品，之后翻译成英文。2003年，犹他州普罗沃的唐氏研究会出版了一本纪念他的文集，题目是"中国早期文学和文化史研究：理查德·马瑟（Richard Burroughs Mather）与唐纳尔德·霍尔兹曼（Donald Holzman）"。

① 何晏（约195～249）的《论语集解》被收录进《十三经注疏》之中，其正是基于郑玄的注解。关于"十三经"的确立以及《十三经注疏》的历史，读者可参见蒋伯潜《十三经概论》，上海古籍出版社，2010。

② 读者可参见 Anthony Grafton, *Joseph Scaliger: A Study in the History of Classical Scholarship. I. Textual Criticism and Exegesis. II. Historical Chronology* (Oxford: Clarendon Press, 1983－1993). 作者在文本批评、诠释以及历史年表等方面做出了推进性的贡献。

续表

经典	传	作者
《尚书》	欧阳尚书	桓荣
	古文尚书	杜林、贾逵、马融、郑玄
《易》	孟氏易	范升
	费氏易	陈元、郑众
	费氏易	马融
	易注	郑玄
	易传	荀爽
《诗》	毛诗	郑众、贾逵
	毛诗传	马融
	毛诗笺	郑玄
《礼》	周官传	郑众
	周官注	马融
	周官经	郑众
	小戴礼	玄本
	礼记	郑玄
《春秋》	春秋左氏学	郑兴、陈元

第一节　何休与今文经学最后的辉煌

今文经学在东汉后期的发展势头究竟如何，学界意见不一，争论声此起彼伏。皮锡瑞（1850～1908）认为东汉后期今文经学的发展尤为繁盛，而范晔则认为其已式微。从今人的视角来看，范晔的观点似乎更加中肯。①《后汉书》有语曰：

---

① 关于这个争议性的话题，读者请参见许抗生等著《中国儒学史·两汉卷》，汤一介、李中华主编《中国儒学史》第二卷，北京大学出版社，2012，第447页。

自是游学增盛，至三万余生。然章句渐疏，而多以浮华相尚，儒者之风盖衰矣。党人既诛，其高名善士多坐流废，后遂至忿争，更相言告，亦有私行金货。①

党人诞生于儒教改革之中，那些受害者往往遭受党锢之祸。党人之争发生在 166～167 年，介于汉桓帝（147～167 年在位）与汉灵帝（168～189 年在位）换政期间，尤其是在汉灵帝接替皇权之时，各方矛盾冲突颇为激烈。不少文人学者被迫卷入此次政治漩涡之中，郑玄也不例外。② 即便如此，何休所注解的《春秋公羊传》还是被保留了下来，并纳入"十三经"的范畴内。何休因通晓六经而被传为佳话，《后汉书·何休传》载：

何休字邵公，任城樊人也。父豹，少府。休为人质朴讷口，而雅有心思，精研六经，世儒无及者。以列卿子诏拜郎中，非其好也，辞疾而去。不仕州郡。进退必以礼。太傅陈蕃辟之，与参政事。蕃败，休坐废锢，乃作春秋公羊解诂，覃思不窥门，十有七年。又注训孝经、论语、风角七分，皆经纬典谟，不与守文同说。又以春秋驳汉事六百余条，妙得公羊本意。休善历算，与其师博士羊弼，追述李育意以难二传，作公羊墨守、左氏膏肓、穀梁废疾。党禁解，又辟司

---

① （南朝宋）范晔：《后汉书》，中华书局，2000，第 2547 页。
② （南朝宋）范晔：《后汉书》，中华书局，2000，第 2187～2224 页。

徒。群公表休道术深明，宜侍帷幄，幸臣不悦之，乃拜议郎，屡陈忠言。再迁谏议大夫，年五十四，光和五年卒。[①]

由上述史料可知，何休的学术兴趣并不只在于《公羊传》，他博览群书，他的学术路径和诠释方法基于预设的概念，而非文本分析。

魏应曾参与79年的白虎观论经，正是他确立了论辩的问题和范畴。除去他对朝廷的贡献，他的经学研究也使其备受尊崇。作为经师，他教授了数百位门生，此外，他还专治鲁诗。[②]他被提及是因其激励启发了何休。古文经学与今文经学之争从某种程度上而言也是春秋三传之争，《春秋穀梁传》和《春秋公羊传》代表了今文经学派，《左传》则代表了古文经学派。

《后汉书》中的一段记载解释了何休与郑玄之间微妙的关系，如下：

时任城何休好公羊学，遂著公羊墨守、左氏膏肓、穀梁废疾；玄乃发墨守，针膏肓，起废疾。休见而叹曰：康成入吾室，操吾矛，以伐我乎！初，中兴之后，范升、陈元、李

① （南朝宋）范晔：《后汉书》，中华书局，2000，第2582页。关于何休的生活、思想和作品，读者可参见黄朴民《何休评传》，南京大学出版社，1998。读者也可参见 Rafe de Crespigny, *A Bibliographical Dictionary of Later Han to the Three Kingdoms, 23 - 220 A. D.* (Leiden and Boston: Brill, 2007), p. 315. 关于何休对今文经学的学术贡献，许抗生等撰《中国儒学史·两汉卷》，汤一介、李中华主编《中国儒学史》第二卷，北京大学出版社，2012，第459~471页。
② （南朝宋）范晔：《后汉书》，中华书局，2000，第2571页。

育、贾逵之徒争论古今学，后马融答北地太守刘瑰及玄答何休，义据通深，由是古学遂明。①

这一发生在何休与郑玄之间的智者式的论辩标志着今古文之争的转折点。王葆玹认为，何休的史学观及治学方法无法与郑玄匹敌，相比之下，郑玄的研究路径更贴近文本本身，而何休则显得较为空洞。当然还有其他非学术的政治原因，如当时的今文经学派已经严重威胁到统治者的利益，184 年的政变以及董卓在 189～192 年的崛起等都打着今文经学派的旗帜，某些别有用心的政客还故意借用了何休的观点。其次，郑玄代表了世卿的利益，在当时烽烟四起的混乱时局中，他的理论被视为可以重建秩序的中坚力量。② 然而，作为汉代主流学术中的一支，我们有必要了解何休的理论，尤其是他对《春秋公羊传》的研究和注解。

《隋书》曾列出所有流传至隋朝的何休分析并辩护《春秋公羊传》的著作，如下：

春秋公羊墨守，14 卷

春秋公羊谥例，1 卷

春秋公羊传条例，1 卷（遗失于梁朝）

春秋左氏膏肓，10 卷

春秋穀梁废疾，3 卷

---

① （南朝宋）范晔：《后汉书》，中华书局，2000，第 1207 页。
② 王葆玹：《何休与郑玄的争论——今古文经学历史的转折点》，收录于《今古文经学新论》，中国社会科学院，1997，第 274～279 页。

春秋汉议，13 卷

驳何氏汉议，2 卷

汉议驳，2 卷

何氏春秋汉记，11 卷①

春秋议，10 卷

春秋公羊传解诂，11 卷②

其中，《春秋公羊传解诂》乃何休的传世巨作，我将在本部分浓墨重彩地加以评述。此外，他还编修注解过《论语》和《孝经》，这些在他的年谱里也有所提及。③

《后汉书》评何休曰：

> 有雅才，善著文论，作春秋左氏传解，行之至今。又以左传驳何休之所驳汉事六十条。④

何休曾解释《春秋公羊传》的成书，曰：

> 孔子畏时远害，又知秦将燔诗书，其说口授相传至汉。公羊氏及弟子胡毋生等乃始记于竹帛，故有所失也。⑤

---

① （后晋）刘昫等：《旧唐书》，中华书局，1975，第1978页。
② （唐）魏徵等：《隋书》，中华书局，1973，第930~932页。
③ 姚振宗：《后汉书·艺文志》，《二十五史补编》（六卷本），中华书局，1989，第2315~2323页。
④ 姚振宗：《后汉书·艺文志》，《二十五史补编》（六卷本），中华书局，1989，第2583页。
⑤ （汉）何休注，（唐）徐彦疏《春秋公羊传注疏》，上海古籍出版社，2014，第5页。

何休还将《左传》与《春秋穀梁传》及《春秋公羊传》进行过比较，如下：

> 问曰：左氏出自丘明，便题云左氏，公羊穀梁出自卜商，何故不题曰卜氏传乎？答曰：左氏传者，丘明亲自执笔为之，以说经意。其后学者题曰左氏矣。且公羊者，子夏口授公羊高，高五世相授。至汉景帝时，公羊寿共弟子胡毋生乃著竹帛。胡毋生题亲师，故曰公羊，不说卜氏矣。穀梁者，亦是著竹帛者题共亲师，故曰穀梁也。①

当口头传授的评注以竹简或丝帛的方式被记录下来，人们便将之称为"章句"。陆淳在《春秋啖赵集传纂例》中引用其师啖助（724～770）之语解释"春秋三传"的成书过程，如下：

> 啖子曰，古之解说，悉是口传。自汉以来，乃为章句……是知三传之义，本皆口传。后之学者，乃著竹帛，而以祖师之目题之……公羊穀梁，初亦口授。后人据其大义，散配经文。故多乖谬失其纲统。然其大指亦是子夏所传。②

钱穆（1895～1990）对"章句"的定义把讨论带回了经学领域：当一位经学家将他老师的口授转写为文字时，这就必然会生

---

① （汉）何休注，（唐）徐彦疏《春秋公羊传注疏》，上海古籍出版社，2014，第5页。
② （唐）陆淳：《春秋啖赵集传纂例》，中华书局，1985，第4～5页。

成某种形式化的评注。① 这些评注真实地反映了家法，文本诠释就是以这种方式一代代传承下来的。②《春秋公羊传》是上述师承关系的典型代表，此书的开篇也阐述了其所象征的学术传统，如下：

> 元年春，王正月。元年者何？君之始年也。春者何？岁之始也。王者孰谓？谓文王也。曷为先言王而后言正月？王正月也。何言乎王正月？大一统也。公何以不言即位？成公意也。何成乎公之意？公将平国而反之桓……③

从上述引文可知，诠释的策略包括言语修饰和历史论断，诠释的对象包括历史上的官吏、朝纲和律法，并借此审视重大的历史事件。

我在此将引述另一段文字来说明另一种诠释策略，如下：

> 三月，公及邾娄仪父盟于眜。及者何？与也，会及暨皆与也。曷为或言会，或言及，或言暨？会犹最也；及犹汲汲

---

① 钱穆：《家法与章句》，收录于《两汉经学今古文评议》，台北，东大图书有限公司，2003，第196～204页。张宝三：《汉代章句之学论考》，《台大中文学报》第14期，2001年，第35～76页。与现代诠释学的发展相似，这种"章句"式的书写注重个体阐释，而非解经式的文本释读。读者请参见林庆彰《两汉章句之学重探》，收录于林庆彰编《中国经学史论文选集》（两卷本），台北，文史哲出版社，2008，第277～297页。这种传播并非纯粹文本意义上的转录，而是口头性的讲授。
② 关于这一文类，读者还可参见拙著《中国经学史》第一卷，第八章第六节。
③ （汉）何休注，（唐）徐彦疏《春秋公羊传注疏》，上海古籍出版社，2014，第5～10页。

也；暨犹暨暨也。及我欲之，暨不得已也。①

我征引上述文字是说明汉代章句及传的体例形态，如它们的篇幅长度、文体风格及结构布局。值得注意的是，汉代学者由阅读经典而生发的评注性文字常常是富含哲理意义与神学价值的。我将《春秋公羊传》视为汉代之前的书写和记录，其口头信息传至汉代并被转录下来。② 因此，我在此以汉代晚期的古籍编修重建工作作为必要的补充，这一工作实际上从侧面反映了汉代之前的诠释策略，如下：

> 曷为反之桓？桓幼而贵，隐长而卑，其为尊卑也微，国人莫知。隐长又贤，诸大夫扳隐而立之。隐于是焉而辞立，则未知桓之将必得立也。且如桓立，则恐诸大夫之不能相幼君也，故凡隐之立为桓立也。隐长又贤，何以不宜立？立适以长不以贤，立子以贵不以长。桓何以贵？母贵也。母贵则子何以贵？子以母贵，母以子贵。③

何休的《春秋公羊传解诂》反映了汉代评注体例的特点，唐

---

① （汉）何休注，（唐）徐彦疏《春秋公羊传注疏》，上海古籍出版社，2014，第12页。
② 王葆玹曾指出谶纬对"章句"这一文体的影响，读者可参见王葆玹《谶纬对今文章句之学的影响》，收录于《今古文经学新论》，中国社会科学出版社，2004，第107～112页。
③ （汉）何休注，（唐）徐彦疏《春秋公羊传注疏》，上海古籍出版社，2014，第10～12页。

代学者徐彦曾为何休的解诂作注，① 考虑到篇幅，我在此就不征引徐彦的注了，以下是何休《春秋公羊经传解诂·隐公第一》中的一部分：

> 元年春王正月。正月，音征，又音政，后放此。若《左氏》之义，不问天子诸侯，皆得称元年。若《公羊》之义，唯天子乃得称元年，诸侯不得称元年。此鲁隐公，诸侯也，而得称元年者，《春秋》托王于鲁，以隐公为受命之王，故得称元年矣。元年者何？诸据疑，问所不知，故曰者何。凡诸侯不得称元年，今隐公爵犹自称侯，而反称元年，故执不知问。谓诸据有疑理，而问所不知者，曰者何，即僖五年秋"郑伯逃归不盟"之下，传云"不盟者何"，注云"据上言诸侯，郑伯在其中，弟子疑，故执不知问"；成十五年"仲婴齐卒"之下，传云"仲婴齐者何"，注云"疑仲遂后，故问之"是也。若据彼难此，即或言曷为，或言何以，或单言何，即下传云"曷为先言王而后言正月"，注云"据下秋七月天王，先言月，而后言王"；"公何以不言即位"，注云"据文公言即位也"；"何成乎公之意"，注云"据刺欲救纪，而后不能"是也。而旧解云：案《春秋》上下，但言曷为与何，皆有所据，故何氏云诸据疑者，皆无所据，故云问所不知，故曰者何也者，非。②

① 读者可参见邓秉元讲疏，赵岐著《孟子章句讲疏》，华东师范大学出版社，2011。
② （汉）何休注，（唐）徐彦疏《春秋公羊传注疏》，上海古籍出版社，2014，第5页。

类似上述这般的注解有时极为冗长，故而《后汉书》有语曰：

> 章句多者或乃百余万言，学徒劳而少功，后生疑而莫正。[①]

这种诠释性文字过于繁复而又漫溢无边堪称章句的一大特色，而这也正是其为人所诟病之处，郑玄和贾逵尤为厌恶。[②] 汉代某些今文经学家沉迷于浩瀚无际式的注解和诠释之中，乐此不疲，其解说的部分从体量和内容上都远超原作。针对这一现象，安东尼·格拉弗顿（Anthony Grafton）评价道：

> 字对字式的诠释方式有利也有弊。它迫使进行注疏行为的经学家们必须切实面对每一个问题，无论大小，这使得注疏成为了最无聊但也同时是最有趣的事情。它还迫使经学家们把时间和纸张浪费在琐碎的细节之处，这类经学家们的每个注解都能抵得上几千个其他学者注解的总和。最成问题的是，过多的注解掩盖了原文和原作者的光芒，结果到了最后，闪耀的是注家，而非著家。这也给读者造成了问题，即：读者永远无法辨明哪些注解是精妙之作，哪些则是拙劣的，读者也难以分辨每位注疏者的个性。所有的一切都被漫

---

① （南朝宋）范晔：《后汉书》，中华书局，2000，第 1213 页。
② （南朝宋）范晔：《后汉书》，中华书局，2000，第 1212、1240 页。

无边际而又细碎繁复的注疏覆盖了。①

此言甚为中肯，我们从何休的解诂中便可见一斑。②

何休之所以聚焦于《春秋公羊传》并浓墨重彩地为其作注，目的在于彰显自我的学术观点与价值观念。毕竟，学术要么是纯粹的智性行为，要么被应用于道德实践，要么就被官方话语所借用，要么就被植入经济政策。章权才认为，正如汉代晚期的其他经学家一样，何休同样冀望于用经典注疏的方式重建秩序来挽救这个礼崩乐坏的时代。如郑玄研究"三礼"旨在强化当时的礼仪规范，赵岐（108～201）聚焦于亚圣孟子旨在向当时政府宣扬行王道，崔实参与《东观汉记》的书写创作以及朝廷官书的编修旨

---

① 安东尼·格拉弗顿（Anthony Grafton）：《文本的捍卫者：科学时代的经学传统，1450－1800》（*Defenders of the Text: The Traditions of Scholarship in An Age of Science, 1450－1800*），哈佛大学出版社，1991，第 50 页（Cambridge, Mass.: Harvard University Press, 1991, p.50）。从中我们可以看出，自文本评注到笔记体式的专题论文和记录，都改变了学术写作的格式。
　译者注：
　安东尼·格拉弗顿（Anthony Grafton），出生于康涅狄格州的纽黑文，曾长期就读于芝加哥大学，1971 年获得历史文学学士学位，1972 年获得文学硕士学位，1975 年获得历史学博士学位，求学期间还曾赴伦敦大学学院学习。曾担任康奈尔大学历史系教授，后任教于普林斯顿大学，自 2007 年以来一直担任《思想史》杂志编辑。他于 1993 年获得洛杉矶时报图书奖（历史类），2002 年获得巴尔赞人文历史奖，2006 年获得莱顿大学荣誉学位。著有《古典学术史研究》、《从人文到人文教育：十五与十六世纪欧洲的文科教育》、《西方学者的创造力与双重性》、《脚注：好奇的历史》、《早期欧洲的历史与艺术》与《词汇世界》等书。
② 但"解诂""章句"等文体并未消亡。如朱熹曾在《四书集注》中以《大学章句》和《中庸章句》来命名他对《大学》和《中庸》的注解，读者可参见朱熹《四书集注》，台北，艺文印书馆，1980。朱熹曾在《诗集传》前言部分中说道："章句以纲之，训诂以纪之，讽诵以昌之，涵濡以体之。"读者可参见朱熹《诗集传》，台北，学海出版社，2004，第 2 页。

在恢复旧制律法。① 这类试图融合政治与学术的经学家往往怀揣着极强的社会干预感，以何休为例，他的经学研究可直接用于政策纲领。② 而上述诸多经学家的宏愿无非体现在以下几个方面：加强中央政府的管控力，增进中央与地方的政务联系，优化政府职能以及净化道德风尚。③

第二节　马融与其他诸位古文大师

马融（79~166）博览群书，涉猎广泛，弟子众多，弟子中的贤良之才亦不在少数，他也因此备受赞誉。作为一位古文经学家，马融常被与其他同属一个学派的经学家并置加以比较，而他之所以声名远扬，很大程度上是因为他培养出了郑玄。以下是《后汉书·马融传》的一部分，读者可从中知晓他作为一位经学家以及教育家的成就：

> 马融字季长，扶风茂陵人也，将作大匠严之子。为人美辞貌，有俊才。初，京兆挚恂以儒术教授，隐于南山，不应征聘，名重关西，融从其游学，博通经籍。恂奇融才，以女妻之。四年，拜为校书郎中，诣东观典校秘书。是时邓太后

---

① 他不是通过传统式的经典诠释和解读，而是通过专题类的文章来宣传自己的思想，题名为"政治论"，范晔曾为他撰写一篇简短的传记，记录了他的著述和思想，读者请参见（南朝宋）范晔《后汉书》，中华书局，2000，第1725~1731页。
② 读者可参见章权才《两汉经学史》，广东人民出版社，1990，第260~262页。
③ 读者可参见章权才《两汉经学史》，广东人民出版社，1990，第269~275页。何休对《春秋公羊传》中的大一统观念及政治思想进行了分析和总结，读者请参见黄朴民《何休评传》，南京大学出版社，2007，第94~202页。

临朝，骘兄弟辅政。而俗儒世士，以为文德可兴，武功宜废，遂寝搜狩之礼，息战陈之法，故猾贼从横，乘此无备。融乃感激，以为文武之道，圣贤不坠，五才之用，无或可废。元初二年，上广成颂以讽谏。颂奏，忤邓氏，滞于东观，十年不得调……车驾东巡岱宗，融上东巡颂，帝奇其文，召拜郎中。复拜议郎，重在东观著述，以病去官。融才高博洽，为世通儒，教养诸生，常有千数。涿郡卢植，北海郑玄，皆其徒也。善鼓琴，好吹笛，达生任性，不拘儒者之节。居宇器服，多存侈饰。常坐高堂，施绛纱帐，前授生徒，后列女乐，弟子以次相传，鲜有入其室者。尝欲训左氏春秋，及见贾逵、郑众注，乃曰：贾君精而不博，郑君博而不精。既精既博，吾何加焉！但著三传异同说。注孝经、论语、诗、易、三礼、尚书、列女传、老子、淮南子、离骚，所著赋、颂、碑、诔、书、记、表、奏、七言、琴歌、对策、遗令，凡二十一篇。①

传记里未曾提及的是他在朝中受挫的经历。

---

① （南朝宋）范晔：《后汉书》，中华书局，2000，第 1953~1972 页。此部分还被翻译成法语，并被法语加以注解、分析和阐释，读者可参见密艾茨兹斯劳·杰尔泽·昆斯特勒（Mieczyslaw Jerzy Künstler）的博士学位论文《马融：生活和工作》（*Ma Jong*: *vie et oeuvre*），华沙大学，1969，第 66~212 页。读者还可参见拉弗·德·克里斯皮涅（Rafe de Crispigny）《自汉代晚期至三国时代的文献学词典》（*A Biographical Dictionary of Later Han to the Three Kingdoms*, 23 – 220 *AD*），布瑞尔出版社，2007，第 648~649 页（Leiden and Boston: Brill, 2007, pp. 648 – 649）；黄彰健《马融与古文经学》，收录于《经今古文学问题新论》，台北，历史语言研究所，1982，第 79~110 页；李威熊的博士学位论文《马融之经学》，台湾政治大学，1975。

李威熊曾在其博士学位论文中总结了马融的几大成就，如下：

（1）作为一位古文经学家，马融堪称集大成者，取百家之长而成一家之言；

（2）马融善于文本修辞，亦善于深究文本字里行间的意义，是一位严谨的语文学家；

（3）鉴于宏大的知识背景，马融将阴阳观下的宇宙哲学与文本两相结合；

（4）虽然身为一位古文经学家，但马融贯通古文经与今文经两大学派的理念与成果，这种海纳百川的胸襟与广博的知识结构影响了郑玄；

（5）马融掌握了所有古籍的精髓；

（6）马融通读所有前人的注释，以一种通达的方式接近文本，不少后世学者纷纷效仿；

（7）马融阐发文本隐含意义的方式是将之与时局人事联系起来；

（8）为避免后世学者的质疑和纷争，马融将文本诠释基于历史事实之上；

（9）马融模糊了学派与师承关系的界限，所谓他山之石，可以攻玉。①

从历史的角度看，究其本质，马融仍然是一位经学家。但有趣的是，他之所以流芳百世，盖因世人记住了他的天才事迹和教

---

① 读者可参见李威熊的博士学位论文《马融之经学》，台湾政治大学，1975。

育成就，而非他的学术成果。① 《后汉书》记载：

> 桓焉、杨厚以儒学进，崔瑗、马融以文章显。②

蔡邕（132~192）实则并非一位纯粹的经学家，甚至不能算作一位纯粹的学者，而范晔在《后汉书》中将其对马融与蔡邕的书写置于一篇之内，可见，在范晔看来，马融对后世的贡献并不在于纯粹的学术。马融的某些性格缺点也被书写在了历史之中，如他的自恋、风流与桀骜不驯，一些关于他的趣闻轶事与他那个名震山谷的弟子郑玄被一并载入了史册：

> 岐少明经，有才艺，娶扶风马融兄女。融外戚豪家，岐常鄙之，不与融相见。③

可见二人关系不佳。针对这段话，拉弗·德·克里斯皮涅（Rafe de Crespigny）进行过一番引申性的评论，如下：

> 马融年少之时便精通儒家经典，对古籍往往有着深刻而独特的见解；赵岐实则也是一位才华横溢的学者，他和马融一样特立独行而狂妄自大。他后来娶了马融的小侄女，但由于二人皆满腹经纶，且自视甚高，性格锋芒毕露，因

---

① （明）张溥辑《汉魏六朝百三名家集》，广陵古籍刻印社，1990，第589~618页。
② （南朝宋）范晔：《后汉书》，中华书局，2000，第2042页。
③ （南朝宋）范晔：《后汉书》，中华书局，2000，第2121页。

此多有不合。在赵岐看来，马融对自己不敬，常蔑视他的学术。①

事实上，马融的教学风格也的确体现了他桀骜不驯、不拘一格的鲜明个性。除了郑玄之外，马融还培养出了卢植和郑众两位杰出的学者。

卢植的思想观念与学术成果从一个侧面反映了其师马融研习古文经学与今文经学的方法。卢植生于涿郡（今北京），他的生平简介如下：

> 身长八尺二寸，音声如钟。少与郑玄俱事马融，能通古今学，好研精而不守章句。融外戚豪家，多列女倡歌舞于前。植侍讲积年，未尝转眄，融以是敬之。学终辞归，阖门教授。性刚毅有大节，常怀济世志，不好辞赋，能饮酒一石……作尚书章句，三礼解诂。②

从上引卢植的传记可见，马融与卢植师徒二人拒绝墨守成规，不遵循礼法，亦不屑于前人所作的章句。此外，《后汉书·卢植传》也提及了马、卢二者与何休解诂传统之间的关系。卢植对今文经学注疏的片段性截取是否源于其师马融的启发和影响？卢植与朝

---

① 拉弗·德·克里斯皮涅（Rafe de Crispigny）：《自汉代晚期至三国时代的文献学词典》（A Biographical Dictionary of Later Han to the Three Kingdoms, 23 - 220 AD），布瑞尔出版社，2007，第 1102 页（Leiden and Boston：Brill, 2007, p. 1102）。
② （南朝宋）范晔：《后汉书》，中华书局，2000，第 2113 页。

廷及官方话语的关系又如何？这些都是引人深思的问题。

正如前文所提及，马融还培养出了另一位可与卢植相媲美的经学家——郑众，他的名气虽远差于郑玄，但在解读经书及历史研究方面颇有成就。《后汉书》载：

> 年十二，从父受左氏春秋，精力于学，明三统历，作春秋难记条例，兼通易、诗，知名于世。

郑众的父亲郑兴是研究《春秋公羊传》的大家，但后来受刘歆（前46～23）学术观念的影响转而研究《左传》。父子二人也曾细致研读其他经典，郑众还曾记下父子二人为《毛诗》和《周官》所作的注疏。① 《后汉书》载郑兴在《左传》研究领域的影响力，如下：

> 兴好古学，尤明左氏、周官，长于历数，自杜林、桓谭、卫宏之属，莫不斟酌焉。世言左氏者多祖于兴，而贾逵自传其父业，故有郑、贾之学。②

在马融众多的弟子之中，除了卢植和郑众以外，桓谭和杜林也是不可不提的。我在第六章中已讨论过桓谭的生平著述，故在此不做赘述。杜林专攻《古文尚书》，他从马融及贾逵等大师那

---

① 参见（南朝宋）范晔《后汉书》，中华书局，2000，第1217～1226页。
② （南朝宋）范晔：《后汉书》，中华书局，2000，第1223页。

里继承了宝贵的学术遗产，他的祖父张敞是早期研究《左传》的专家，杜林跟随自己的表亲张竦学习古籍。① 《后汉书·杜林传》记载了他跟随表亲研习经典的那段时光，读者可知他是如何在家族藏书阁中发奋苦读以及他是怎样成长为一个全才的。杜林在政治上的贡献广为人知，此外他还以广纳贤才而闻名，他在朝做官期间为中央政府招募了颇多有才识的学者文人，为刚建基的东汉王朝吸收了力量。若论杜林的经学成就，则应属他为《古文尚书》所作的注疏了。《后汉书》将杜林与郑兴、卫宏等经学家并置书写，如下：

> 河南郑兴、东海卫宏等，皆长于古学。兴尝师事刘歆，林既遇之，欣然言曰：林得兴等固谐矣，使宏得林，且有以益之。及宏见林，暗然而服。济南徐巡，始师事宏，后皆更受林学。林前于西州得漆书古文尚书一卷，常宝爱之，虽遭难困，握持不离身。出以示宏等曰：林流离兵乱，常恐斯经将绝。何意东海卫子、济南徐生复能传之，是道竟不坠于地也。古文虽不合时务，然愿诸生无悔所学。宏、巡益重之，于是古文遂行。②

卫宏亦为对经学产生重大影响的汉人，同时，他在文学、文法学及语文学方面也颇有贡献。他的传记侧重于记述他对《诗

---

① 关于杜林的生平著作，读者可参见（南朝宋）范晔《后汉书》，中华书局，2000，第935~939页。
② （南朝宋）范晔：《后汉书》，中华书局，2000，第935~936页。

经》的研究，但也涉及了他在《古文尚书》方面的学术兴趣，
如下：

> 卫宏字敬仲，东海人也。少与河南郑兴俱好古学。初，
> 九江谢曼卿善毛诗，乃为其训。宏从曼卿受学，因作毛诗
> 序，善得风雅之旨，于今传于世。后从大司空杜林更受古文
> 尚书，为作训旨。时济南徐巡师事宏，后从林受学，亦以儒
> 显，由是古学大兴。[①]

卫宏为《毛诗》所写的序言在传统意义上被称为"小序"，
从而与《毛诗·大序》区分开来。关于这个话题后人仍有纷
争，但最重要的是，卫宏的"小序"在《诗经》诠释史以及文
学理论史上意义重大，正是他的"小序"奠定了他在经学史上
的地位。[②]

我曾在前文提及郑兴、郑众父子二人的家学传统，郑氏父子
堪称古文经学派家法传统的代表，而今文经学派则以其师法著称
于世。对于今文经学家而言，学术的传承不是依赖于亲缘关系，

---

① （南朝宋）范晔：《后汉书》，中华书局，2000，第 2575 ~ 2576 页。
② 概述性的历史介绍及文献汇编可见于王礼卿《四家诗恉会归》（四卷本）第一卷，
华东师范大学出版社，2009，第 1 ~ 20 页。读者还可参见范佐仁（Steven Van
Zoeren）《诗与人格：中国古典传统语境中的阅读、注解与诠释》（*Poetry and
Personality*: *Reading*, *Exegesis*, *and Hermeneutics in Traditional China*），斯坦福大学出版
社，1991，第 80 ~ 115 页（Standford: Standford University Press, 1991, pp. 80 ~ 115）。
对新出土文献的简要介绍可见于萧兵《孔子诗论的文化推绎》，湖北人民出版社，
2006，第 4 ~ 10 页；林庆彰《孔子诗论与诗序之比较研究》，《经学研究集刊》第
2005 年第 5 期，第 1 ~ 12 页。

而是依赖于师徒关系，这种关系也就是后世所谓的"师法"。但可能源于中国"一日为师终身为父"的古老观念，"师法"这一词语最后也演变成了"家法"。"师法"里的"法"（即学术条例及规定）由经师确立，其确立的方式是解读诠释某部经典，解说的内容包含字词训诂、文法修辞分析以及微言大义的阐发等，多离不开文本的道德化运用。[1]

荀淑（83~149）来自河南颍川，是荀子的第十一代子孙，他谈吐文雅，举止高贵，同时又不拘一格，后人称他"博学而不好章句，多为俗儒所非"。[2] 他育有八子，分别为：荀俭、荀绲、荀靖、荀焘、荀汪、荀爽、荀肃与荀专。他们由于各自在不同领域里的杰出成就而被称为"八龙"，其中几个成了政治家，另外几个则成了经学家。[3]

荀淑的第六个儿子荀爽（128~190）是当时赫赫有名的经师，他天资聪颖，12 岁时便通读《春秋》。世人言他"耽思经书，庆吊不行，征命不应"。[4]《后汉书》对他的描述如下：

---

[1] 关于师法和家法以及当代学者对这两个术语的探讨，读者可参见《中国经学史》第一卷，第四章第七节。当然，个体对师法和家法的忠诚度是不同的，其所遵照的文本也是各异的。如鲁地经学家孔僖是研习《古文尚书》和《毛诗》的专家，但他的一个儿子长彦擅长解读今文文本，而另一个儿子季彦则"守其家业"，读者可参见（南朝宋）范晔《后汉书》，中华书局，2000，第 2563 页。

[2] 陈启云（Chi-yun Chen）：《荀悦（公元 148 - 209 年）：一位中世纪早期儒士的生平与反思》［Hsün Yüeh (A. D. 148 - 209)：The Life and Reflections of an Early Medieval Confucian］，剑桥大学出版社，1975，第 67 页（Cambridge：Cambridge University Press, 1975, p. 67）。

[3] 关于荀淑及其子的生平著作，读者可参见（南朝宋）范晔《后汉书》，中华书局，2000，第 2049~2062 页。

[4] （南朝宋）范晔：《后汉书》，中华书局，2000，第 2051 页。

著礼、易传、诗传、尚书正经、春秋条例，又集汉事成
败可为鉴戒者，谓之汉语。又作公羊问及辩谶，并它所论
叙，题为新书。凡百余篇，今多所亡缺。[1]

荀俭之子荀悦（148～249）也是这一血脉下的贤良之才。
拉弗·德·克里斯皮涅（Rafe De Crespigny）认为，由于荀悦之
父荀俭早逝，荀悦很可能是被他的叔伯抚养成人的。[2] 年幼之
时，他缺乏足够的书籍用以阅读和学习，故而他必须训练出强
大的记忆力，背下所有看过的书。他过目不忘的本领为他赢得
了美誉，同时也让他在 12 岁时就能注解《春秋》。但因当时政
局动荡，故而他过着半隐居的生活，并未参与政事。随后汉献
帝（189～220 年在位）执政，荀悦便出山参政，管理宫廷藏
书阁。

荀悦的传记被收录进《汉魏六朝百三名家集》之中，[3]《后汉
书》记载：

帝好典籍，常以班固汉书文繁难省，乃令悦依左氏传体
以为汉纪三十篇。[4]

---

① （南朝宋）范晔：《后汉书》，中华书局，2000，第 2057 页。
② 关于荀悦的生平著作，读者可参见陈启云（Chi-yun Chen）《荀悦（公元 148－209
年）：一位中世纪早期儒士的生平与反思》[Hsün Yüeh（A. D. 148－209）：The Life and
Reflections of an Early Medieval Confucian]，剑桥大学出版社，1975（Cambridge：
Cambridge University Press，1975）。
③ （明）张溥辑《汉魏六朝百三名家集》，广陵古籍刻印社，1990，第 619～656 页。
④ （南朝宋）范晔：《后汉书》，中华书局，2000，第 2062 页。

此外，荀悦的五卷本巨著《申鉴》记录了他的政治言论。通过阅读他的传记及著作，我们不难发现，荀悦在政治变革方面雄心勃勃，但他所依据的理念皆为儒家理想化的道德准则，难以与实际政策相结合；他自身又没有实权，因此他的改革宏愿只是纸上谈兵，最多也仅仅是对时局进行针砭。《申鉴》有语曰：

> 夫道之本，仁义而已矣。五典以经之，群籍以纬之，咏之歌之，弦之舞之。前鉴既明。后复申之。故古之圣王，其于仁义也。申重而已。笃序无强，谓之申鉴。[①]

尽管荀氏家族人才辈出，但值得玩味的是，他们并没有构成亲缘意义上的学术传承关系，他们各自都有专属的学术旨趣与治学方法，父子之间未必存在教与学的关系。如荀绲之子荀彧（162～212）就没有跟随其父研习经学，而是成了曹操的参谋；荀肃之子荀靖则因其极高的道德修行而获得"玄行先生"的美名；[②] 荀靖的叔叔荀昱是一位出色的政治家，门生无数，在朝中执掌重权，只可惜之后卷入党锢之乱，获罪入狱。

---

① （汉）荀悦：《申鉴·政体》，上海古籍出版社，1990，第1页。此文的英文译本见于陈启云（Chi-yun Chen）《荀悦与中国汉代后期思想》（*Hsün Yüeh and the Mind of Late Han China*），普林斯顿大学出版社，1980，第104页（Princeton：Princeton University Press，1980，p. 104）。关于参考文献的细节，读者可参见鲁惟一（Loewe）编著《早期中国文本》，美国东亚研究所出版社，1994，第390～393页。

② （南朝宋）范晔：《后汉书》，中华书局，2000，第2050页。

第三节　郑玄与"通学"

一　历史评价

依我之见，郑玄（127～200）乃清代之前最伟大的经学家和思想家。他在做学问的深度和广度上可与朱熹（1130～1200）媲美，戴震（1724～1777）就曾将此二人相提并论，称二人皆为集大成者。[①] 从现存史料来看，郑玄一生逍遥自在，怡然自得，他虽任朝廷官职，但所任职位为闲职，并无实际政务，因而无案牍之劳形，故能沉溺于浩瀚的古籍之中，尽享书趣。东晋之后，郑玄的学说衰微于中国南方，但在北方地域颇受欢迎，盖因北方学界重视文本注疏，而非哲理诠释。到了清代，郑玄的名声可谓威震山谷，因为清代的学术氛围和清人的学术传统与郑玄甚为相投，皆以语文学的路径切近文本。清人凌廷堪（1757～1809）将郑玄与许慎和服虔同视为汉代伟大的汉学家，认为他们成就了汉代经学的辉煌；顾炎武（1613～1682）则将郑玄、董仲舒和王通（584～617）三人并称为汉代的大儒，认为他们为后世奠定了学术道路。在此，我愿征引凌廷堪的《后汉三儒赞并序》以及顾炎武之长诗《述古》中关于郑玄学术成就的部分，如下：

后汉三儒赞并序[②]

若夫许君叔重、服君子慎、郑君康成，皆东汉之冠冕，

---

① （清）戴震：《戴震文集》，中华书局，1980，第158页。
② （清）凌廷堪：《校礼堂文集》，中华书局，1998，第87页。

洵儒林之翘秀，或长于小学，或精于春秋。其大者则攻在六经，学通七维，彬彬乎！郁郁乎！

述古①

……

六经之所传

训诂为之祖

仲尼贵多闻

汉人犹近古

礼器与声容

习之疑可睹

大哉郑康成

探赜靡不举

六艺既该通

百家亦兼取

至今三礼存

其学非小补②

……

　　清代经学家在治学方法及研究态度上多受郑玄的影响和激励，并借鉴其学术观点，很多清人的著作大篇幅地引用郑玄的话语，甚

---

① （清）顾炎武：《顾亭林诗集汇注》（两卷本），上海古籍出版社，2006，第1006～1014页。

② 此处暗示了君子对社会的影响。孟子曰："夫君子所过者化，所存者神，上下与天地同流，岂曰小补之哉？"

至在为自己或私人藏书阁取名号时也采用郑玄的某些言语。王昶（1725～1806）将自己的书房命名为"郑学斋"，孔广森（1753～1787）则将书斋取名为"仪郑堂"，周中孚（1768～1831）将自己最重要的一本著作取名为《郑堂读书记》，李慈铭（1830～1895）号郑盦，吴大澂（1835～1902）号郑龛，江藩（1761～1830/1831）号郑堂。戴震（1724～1777）拜访过郑学斋，并就为何王昶将书斋取名为"郑学斋"做过一番解释，读者可参见《郑学斋记》。①

二 生平和著作

郑玄与郑兴和郑众有着些许亲缘关系，故而也算得上生于名门。《后汉书·郑玄传》在书写其生平著作的同时，也阐述了汉代口授经学的传统，这在拙著《中国经学史》第一卷里也有所提及。下面我将呈上《后汉书·郑玄传》中的节选，如下：

> 郑玄字康成，北海高密人也……玄少为乡啬夫，得休归，常诣学官，不乐为吏，父数怒之，不能禁。遂造太学受业，师事京兆第五元先，始通京氏易、公羊春秋、三统历、九章算术。又从东郡张恭祖受周官、礼记、左氏春秋、韩诗、古文尚书。以山东无足问者，乃西入关，因涿郡卢植，事扶风马融。融门徒四百余人，升堂进者五十余生。融素骄贵，玄在门下，三年不得见，乃使高业弟子传授于玄。玄日夜寻诵，未尝怠倦。会融集诸生考论图纬，闻玄善算，乃召见于楼上，玄因从质诸疑义，问毕辞归。融喟然谓门人曰：

---

① （清）戴震：《戴震文集》，中华书局，1980，第177页。

郑生今去，吾道东矣。①

一些其他的早期资料则表明郑玄在答完所有问题之后并未立即离
开，而是又在马融门下学习了七年之久，领悟了其个人精髓才离
开。② 因此根据现存的这些纷繁复杂而又互相矛盾的史料，我们
并不能确定郑玄究竟从马融那里习得了多少治学方法和理念，也
无法知晓郑玄获取知识的渠道是否唯有马融那位高徒的口授。我
们或许可以简单地将郑玄的求学经历总结如下：他最开始求学于
当地私塾，后四处拜师，渴望求得"亲师"，而后他在洛阳进入
官学，这段到处求学的经历令他受益匪浅，让他吸收了不同学派
的养分，取百家之长，最后他拜在了名师马融门下；在马融门下
研习期间，他通读经典，试图挖掘文字背后蕴藏的深层次含义，
并将文本内容运用于道德教化。他与申屠蟠、荀爽被视为儒家道
德准则的发扬者。③ 郑玄受教于马融高徒的经历反映了当时口授

---

① （南朝宋）范晔：《后汉书》，中华书局，2000，第 1207～1213 页。读者还可参见孙
　星衍、阮元编《郑司农年谱》，北京图书馆编《汉晋名人年谱》（三卷本），北京图
　书馆出版社，2004，第 463～554 页；王利器《郑康成年谱》，齐鲁书社，1983；
　Mieczyslaw Jerzy Künstler, "Deux biographies de Tcheng Hiuan," *Rocznik Orientalistyczny*
　26. 1 (1962): 23 - 64; Mark Laurent Asselin, "The Lu - School Reading of 'Guanju' As
　Preserved in an Eastern Han *Fu*," *Journal of the American Oriental Society* 117 (1997); 姚
　兴中编《儒学百科全书》，中国大百科全书出版社，1997，第 814～816 页；Rafe de
　Crispigny, *A Biographical Dictionary of Later Han to the Three Kingdoms, 23 - 220 A. D.*
　(Leiden and Boston: Brill, 2007), pp. 1126 - 1128。
② 读者可参见孙星衍、阮元编《郑司农年谱》，北京图书馆编《汉晋名人年谱》（三卷
　本），北京图书馆出版社，2004，第 483～489 页。
③ （南朝宋）范晔：《后汉书》，中华书局，2000，第 2057 页。申屠蟠的传记则见于
　（南朝宋）范晔《后汉书》，中华书局，2000，第 1750～1754 页。《后汉书·申屠蟠
　传》将之刻画为"隐居精学，博贯五经、兼明图纬"，他与荀爽、郑玄同为 188 年被
　召为宫廷学者的 14 位经学家之一，但他婉言谢绝了。

经学的情状和传统，我们可以合理推断并假设这样的传授是依照某种仪式性的规范来进行的。马融未曾想到或始料未及的是，以这种方式培养出的郑玄竟然如此优秀，面对自己的设问竟能对答如流，他居然成为自己门下最杰出的弟子之一。

郑玄作为经学家的历程与成就如下：

> 玄自游学，十余年乃归乡里。家贫，客耕东莱，学徒相随已数百千人。及党事起，乃与同郡孙嵩等四十余人俱被禁锢，遂隐修经业，杜门不出。时任城何休好公羊学，遂著公羊墨守、左氏膏肓、穀梁废疾；玄乃发墨守，针膏肓，起废疾。休见而叹曰：康成入吾室，操吾矛，以伐我乎！初，中兴之后，范升、陈元、李育、贾逵之徒争论古今学，后马融答北地太守刘瓌及玄答何休，义据通深，由是古学遂明。①

关于郑玄的逝世和遗产如下：

> 五年春，梦孔子告之曰：起，起，今年岁在辰，来年岁在巳。既寤，以谶合之，知命当终，有顷寝疾……疾笃不进，其年六月卒，年七十四。遗令薄葬。自郡守以下尝受业

---

① （南朝宋）范晔：《后汉书》，中华书局，2000，第1207页。读者请参见拉弗·德·克里斯皮涅（Rafe de Crispigny）《自汉代晚期至三国时代的文献学词典》（*A Biographical Dictionary of Later Han to the Three Kingdoms, 23－220 AD*），布瑞尔出版社，2007，第776页（Leiden and Boston: Brill, 2007, p. 776）。

者，缘经赴会千余人。门人相与撰玄答诸弟子问五经，依论
语作郑志八篇。凡玄所注周易、尚书、毛诗、仪礼、礼记、
论语、孝经、尚书大传、中候、乾象历，又著天文七政论、
鲁礼禘祫义、六艺论、毛诗谱、驳许慎五经异义、答临孝存
周礼难，凡百余万言……玄质于辞训，通人颇讥其繁。至于
经传洽孰，称为纯儒，齐鲁间宗之。

范晔对郑玄一生的总结如下：

> 论曰：自秦焚六经，圣文埃灭。汉兴，诸儒颇修艺文；
> 及东京，学者亦各名家。而守文之徒，滞固所禀，异端纷
> 纭，互相诡激，遂令经有数家，家有数说，章句多者或乃百
> 余万言，学徒劳而少功，后生疑而莫正。郑玄括囊大典，网
> 罗众家，删裁繁诬，刊改漏失，自是学者略知所归。王父豫
> 章君每考先儒经训，而长于玄，常以为仲尼之门不能过也。
> 及传授生徒，并专以郑氏家法云。

三 总论

当评价郑玄的学术贡献时，我们或许也可采用李威熊总结马
融成就的方式，甚或一些内容，只是郑玄技高一筹。皮锡瑞
（1850～1908）曾在《经学历史》里褒扬郑玄，称赞他将古文经
学和今文经学融为一体，曰：

是郑注兼采今古文也。[1]

虽然郑玄的学术理念偏向古文经学，但他博采众长，对今文经学文本同样了如指掌，故而后人称他为"通学"之才，也就是说，他通读各类书籍，并能融会贯通。[2] 此外，他还总能将词章之间的微言大义运用于人情世故、礼仪规范以及典章制度中。这种灵活而切实的应用可见于他的各类著述，在他对《诗经》所作的注疏里尤为明显。[3]

我将在下文中列出唐朝之前以及初唐时期所使用的称谓评注的名词。此处，我会引用王充的观点来说明经、传及其他注释类文体之间错综复杂的关系，如下：

圣人作其经，贤者造其传，述作者之意，采圣人之志，故经须传也。俱贤所为，何以独谓经传是，他书记非？彼见经传，传经之文，经须而解，故谓之是。他书与书相连，更造端绪，故谓之非。若此者，题是于五经。使言非五经，虽是不见听。使五经从孔门出，到今常令人不缺灭，谓之纯壹，信之可也。今五经遭亡秦之奢侈，触李斯之横议，燔烧禁防，伏生之休，抱经深藏。汉兴，收五经，经书缺灭而不

---

① 皮锡瑞：《经学历史》，中华书局，2004，第 135～136 页。
② 王葆玹：《今古文经学新论》，中国社会科学出版社，2004，第 164～168 页。关于以郑玄为代表的"通学"之发展，读者可参见杨广伟《论郑玄通学产生的历史原因》，收录于林庆彰编《中国经学史论文选集》，台北，文史哲出版社，1993，第 351～363 页。
③ 梁锡锋：《郑玄以礼笺诗研究》，学苑出版社，2005。

明，篇章弃散而不具。晁错之辈，各以私意分拆文字，师徒
相因相授，不知何者为是……秦虽无道，不燔诸子，诸子尺
书，文篇具在，可观读以正说，可采摄以示后人。后人复
作，犹前人之造也……知屋漏者在宇下，知政失者在草野，
知经误者在诸子。诸子尺书，文明实是。说章句者，终不求
解扣明，师师相传，初为章句者，非通览之人也。①

王充不仅解释了传的功用，还阐述了经传之间的微妙关系以及其
他注释性文体的特点，同时也说明了如何对经书原文进行较为精
准的解读，这篇文章因此而闻名，也常被后人所引用。应劭（约
140～206）曾著《风俗通义》，记载汉代的习俗、礼仪以及特殊
的人文景象，在此书中作者同样也介绍了传注的传统与各学派之
间的分殊和争斗。② 尤其值得注意的是，应劭把自己的书视为一
种独特的传注，曰：

> 凡十一卷，谓之风俗通义，言通于流俗之过谬，而事该
> 之于义理也。③

读者须知，"义理"是中国古代文学评论中的一个常用术语，
《汉书·刘歆传》中有如下一段文字：

---

① （汉）王充：《论衡》，岳麓书社，2006，第276～277页。
② 《风俗通义校注》（两卷本）第一卷，中华书局，1981，第1～4页。
③ 《风俗通义校注》（两卷本）第一卷，中华书局，1981，第4页。

及歆治左氏，引传文以解经，转相发明，由是章句义理备焉。①

吕思勉（1884～1957）认为中国古典学术传统书面化的基本呈现形式有以下四种：经、传、说与记。前两种属于文本创作，作者多为古代圣贤；后两种则为记录下的文字，但同样基于圣贤的口述。② 基于上述观点，下文中呈现的表格包含了晚唐及之前人们所使用的注释体例，涵盖了吕思勉所区分的两种形式。一般而言，传意味着将经师口授给弟子的话语转录为书面文字，我们也可理解为一种将口头话语转化为学术语言的方式。③ 因此，它标志了口述与书写这两种语言形式的结合，后人亦能从现存文本中以一种想象的方式还原当时的口授情形。表 7－2 便为注疏体例：

表 7－2　注疏体例一览

文本形式	基于口头传统的书面化形式
传	传
记	记
注	说
解	章句

① （汉）班固：《汉书》，中华书局，1962，第 1967 页。
② 吕思勉：《先秦学术概论·经传说记》，为"民国丛书"系列中的一本，上海书店出版社，1992，第 1～161 页。
③ 关于经书评注的背景，读者可参见蔡任真（Yen-zen Tsai）的博士学位论文《经与传：汉代儒家经典的界定》（*Ching and Chuan: Towards Defining the Confucian Scriptures in Han China*），哈佛大学，1992，第 24～57 页。

续表

文本形式	基于口头传统的书面化形式
疏	论
诂	问
训	答
释	议
笺	驳
谱	述义
赞	
叙	
图	
目录	

对照表 7 - 2 所列出的体例，我们可知郑玄的书写几乎涵盖了以上 22 种体例，除了记、解、疏、训、释与说这六种形式未被包含。①

总的说来，汉代经学家采取了四种主要的注解诠释方式，如下：（1）以经释经；（2）以字释字，包括同音字和字形相近的字；（3）引用其他经典的注解；（4）结合历史和文化背景。② 张舜徽（1911～1992）对郑玄治学方法的分析反映了其治学路径的广度和技巧的多样性，尽管很难分辨哪些方法为郑玄始创或首用，但可以肯定的是，颇多治学方法滥觞于郑玄。回望历史，郑玄无疑是整个中国经学史上最重要，也是最具影响力的经学家之一。

---

① 许抗生等：《中国儒学史·两汉卷》，汤一介、李中华编著《中国儒学史》第二卷，北京大学出版社，2012，第 474～476 页。陈家骥曾全面整理并详细分析郑玄的经典学术著作，读者可参见陈家骥《郑康成著述考》，《文学年报》1936 年第 2 期，第 147～178 页；李云光《郑康成遗书考》，《联合书院学报》1962 年第 1 期，第 1～59 页。
② 马宗霍：《中国经学史》，中华书局，1990，第 56～57 页。

通过细致的研究，张舜徽总结出了郑玄进行文本批评的二十种模式，如下：

（1）采用前人的训诂注释，但有时不加以严格的考证；

（2）不盲从前人对经典的解读，必要时对前人的诠释加以自己的见解；

（3）根据上下文语境诠释某个字；

（4）根据上下文语境诠释某个联绵词；

（5）考证并纠正原文被篡改的部分；

（6）重新排列词章段落；

（7）从更大范围的文本中搜寻蛛丝马迹；

（8）采用前人的成果来支撑自己的语文学考证；

（9）在进行语文学考证的同时不忘加入自己的评论；

（10）对原文进行结构上的重组；

（11）将古字换成新字；

（12）对文中提及的古老物象、礼仪及机构进行追根溯源式的考证；

（13）以时下流行的习语和风俗对经典进行诠释；

（14）征引语言学方面的先例；

（15）考证文本中有待商榷的部分，对于无法考证但又富含争议的部分，不予评论；

（16）通过考证自口传至书写的经学教育历程进而考证经典文本的嬗变；①

---

① 张舜徽：《郑学丛著》，齐鲁书社，1984，第15～158页。

（17）尊崇原文，绝不做草率的篡改；

（18）依赖外典和次经；

（19）聚焦于大节问题，而非琐碎细节；

（20）通过比较不同经学家对同一文本和字句的迥异诠释，从而试图解决历史上有争议的问题。

总而言之，郑玄在经学史上贡献巨大。根据学者许抗生的总结，郑玄的贡献主要体现在以下四个方面：宏大知识结构下广博的文本注疏；对于六经的整理和编订；以礼为本的学术态度；注疏形式上的革新精神。[①]

四　附录：相关的研究资料

列出的以下三本著作涵盖了郑玄的生平、学术成就以及在经学史上的影响力。

1. 耿天勤编《郑玄研究资料汇编》（山东文艺出版社，2007）

此书为人们了解研究郑玄的一生提供了切实详尽的资料，各章节分布安排如下：

第一章：家族与先辈（第 1～36 页）

第二章：生平与研究（第 37～115 页）

第三章：著作（第 116～275 页）

第四章：弟子（第 276～328 页）

第五章：郑学（第 329～458 页）

第六章：考古学证据和现存文本（第 459～506 页）

---

① 读者可参见许抗生等《中国儒学史·两汉卷》，汤一介、李中华主编《中国儒学史》第二卷，北京大学出版社，2012。

第七章：后世的缅怀与纪念（第 507~563 页）

附录：郑玄年谱（第 564 页）

郑玄研究综述（古代篇）（第 565~571 页）

郑玄研究综述（二十世纪）（第 572~579 页）①

2. 王振民编《郑玄研究文集》（齐鲁书社，1999）

这本研究文集包含 21 个部分，并同样附有翔实的附录。读者不仅能够从这本书中获知数世纪以来各路学者对郑玄的诸种研究，还可获知郑玄弟子的创新性继承以及学术界对整个郑学门派的研究。

3. 张舜徽：《郑学丛著》（齐鲁书社，1984）

这本著作以典型例证分析了郑玄的注释学，各章节标题如下：

第一章：郑玄学术成就的总体评价（第 1~38 页）

第二章：郑玄对经典文本的修订（第 39~74 页）

第三章：郑玄的文本批评（第 75~158 页）

第四章：郑玄学派的历史传承（第 159~194 页）

第五章：郑玄训诂汇释（第 195~420 页）

第六章：演释名（第 411~610 页）

此外，以下也是重要的研究性文本，读者可参见：陈品卿《尚书郑氏学》（博士学位论文，台湾师范大学，1977）；陈铁凡《孝经郑注校证》（台北，编译馆，1987）；冯浩菲《郑氏诗谱订考》（上海古籍出版社，2008）；黄焯《毛诗郑笺评议》（武汉大

---

① 读者可参见我撰写的《西方郑玄研究述评》，《历史文献研究》2010 年第 29 期，第 104~109 页。

学出版社，2008）；金谷治编《唐抄本郑氏注论语集成》（东京书社，1978）；李云光《三礼郑氏学发凡》（1966 年初版，华东师范大学出版社，2012 年再版）；史应勇《郑玄通学及郑王之争研究》（巴蜀书社，2007）；王寿南、陈水逢编《郑玄之谶纬学》（台北，商务印书馆，1974）；王素《唐写本论语郑氏注及其研究》（文物出版社，1991）；王应麟编《周易郑注》，收录于王云五编《丛书集成简编》（台北，商务印书馆，1961）；王应麟编《尚书郑注》，收录于王云五编《丛书集成简编》（台北，商务印书馆，1961）；文幸福《诗经毛传郑笺辨异》（台北，文史哲出版社，1989）；杨天宇《郑玄三礼》（天津人民出版社，2007）。

结论：方法论的革新者与语文学的拓展

文献学领域的学术原则在于研究作者、文本内容以及思想空间。文本批评同样涉及如何确定作品的真伪以及如何筛选出同一作品的最佳版本。语文学将读者的视线带入微观世界，深入字里行间；注释学则将读者的视线带入更为广阔的天地，从而得以通晓段落甚或整部作品的内涵。宏大的诠释学旨在研究作品的各个方面，它包含了语文学、文献学及注释学等在内。

从某种程度上来说，上述学术方法论的发展和进步得益于古文经学派严丝合缝的考证以及一丝不苟的学术态度，古文经学派对文本的细致检阅为后人留下了一笔宝贵的财富，今人可以从他们的研究成果中获悉上古时期的某些特定的历史及物象名称，尤其是那些与礼仪相关的知识。经典古籍所隐藏的信息被古文经学家以一种抽丝剥茧的方式逐层揭示出来，这些信息原本隐藏于语言的细节之中，对于研究者而言，是不能靠着凭空想象或灵感直觉将之生造而出，更不能仅仅出于政治生态的考量就牵强附会，强词夺理。从后人的视角来看，郑玄的研究方法和成果以及郑派学术的发展同时为古文经学和今文经学提供了宝贵的可借鉴经验，郑学的流行裨益于今古文双方。从历史的角度而言，郑学的广泛传播对当时的今文经学则是一种致命的打击。当然，今文经学在汉代的没落主要源于两种历史现状：一是因为支持今文经学的皇室力量逐渐衰竭了；二是因为当时的人们厌倦了今文经学家大而无当的空疏漫谈，那种毫无根基的口若悬河越来越遭人厌弃。今文经学家最大的问题在于不知反省，尽管时人已经对其缺失文本依据的清谈深恶痛绝，但他们依旧如故，未曾审视自身学派的缺陷。汉代末期王室的经学态度已经悄然转向，然而今文经学派仍旧渴望得到皇帝的支持并发扬光大自身。随着《左传》和《古文尚书》被确立为正统，今文经学开始正式走向衰败。

第八章

三国鼎立与诠释学的前奏

　　汉室崩塌之后出现了三国割据、各占一方的局面，每个政权都以自己的名义建立了王朝，它们分别是曹氏、刘氏和孙氏。曹操（155～220）和曹丕（187～226）占据了今河南洛阳；刘备（161～223）占据了今四川成都，并声称自己继承了汉室正统；孙权（182～252）则占据了今江苏南京。[①]由于时局混乱，一切都处于不确定的状态，经学不再朝着某一种固定的意识形态发展，而是呈现多样化的面貌。

　　王肃是这一时期主要的考据学家，他和郑玄一样都是通览古文经学与今文经学的集大成者，而且也是一位独立之士，但在某些观点上与郑玄对立。他致力于阐释经典古籍的全部内容，试图在模仿郑玄的基础上最终超越郑玄，强烈的自我意识推动着他的

---

① 关于汉室的衰落和灭亡以及三国时期的割据局面，见 Mark Edward Lewis, *China Between Empires: The Northern and Southern Dynasties* (Cambridge, MA and London: Belknap Press, 2009), pp. 28 – 53。

研究。^① 王弼也是当时一位集大成的经学家，他的文字严谨而理性，他拒斥谶纬之说；然而与此同时，他的经学研究又深受道教、佛教以及玄学的影响，他的思想成果流传至今，启发了数代人。他的学术研究超越了人为建立的政治界限，跨越了朝代的更迭。事实上，儒家各派虽分庭抗礼，但从根基上而言共性大于个性，儒者一般有着共同的文化价值取向和政治目标，这些基本观念多半不会改变。王弼的经学思想同样传承了自东汉至西晋的经学传统，但也融合了当时的一些思想新潮，对人生与世界进行了玄学化的解读。读者可参见皮锡瑞《经学历史》一书中的"经学中衰时代"。

儒学的形而上学化发展是总体性的，而非只体现在某一个独立的哲学流派之上，儒家各派的相互影响是横向的，也是纵向的。一些当代学者认为，当时的经学脉络可以分为王肃一脉和王弼一脉。^② 王肃代表了经学发展中的考据学派，而王弼代表了儒家思想的形而上学转向，这些都体现在他对《易经》和《论语》的阐释之中。^③ 儒学的形而上转向源于道家本体论思想的影响，

---

① 读者还可参见李中华《中国儒学史·魏晋南北朝卷》，汤一介、李中华主编《中国儒学史》（十卷本），北京大学出版社，2011，第 364~365 页。

② 皮锡瑞在《经学历史》中曾重点介绍王肃的生平著作，也曾提及王弼与何晏对儒学形而上转向的贡献，还曾提及三国时期的虞翻，虞翻曾注《易经》、《论语》和《老子》，他还曾向学生教授这几本经典。读者可参见简博贤《今存三国两晋经学遗籍考》，台北，三民书局，1986，其中第 4~61 页阐述了虞翻对《易经》的研究，第 5~10 页则简单介绍了他的生平著作。

③ 读者可参见汪惠敏《三国时代之经学研究》，台北，汉京文化事业有限公司，1981，第 236~325 页。程元敏《三国蜀经学》，台北，台湾学生书局，1997。只是汪惠敏的《三国时代之经学研究》忽略了那一时期儒学的形而上转向，而程元敏的《三国蜀经学》所涉及范围太过狭窄，其介绍的 53 位经学家之中无一人对经学转向的影响是超越地域界线的。

战乱纷争带来了玄学的兴起，儒学无能为力之处，玄学便悄然而生。玄学家试图从另一个角度面对并解决时代问题。[①] 形而上学的渗透是整体性的，它直接影响了经学家的思考方式，并打开了诠释学的另一扇大门。西方 19 世纪之前的诠释学总是试图赋予文本一种有效而真实的意义，考据训诂学一直是主流，但是在学术氛围极其宽松自由的情况下，形而上式的诠释学也会茁壮发展。总之，考据学和哲学意义上的诠释学在古典学术史上均有着非常重要的意义。[②]

必须注意到三国时期这两种经学的发展趋势。汪惠敏认为，玄学化诠释学的兴盛实则是由于考据训诂学在那个时代的衰落，时人大多忽视汉代经学家留存下来的注解成果，而是倾向于依靠一种类似冥想的方式探索经典古籍中蕴藏的内涵，并思考人生、语言和宇宙。此外，激进的文本批评思潮一般不会兴起和流行于首都或朝廷，而是散播于民间。东晋王朝于 317 年建都南京，时人必须同时面对地理和心理上的变化，南北地域的差异性带来了经学研究路径上的不同，政治约束力的减弱则带来了思想的繁荣。[③]

---

① 陆威仪（Mark Edward Lewis）简要介绍了玄学，他认为玄学家是一群松散而无组织的文人和学者，他们在 3 世纪前后曾进行密切的交往，但他们并不是一个集体。他们在那个特殊的年代对语言、社会和宇宙等都提出了颇为新颖的见解。他们关注一系列的二元对立概念，如存在与否、名称与现实、语言与意义、一个与多个、性格与才能等。并对上述二元对立概念进行了诠释。代表人物是"竹林七贤"，被后人所反复称道的当属阮籍和嵇康。读者可参见 Mark Edward Lewis, *China Between Empires*: *The Northern and Southern Dynasties*（Cambridge, MA and London: Belknap Press, 2009）, pp. 221 – 222。

② 李中华曾对王肃和王弼的经学思想进行探讨，其中也包含了他对六朝及三国时期经学发展的看法。

③ 读者可参见汪惠敏《三国时代之经学研究》，台北，汉京文化事业有限公司，1981，第 16～17 页。

第一节　王肃与语文学的传承

如何公正地评价王肃（195～256）的学术贡献是个棘手的问题。首先这牵涉到他与东晋王室之间的关系，他的女儿于231年嫁入强盛的司马家族，而司马炎（265～290）随后便建立了晋朝，因此其动机令人怀疑；其次是当时的一些学者对他所依据的文本表示质疑，认为那些都是伪书，包括孔安国的《尚书传》。[①]王肃的名声直到19世纪也未能得到恢复，皮锡瑞在《经学历史》中将王肃和刘向二人称为"汉代经学大蠹"，认为王肃和刘向的治学方法和文本织体均对经学发展构成了负面影响。[②]在此，我们将仅仅专注于他的经学研究，略去其他方面不谈，陈寿（233～297）的《三国志》记载了他的生平，但聚焦于他的政治生涯，我从中截取了有关他学术成就的部分，如下：

　　　　肃字子雍。年十八，从宋忠读《太玄》，而更为之

---

① 关于其早期著述的介绍，读者可参见鲁惟一（Micheal Loewe）编著《早期中国文本》（*Early Chinese Texts*），美国东亚研究所出版社，1994，第258～262页。早前R. P. 克拉梅尔斯（R. P. Kramers）争辩说，王肃只是根据早期资料汇编了这本文集，读者可参见 R. P. 克拉梅尔斯《孔子家语：孔子的后代及门徒言说孔子》（*K'ung Tzu Chia Yu：The School Sayings of Confucius*），布瑞尔出版社，1949，第193～198页（Leiden：E. J. Brill, 1949, pp. 193-198）。相反，姚弗·艾瑞尔（Yoav Ariel）则声称该文集完全是伪造的，读者可参见《孔丛子：翻译与研究（一至十章以及十二至十四章）》（*K'ung-Ts'ung-Tzu：The K'ung Family Master's Anthology：A Study and Translation of Chapters 1-10, 12-14*），金顿大学出版社，1989（Kington：Kington University Press, 1989），"简介"的第三部分。然而，鉴于这本集子与《仪记》中的某些早期记载有很多相似之处，我认为这种观点难以令人接受。关于相关的争论，读者可参见程元敏《尚书学史》，五南图书出版公司，2011，第670～685页。
② 皮锡瑞：《经学历史》，中华书局，2008，第154页。

解……初肃善贾、马之学，而不好郑氏，采会同异，为《尚书》、《诗》、《论语》、《三礼》、《左氏》解，及撰定父朗所作《易传》，皆列于学官。其所论驳朝廷典制、郊祀、宗庙、丧纪、轻重，凡百余篇。时乐安孙叔然，受学郑玄之门，人称东州大儒。征为秘书监，不就。肃集《圣证论》以讥短玄，叔然驳而释之，及作《周易》、《春秋》例，《毛诗》、《礼记》、《春秋三传》、《国语》、《尔雅》诸注，又著书十余篇。①

今文经学家宋忠是王肃的老师，他的学术目标是挖掘经典文本的微言大义。宋忠来自河南，是荆州学派的代表，也是刘表的支持者，他曾利用伪经反对郑玄。他赞赏扬雄，曾对扬雄的著作加以注释和解读。他还是一位著名的经师，除了王肃之外，他还培养出了其他一些多才多艺的学生。200 年，他主持修订五经经传的浩大工程，刘表将之取名为"后定"。我们所知的是，刘表为此投入了大量的金钱。②

刘表独霸荆州，年轻时便名震一方。184 年党禁解除，刘表出任北军中侯。190 年，荆州刺史王睿被杀，刘表接替要职。在时人眼中，刘表实为能人才俊，他同时还研究《易经》和《仪

---

① （晋）陈寿：《三国志》，中华书局，2005，第 419～420 页。
② 《三国志》里并没有专门为宋忠所撰的传记，但通过搜集各种资料，我们可知他令人钦佩的学术和政治生涯，读者可参见拉弗·德·克里斯皮涅（Rafe de Crispigny）《自汉代晚期至三国时代的文献学词典》（A Biographical Dictionary of Later Han to the Three Kingdoms，23 - 220 AD），布瑞尔出版社，2007，第 756 页（Leiden and Boston：Brill, 2007, p. 756）。

礼》，并为经典写传。他认为教育重在实用而非空谈，他本人代表了当时的折中主义潮流。他海纳百川，学习了古文经学、今文经学、法家思想和黄老道学。刘表的经学思想同样被视为儒家形而上学发展过程中的一个重要阶段。①

王肃从小接受的训诂学训练来自他的父亲，此外，他深受扬雄的影响，他使用伪经一事为他的学术研究增添了一层神秘的色彩。王肃虽属古文经学派，但他内心深处并不完全认同古文经学，他也不愿固守古文经学派的治学方法，而是海纳百川，博采众长，广泛地阅读与学习。事实上，他走了一条比郑玄更为折中而广阔的道路。郑玄虽被称为"通儒"，但他所依据的文本大多是古文文本，而后有选择性地拣选其他文本，以佐证自己的注释。王肃则不同，他似乎总能一碗水端平，并且总能保持理性，因此比郑玄更为客观公正。他的诸多著作显示出这样的特质，但他对《易经》的注解还有待考证。

王肃与郑玄之间的分歧与纷争史称"郑王之争"，王肃所进

---

① 关于刘表、宋忠以及荆州学派其他杰出学者的生平介绍，读者可参见李叶亚所撰写的硕士学位论文《荆州学派研究》，华中科技大学，2009，第二章。关于刘表生平及学术成就的详细介绍，读者可参见（南朝宋）范晔《后汉书》，中华书局，2000，2419~2424 页；（晋）陈寿《三国志》，中华书局，2005，第 210~213 页。关于整个荆州学派，读者可参见程元敏《季汉荆州经学》，《汉学研究》1986 年第 1 期，第 211~264 页；金仁义《刘表与荆州学派》，《池州师专学报》2002 年第 16 期，第 71~74 页；拉弗·德·克里斯皮涅（Rafe de Crispigny）《自汉代晚期至三国时代的文献学词典》（A Biographical Dictionary of Later Han to the Three Kingdoms, 23~220 AD），布瑞尔出版社，2007，第 485~486 页（Leiden and Boston: Brill, 2007, pp. 485-86）。荆州学派成员之一王粲（177~217）是一位著名的文学家，其对经学也颇有研究，著有四卷本的《尚书释问》以及一本直接针对郑玄的经学著作（已遗逸），读者可参见程元敏《尚书学史》，五南图书出版公司，2011，第 946~949 页。荆州学派在经学、史学、政治学和音乐学等方面都有所建树。读者可参见王粲《荆州文学记》，收录于《王仲宣集》，中华书局，2005，第 1205~1206 页。

行的训诂工作实则类似郑玄，郑玄著作文章共计 56 种，王肃则
为 33 种。李中华认为，郑、王之间存在以下诸种差异：首先，郑
玄的部分注释受到了谶纬之学的影响，王肃则没有；其次，郑玄
为"春秋三传"都做了注释，王肃则仅仅选择了《左传》进行
注释；再次，郑玄没有注解扬雄的著作，王肃则做了相关注解
工作。①

上述比较分析需要足够的材料，史应勇的学术著作就汇集了
大量的相关史料，并对郑、王差异进行了详细的阐述，如下：

> 首先，郑玄在用词上更为灵活，王肃则仅仅使用严谨的
> 书面语；其次，郑、王所依据的经典文本存在着版本上的差
> 异；再次，郑玄大量引用了《周礼》中的话语，王肃则很少
> 从《周礼》中征引言语；此外，郑玄引用了一些今文文本以
> 此驳斥《毛诗》中的某些观点，王肃则反过来用《毛诗》驳
> 斥郑玄；最后，郑玄关注宇宙自然，试图将玄学融入自己的
> 研究之中，王肃则聚焦于世俗社会，其言论更具理性精神。②

史应勇的研究表明，郑、王实际上有很多相似之处，但二人训诂

---

① 李中华：《中国儒学史·魏晋南北朝卷》，汤一介、李中华主编《中国儒学史》（十
卷本），北京大学出版社，2011，第 360～361 页。
② 早于史应勇 2007 年出版的《郑玄通学及郑王之争研究》，李振兴 1980 年出版的《王
肃之经学》已经涉及了郑、王之争，而且分析了多达 1114 处的王注，只是他并未对
郑、王之争进行系统化的比较，而是主要集中在王肃自身的经学成就。读者可参见
李振兴《王肃之经学》，华东师范大学出版社，2012（此版为再版，1980 年为初
版）。读者还可参见简博贤《今存三国两晋经学遗籍考》，台北，三民书局，1986，
作者在书中从各角度详细比较了郑玄和王肃在解经路数上的差异。

注释的重心不同，郑玄对儒家经典的诠释围绕着"礼"展开，王肃则没有这种倾向性。[①]

　　尽管荆州学派致力于对儒家经典进行训诂和注释，但学术心态有所变化，从刘表到宋崇再到王朗、王肃父子，我们可以窥见这种变化的脉络。王肃的训诂学是语言学和诠释学的结合，也是理性主义与投机主义的结合，他对不同文本采取了不同的诠释策略。

　　一般而言，王肃的注解是清晰而简短的。例如，对《周易·中孚》里"豚鱼吉"的解释，郑玄用了98个字，而王肃只用了16个字。[②]另外，王肃的注解通常蕴含着较多的理性主义色彩，如《乾卦·九五》曰："飞龙在天，利见大人。"《象传》曰："飞龙在天，大人造也。"郑玄将"造"解释成"为"，这导致理雅各将之翻译成"唤起自己的工作"，王肃则将之解释为"至（到达）"，相比之下，王肃的解释更加合理。《系辞》的第一部分有语曰："震无咎者，存乎悔。"郑玄将"震"解释为"惧"，王肃则将之解释为"动"。郑玄将"三极"解释为"三才"，即天、地、人，王肃则将之解释为"阴阳"、"刚柔"和"仁义"。从上述所引的三个例证来看，王肃的解释更在情理之中。[③]

　　尽管王肃也有着神秘主义的一面，但他的神秘化倾向主要体

---

① 史应勇：《郑玄通学及郑王之争研究》，巴蜀书社，2007，第231～232页。
② 李中华：《中国儒学史·魏晋南北朝卷》，汤一介、李中华主编《中国儒学史》（十卷本），北京大学出版社，2011，第370页。
③ 正文所引例证可见于史应勇《郑玄通学及郑王之争研究》，巴蜀书社，2007，第232～236页。史应勇在书中比较了郑、王二人在释读《易经》、《尚书》、《毛诗》、《仪礼》、《礼记》以及《论语》这几部经典时展现出来的差异性。

现在命理层面。史应勇认为，这种命理学对儒学的形而上学发展起到了积极的促进作用，并且使经学远离政治。王肃的诠释策略与推理思维对那个时代整体氛围的建构产生了正面影响，故而我在此对其某些独特的观点略做分析：王肃认为皇帝是治理国家的圣人，为王朝提供了执政合法性；郑玄则企图运用神学来解释政治。在王肃看来，神灵并没有参与王位的继承和王朝的建立，这一观念推进了经学的现实主义化过程，以神学和谶纬之术为基础的那种经学研究到了王肃所生活的年代已经逐渐走向衰败，学者们的学术立场趋于实用化和人性化。

此外，这一时期的经学家不再冀望于政府的资金扶持，而是旨在将其研究服务于现实，但同时也与形而上学相结合，从而改变了传统的诠释策略与原则，其理论自然是来源于老子和庄子。但老庄属于道家，而非儒家。刘表的门臣刘贤博学而强识，喜好黄老之说。王粲不守礼仪，清心寡欲，认为无知即大知。王肃的诠释结合了图像学和数字命理学，成为王弼的先驱。王弼的诠释学以王肃的成果和方法为基础，并同时引用老庄之语来诠释儒家经典，这种做法一度成为众学者追捧的潮流。这种经学研究的方式也在南朝产生了巨大的影响，并取得了辉煌的成就，经学与政治日渐疏离，并最终趋于简化。在郑玄看来，经学与仪式相联系，与时事和政策密切相关。[1] 但随着时间的推移和时代的变迁，经学逐渐形而上学化，语言层面的创新也改变了传统保守的语言风格。以王肃为例，他对经典的注释合乎情理且证据充足，为之

---

[1] 史应勇：《郑玄通学及郑王之争研究》，巴蜀书社，2007，第386~387页。

后的语文学家提供了严谨而优雅的语言典范。此外，他吸收了很多非儒家的理论资源，为儒学的形而上哲学化提供了养分和契机，在一定程度上改变了传统的文化模式和道德原则。综合考量，王肃是一位代表着新兴思想的解经家，他融合了多种理论和观念，他的出现预示着整个时代潮流的变迁。《孔子家语》序言部分中有一段话："郑氏学行五十载矣，自肃成童，始志于学，而学郑氏学矣。然寻文责实，考其上下，义理不安，违错者多，是以夺而易之。"[①] 我认为，唐朝皇帝命孔颖达等人修订《五经正义》并不代表这些文本就真的取得了权威性的地位。虽然王肃的学术贡献看似并未产生巨大的影响，至少影响不深远，但实际上可能比郑玄更加多维。

杜预（222~285）是曹魏时期功名显赫的一位将军，他保卫魏国不受外敌入侵，并助魏国征服南方的吴国。他的祖父和父亲都曾任朝廷高官，他的家族与司马懿（179~251）的长女有联姻关系，而司马炎最终成了晋朝的皇帝，也即武帝。杜预来自京兆（今陕西西安），他的经学成就主要在于对《左传》的研究。《晋书》载：

> 预博学多通，明于兴废之道，常言：德不可以企及，立功立言可庶几也。[②]

---

① 《孔子家语》，中华书局，2009，第 1 页。
② （唐）房玄龄等：《晋书》，中华书局，1996，第 1025 页。

事实上,《晋书》对其生平经历还有着详细的记载,后人可以从中窥见他作为经学家的一面,如下:

> 预身不跨马,射不穿札,而每任大事,辄居将率之列。结交接物,恭而有礼,问无所隐,诲人不倦,敏于事而慎于言。既立功之后,从容无事,乃耽思经籍,为《春秋左氏经传集解》。又参考众家谱第,谓之《释例》。又作《盟会图》、《春秋长历》,备成一家之学,比老乃成。又撰《女记赞》。当时论者谓预文义质直,世人未之重,唯秘书监挚虞赏之,曰:"左丘明本为《春秋》作传,而《左传》遂自孤行,《释例》本为《传》设,而所发明何但《左传》,故亦孤行。"时王济解相马,甚爱之,而和峤颇聚敛,预常称"济有马癖,峤有钱癖"。武帝闻之,谓预曰:"卿有何癖?"对曰:"臣有《左传》癖。"①

杜预对《左传》的训诂注释最终被纳入《五经正义》和《十三经注疏》之中。杜预对经典的研究十分细致严谨,他分析了王肃所依据的"伪孔安国书"以及王弼的注释,并将《论语》作为重要的参考资料。杜预于晚年完成他的巨著,由于他的人生跨越了两个历史朝代,因此有时人们也将他视为魏晋时期的文人。那一时期还有另外两位重要的解经家,一是范宁,二是郭璞。《十三经注疏》中的六部经典注疏均出自魏晋时期的经学家之手,可见

---

① (唐)房玄龄等:《晋书》,中华书局,1996,第1031~1032页。

那一时期的经学成就是何等丰硕。当然，汉代经学家的注疏似乎更加出名，而且也平分秋色，占据了六部。唯一的例外则是唐明皇亲自注疏的《孝经》。①

《四库全书总目提要》中有一段对杜预经学成就的评价，如下：

> 今世所传惟杜注孔疏为最古。杜注多强经以就传；孔疏亦多左杜而右刘。是皆笃信专门之过，不能不谓之一失。然有注疏而后左氏之义明，左氏之义明，而后二百四十二年内善恶之迹一一有征。后儒妄作聪明以私臆谈褒贬者，犹得据传文以知其谬。则汉晋以来藉左氏以知经义，宋元以后更藉左氏以杜臆说矣。传与注疏均谓有大功于春秋可也。②

杜预的解经路径则见于那篇著名的《崔杼弑其君》之中。下面，我将呈示三种不同层面的文本，一是《春秋》原文，二是《左氏春秋传》，三是杜预的《左传注》（杜预最初将其对《左传》的注取名为"解"，后来孔颖达将之更名为"注"）。

《春秋》载：

---

① 读者可参见皮锡瑞《经学历史》，中华书局，2008，第158页。
② 《四库全书总目提要》卷二十六，台北，汉京文化事业有限公司，1981，第147页。引文中所提及的刘炫（约546~613）和他的兄长刘焯（544~610）是隋朝时期两位杰出的经学家，他们的训诂工作涵盖了整个经典范围，孔颖达在重新编注经书时也采纳了他们的注解。刘炫曾著四十卷本的《春秋左传述义》以及一卷本的《春秋左传杜预集解字注》，补充并完善着杜预的经学研究。读者还可参见沈玉成、刘宁《春秋左传学史稿》，江苏古籍出版社，1992，第168~176页。

二十有五年，春，齐崔杼帅师伐我北鄙。

杜预所进行的注解如下：

二十五年，春，齐崔杼帅师伐我北鄙，以报孝伯之师
也，公患之，使告于晋，盂公绰曰，崔子将有大志，不在病
我，必速归，何患焉，其来也不寇，使民不严，异于他日，
齐师徒归。①

上述简短的征引说明了三个问题：一是杜预十分关注历史人
物的称谓；二是他试图补全历史事件所产生的背景，从而向读者
展现历史人物粉墨登场的舞台；三是他注重对文本进行语言学方
面的研究。② 读者可将陆德明（556～627）的《经典释文》与杜
预的注释做一比较性阅读。③

除了重建历史背景，杜预有时还会附带解释性的说明以及拓
展性的评论，并且进行叙事学和语言学层面的分析。他认为《左

① （晋）杜预注，（唐）孔颖达正义《春秋左传正义》，北京大学出版社，2000，第
36页。
② 关于杜预的历史观以及他对过往注解的重视，读者可参见浦百瑞（Barry B. Blakeley）
所撰写的《杜预对〈左传〉注释的真实性和客观性的记录》（"Notes on the Reliability
and Objectivity of the Tu Yü Commentary on the Tso Chuan"），《美国东方学会》1981年
总第101期，第207～212页（*Journal of the American Oriental Society* 101, 1981,
pp. 207–212）。
　　译者注：
　　〔美〕浦百瑞（Barry B. Blakeley），任教于美国新泽西州西顿霍尔大学，为汉学
教授，他主持了关于战国史的项目。
③ 读者可参见（唐）魏徵等《隋书》，中华书局，1997，第928页。

传》运用了四种叙事技巧，他试图将诠释学落实到微观层面。他还将这一诠释学视角带入了对《春秋穀梁传》和《春秋公羊传》的解析之中，并同样挖掘了此二者某些篇章中所涉及的行文技巧。在他看来，《左传》的文字更加精妙严谨，他曾言：

> 左丘明受经于仲尼，以为经者不刊之书也。故传或先经以始事，或后经终义，或依经以辩理，或错经以合异，随义而发。①

由此可见，杜预区分了以下四个领域：历史、叙事、诠释和互文性。②

杜预还提出了另一种诠释的路径，即挖掘文本关键词所蕴含的深层次意义以及探究文本的内在模式。他在其 15 卷本的《春秋释例》中进行了详尽的解释。如他列举出"凡"作为关键性的词语，认为"凡"暗示着某种话语权威，代表着其话语与周公之间的联系。他还提出当某段文字并非出自左丘明之手或当左丘明没有依据原文进行评价时，有时也会使用"凡"字。③

除此以外，杜预还总结出五类修辞性的"例之情"，如下：第一，"微而显"，意味着表层文本所蕴含的深层意义可能在其他

---

① （晋）杜预注，（唐）孔颖达正义《春秋左传正义》，北京大学出版社，2000，第 11 页。
② 刘炫：《春秋左传杜预序集释》一卷本，见于（唐）魏微等《隋书》，中华书局，1997，第 934 页。
③ 延伸性的探讨以及相关的诠释学话题可参见沈玉成、刘宁《春秋左传学史稿》，江苏古籍出版社，1992，第 138~148 页。

地方显现；第二，"志而晦"，意味着一些表达看似简单，但其实可以扩展为某种基本的模式；第三，"婉而成章"，意味着某些语言的组织和用法看似有悖常理，但其实是作者在运用一种隐晦而委婉的方式表达深层次的意义；第四，"尽而不迁"，意味着作者为阐述清楚自己的观点而使用了详尽充分的表达，但其语言又不至于累赘；第五，"惩恶而劝善"，意味着树立正确的史学观，要以史书书写建立道德规范。①

或许，我对杜预"例之情"理论的解读并不完全准确，但其实杜预自己也已经解释了叙事学的运用和目的。杜预的创见不仅勾勒出了叙事学和修辞学的轮廓，而且还奠定了诠释学的基础。

最后，杜预把我们带回了语言学的领地之中。他解释了其著作《集释》名称的由来及意蕴，表明他的著作重在广泛地收集和征集，而非阐述个性化的观点。他认为，经典和评注性的文本可以相互阐发，因此读者应将二者结合起来进行分析和探讨。杜预曾言：

> 分经之年与传之年相附，比其义类。各随而解之，名曰经传集解。②

杜预将经典文本与评注性文字相结合的这一做法可谓开了先例，

---

① （晋）杜预注，（唐）孔颖达正义《春秋左传正义》，北京大学出版社，2000，第16～17页。
② （晋）杜预注，（唐）孔颖达正义《春秋左传正义》，北京大学出版社，2000，第21页。

影响了后世的经学研究。

杜预所开创的"左传学"开始在南方流行，也许是因其对文本细腻精致的分析加之开放性的诠释与南方优雅而轻松的生活相契合。相比之下，郑玄学派是截然不同的，他们的用词更加实际，拒斥华丽的修辞，他们在思想上则尽量与统治阶级的意识形态保持一致，故而郑学在北方地域更加流行。概而论之，杜学统领了南方经学，郑学统领了北方经学。《隋书》载：

> 至隋，杜氏盛行，服义及公羊穀梁浸微，今殆无师说。[1]

孔颖达等人编修的《五经正义》成为唐代的正统，对于那一时代的经学家来说，在文本依据上似乎没有其他选择。

第二节　儒学研究的形而上学转向

关于如何从形而上学的角度思考知识的获取和意义、人类自身的感受和体会以及实体物质，中国传统道家思想对此有精深的解答，其核心文本是老庄的话语，它们构成了中国式形而上学的基础，此后中国的形而上学一直围绕着这一基础变化。王弼认为，美德体现在秩序层面上，他把儒家经典与道家思想结合起来，但同时强调儒家经典所蕴含的现实意义。王弼用这种方式推动了儒学的发展，他的理论方法十分契合当时的文化思潮，他还深入挖掘了《易经》和《论语》的实用性，揭示了儒家经典所隐

---

[1]　（唐）魏徵等：《隋书》，中华书局，1997，第933页。

藏的信息。① 除此以外，王弼还运用训诂学阐释经典文本的意义，并以此来说明先圣思想与当下问题之间的关联。

我在此还将介绍何晏的经学思想及成就，他与王弼同属于那个时代的经学大家，二人在很多方面均有相似之处，后世学者常将二者称为"王何学派"。

一 何晏与《论语集解》

何晏（约195～249）生于河南南阳，是大将军何进的孙子，也是曹操的养子。他的巨著《论语集解》在经学史上留下了浓墨重彩的一笔，他还写下《道论》，专门探讨形而上学方面的诸种问题，影响了中国古代形而上学的发展。他带来了诠释学的转向，他在训诂学和诠释学两个领域都享有盛名，同时他还擅长玄学。人们由于对玄学和形而上哲学的兴趣与日俱增，故而越来越重视何晏在此方面的成就，并试图将之塑造成哲学家的形象。当代学者王晓毅所撰写的《何晏评传》更是强调其在玄学清谈方面的成就，如下：

> 何晏善于清谈，作为当时颇有名气的文人，他却与社会格格不入，他不屑于出席朝廷大官的私人聚会，也不愿意参加当时流行的社交活动。此外，他并不在乎自己的社会地位。他潜心研究玄学，喜好清谈。他常与志趣相投的朋友一起探讨哲学命题，如人性、语言和宇宙等等。他的哲学思想

---

① 王葆玹：《从"庄老易"到"易老庄"的转变》，收录于氏著《今古文经学新论》，中国社会科学出版社，1997，第485～490页。

以老庄和《易经》为基础，他发表的言论时常玄而又玄。他和其友的清谈以辩论为方式，即：一人提出自己的主张和看法，其他人进行反驳，一正一反构成一个回合。这种辩论形式的清谈十分考验逻辑的严谨和思路的清晰。一些学者或许倾向于将之视为神秘主义式的玄谈，其实不然。①

何晏除了引领当时"清谈"潮流以外，他还是一位玄学大家，时人与后人对他的评价充分揭示了这一点。如《三国志》就对其有如下描述：

> 少以才秀知名，好老庄言，作道德论及诸文赋著述凡数十篇。②

再如刘义庆《世说新语》将何晏与王弼进行比较，曰：

> 何晏注老子未毕，见王弼自说注老子旨。何意多所短，不复得作声，但应诺诺。遂不复注，因作道德论。③

---

① 王晓毅：《王弼评传》，南京大学出版社，1996，第98页。
② （晋）陈寿：《三国志》，中华书局，2005，第292页。附加的评注涉及范围更加广泛，但多半侧重于人物的性格、穿着以及情事，拓展性的传记内容以及精简的年表可见于王晓毅《王弼评传》，南京大学出版社，1996，第43~161、344~361页，至于第368~375页则包含了关于其九篇知名作品的介绍和分析。
③ 刘义庆等：《世说新语》，中华书局，2011，第49页。马瑟对这段文字的翻译基于另一个版本，读者可参见 Richard B. Mather, *Shih - Shuo Hsin - Yü: A New Account of Tales of the World*, 2nd ed. (Ann Arbor: Center for Chinese Studies, The University of Michigan, 2002), p.101。

杜预曾将典籍原文与注解合置于一种文本之中。在西方，这种做法一直到中世纪才开始出现。[①] 然而杜预并不是在文本形式方面唯一的创新者，何晏也创造了一种新的文类——集解。"集解"二字可被视为一个形容词名词性短语，内含收集、分析及解释等多种含义。如前所言，"集解"这一文体的出现，中国早于西方，西方直到5世纪末6世纪初才始有这类文体，是由基督教徒普罗柯比（Procopius）生发的。威尔森（N. G. Wilson）曾描述普罗柯比（Procopius）的工作，如下：

> 普罗柯比（Procopius）通常被认为是集大成式综合类文本的发明者。他所编纂的《圣经》包含了原文、注释以及评论等等。这在西方古典学史上是一个里程碑式的转折点，因为在他之前《圣经》原文和注释是截然分开的，但是到了古代晚期社会汇编成为了一种惯例。这种汇编形式显然是裨益于读者的，因为读者可以对各家之论一目了然。[②]

回到何晏这里，他曾在《论语集解》序言部分表达自己创造这一文类的动机及书名的由来，如下：

---

① 这一情况与某个特定时期的古希腊拉丁文学类似，读者可自行参照比较，请参见雷诺尔兹（L. D. Reynolds）与威尔森（N. G. Wilson）著《文士和学者：希腊和拉丁文学传播指南》（第三版）（*Scribes and Scholars*: *A Guide for the Tansmission of Greek and Latin Literature*, 3rd ed. ），克莱任顿出版社，1991，第52～53页（Oxford：Clarendon Press, 1991, pp. 52–53）。

② 威尔森（N. G. Wilson）：《拜占庭学者》（*Scholars of Byzantium*），约翰霍普金斯大学出版社，1983，第32～33页（Baltimore：The Johns Hopkins University Press, 1983, pp. 32–33）。

> 今集诸家之善，记其姓名；有不安者，颇为改易，名曰
> 论语集解。①

邢昺（932~1010）曾总结"集解"这一文体的特征与目的，如下：

> 乃聚集诸家义理以解论语言同而意异也。②

可见，"集解"可以有利于人们比较各学者学术观点及立场之间的差别，各学者在训诂学和文字学方面的细微差别也表露无遗。通读《论语集解》，我们不难发现，那个时代的解经学重在诠释，而非注释。

梅约翰（John Makeham）曾对何晏撰《论语集解》一事表示质疑。梅约翰（John Makeham）是一位深谙中国经学的学者，他致力于梳理研究《论语》注释史，还曾深究形而上学及神秘主义对经学的影响。③ 梅约翰（John Makeham）的质疑在技术与细节层面上是值得玩味的，但似乎忽略了现存文本及何晏所接受的传统。我们应该意识到现存文本与中国经学内在发展之间的关联，

---

① （晋）杜预注，（唐）孔颖达正义《春秋左传正义》，北京大学出版社，2000，第5页。
② （晋）杜预注，（唐）孔颖达正义《春秋左传正义》，北京大学出版社，2000，第6页。
③ 〔澳〕梅约翰（John Makeham）：《传播者和创作者：中国学者对〈论语〉的解读和评注》（*Transmitters and Creators: Chinese Commentators and Commentaries on the Analects*），哈佛大学亚洲中心，2003，第23~75页（Cambridge, MA and London: Harvard University Asia Center, 2003, pp. 23-75）。

我们还应重视传统本身的承接性以及传统作为一种主体其自身所具备的某些特性，而不应以过于现代的视角看待书写传统，或对传统进行策略性的过度诠释。回到梅约翰（John Makeham）这里，他强调那个时期儒学的形而上特征，并列举了两个例证：一是何晏注解《论语》中的"子曰：志于道"，他将"道"的意义引申为"道不可体"，① 这自然与孟子的王道及道在社会秩序层面上的意义毫无关联；二是何晏注解《论语》中的"子曰：加我数年，五十以学易，可以无大过矣"，对此，何晏并不是从儒学的角度加以阐释，而是重在阐发其形而上意义，他说："易穷理尽性以至于命。"② 梅约翰（John Makeham）认为何晏的哲学性注解与《论语》原文存在巨大的差距，并认为何晏的注解容易导致儒学的神秘主义倾向。与此同时，他还暗示形而上学旨在探讨抽象的哲学概念，而非走向神秘与虚无。当梅约翰（John Makeham）翻译《论语集解》时，他偏好使用"无为"、"虚"、"一多"、"本末"、"情"和"理"等词语。③ 在蔡振丰看来，何晏隐藏于《论语》诠释之下的玄学多半是基于《易经》中的概念和理念，而非广义的道家哲学。相比之下，郑玄则是将《易经》儒学化，

---

① （魏）何晏注，（宋）邢昺疏《论语注疏》，中华书局，1999，第2页。
② （魏）何晏注，（宋）邢昺疏《论语注疏》，中华书局，1999，第6页。
③ 〔澳〕梅约翰（John Makeham）：《传播者和创作者：中国学者对〈论语〉的解读和评注》（Transmitters and Creators: Chinese Commentators and Commentaries on the Analects），哈佛大学亚洲中心，2003，第35页（Cambridge, MA and London: Harvard University Asia Center, 2003, p. 35）。对于传统玄学或谶纬之学概念上的分析，梅约翰（John Makeham）提出了不同的见解，参见汤用彤《魏晋玄学论稿》，人民出版社，1957；王葆玹《正始玄学》，齐鲁书社，1987。

他的一大贡献是将《易传》的撰写归功于孔子。①

何晏的《论语集解》基于以下诸种文本：孔安国（约前156～前74）的《论语训解》，包咸（前6～65）的《论语章句》，马融（79～166）的《论语训说》，郑玄的《论语注》，陈群的《论语义说》，王肃的《论语义说》以及周生烈（195～256）的《论语义说》。②此外，何晏还在《论语集解》中引用了143处其他注解，只是这些注解查无出处。梅约翰（John Makeham）认为这些肯定并非出自何晏之手，问题在于难以查其源头，但无论如何都不应将何晏作为书写者。③总而言之，何晏的《论语集解》综合了古文经学和今文经学两派的注解和观点，其自身的诠释则主要

---

① 蔡振丰：《何晏论语集解的思想特色及其定位》，《台湾大学学报》第15期，2001年，第41～60页，其中第8～11页列举了10个例子来证实这种影响。王晓毅对梅约翰（John Makeham）的观点表示赞同，他也认为《论语集解》侧重于形而上学式的阐释，形而上因素占据了主导地位。王晓毅补充道，何晏堪称玄学创始人之一，但他错误地估计了当时的形势，在何晏看来，当时的学者们也在竭力推动儒学的形而上转向，事实却并非如此。读者可参见王晓毅《王弼评传》，南京大学出版社，1996，第314页。
② （魏）何晏注，（宋）邢昺疏《论语注疏》，中华书局，1999，第4～5页。
③ 〔澳〕梅约翰（John Makeham）：《传播者和创作者：中国学者对〈论语〉的解读和评注》（*Transmitters and Creators：Chinese Commentators and Commentaries on the Analects*），哈佛大学亚洲中心，2003，第25～37页（Cambridge，MA and London：Harvard University Asia Center，2003，pp. 25 – 37）。蔡振丰则持相反的观点，他极力维护传统学界的主张，认为《论语集解》的主要作者是何晏，即便是那些难辨出处的注解也出自何晏之手。读者可参见蔡振丰《何晏论语集解的思想特色及其定位》，《台湾大学学报》第15期，2001年，第41～60页。此外，陆德明的《经典释文》也曾提及上述内容，读者请参见《经典释文序录疏证》，中华书局，2008，第125页。
   译者注：
   〔澳〕梅约翰（John Makeham），拉伯筹大学中国研究中心主任，曾任教于澳大利亚国立大学亚太学院（文化、历史与语言分部），为中国哲学教授。他对中国哲学在各个时期的发展都有研究兴趣，但他对儒学在现实层面上的操作并不乐观。他曾在惠灵顿维多利亚大学、阿德莱德大学、台湾大学以及香港中文大学等多所高校担任学术职务。

依据《易经》，从某种程度上而言，它阻断了汉代内在的经学传统，[1] 但实际上它只是代表了汉代《论语》学的一个侧面，并非新的发端，真正意义上的新声滥觞于皇侃（488~545）的《论语义疏》，此书仅包括了汉代后期的评论。[2] 梅约翰（John Makeham）认为，尽管郑玄是自汉至唐最具影响力的《论语》学家，但《论语集解》实为当时最具影响力的《论语》注疏，这种影响力一直持续到朱熹（1130~1200）《四书集注》的出现。

二 王弼和经典注疏的形而上转向

近两千年来，王弼的《道德经注》一直被视为解读《道德经》的典范和标准，这种巨大的影响力使他在经学研究上的贡献屡遭忽视。故在这里，我将重新审视他在儒家经典注疏方面所做出的成就，并聚焦于他对《论语》和《易经》的注疏。《三国志》曾提及王弼的生平、著作，但并未为王弼专立传记，只言片语仅见于《钟会传》。钟会（225~264）乃平定蜀国的功臣，以下为提及王弼之处：

> 初，会弱冠与山阳王弼知名。弼好论儒道，辞才逸辩，注易及老子，为尚书郎，年二十余卒。[3]

王弼生平还可见于《王劭传》，王劭（236~301）是当时的能臣，

---

① 蔡振丰：《何晏论语集解的思想特色及其定位》，《台湾大学学报》第 15 期，2001 年，第 45 页。
② 王晓毅：《王弼评传》，南京大学出版社，1996，第 315 页。
③ （晋）陈寿：《三国志》，中华书局，2005，第 795 页。

提及王弼处如下：

> 弼幼而察慧，年十余，好老氏，通辩能言。父业，为尚书郎。时裴徽为吏部郎，弼未弱冠，往造焉。徽一见而异之，问弼曰：夫无者诚万物之所资也，然圣人莫肯致言，而老子申之无已者何？弼曰：圣人体无，无又不可以训，故不说也。老子是有者也，故恒言无所不足……于时何晏为吏部尚书，甚奇弼，叹之曰：仲尼称后生可畏，若斯人者，可与言天人之际乎！……弼与钟会善，会论议以校练为家，然每服弼之高致。何晏以为圣人无喜怒哀乐，其论甚精，钟会等述之。弼与不同，以为圣人茂于人者神明也，同于人者五情也。神明茂故能体冲和以通无；五情同故不能无哀乐以应物，然则圣人之情，应物而无累于物者也。今以其无累，便谓不复应物，失之多矣……弼注老子，为之指略，致有理统。著道略论、注易，往往有高丽言。太原王济好谈，病老庄，常云：见弼易注，所悟者多……①

王弼之父王业生于山东省山阳郡，王弼的曾外祖父为荆州牧刘表，其祖父王凯娶刘表之女为妻，王业为"建安七子"之一王粲的养子，王粲之子坐罪处死之后其以王业为继嗣，因此王粲是王弼的继祖父。由于赏识王粲的才华，蔡邕曾将家藏书籍文章万卷赠予王粲，这些经书后全为王业所有，自然也就传承给了王

---

① （晋）陈寿：《三国志》，中华书局，2005，第795～796页。

弼。王弼同样生于山东省山阳郡，他英年早逝，死时年仅 24 岁，我们可以合理推测他完全是在家中接受的古典教育。王弼年幼时便遍读经籍，喜好《易经》以及扬雄的《太玄》，他滋养于家族藏书阁浩瀚的书海之中，博览群书。他还十分喜好王充的《论衡》，此书也得自王粲。由于受到王充激进观念的影响，王弼拒斥怪力乱神，认为董仲舒的天人感应说完全是一派胡言，他否认了整个汉代的神学成就。从某种程度上而言，王弼给后人留下的思想遗产与这种激进观念密不可分。

然而与此同时，王弼也深受老子的影响，他重视道在世俗生活中起到的作用，他认为宇宙和世界的起源是虚无。从世俗的角度而言，"虚无"应被理解为无目标的行动，道是虚无的另一种称谓，道所崇尚的是一种无指向性，让生老病死、功名富贵以及政治秩序等人间事务按照自然规律发展，正所谓"生死有命，富贵在天"。《王弼评传》的作者将王弼的道家思想总结为"以无为本"与"以无为用"。① 从整个经学史内在承接性的角度来看，王弼为《道德经》做的注似乎多有谬误之处，但如果从当时的社会背景来看就并非如此了。如前所述，魏晋时期玄谈和清言盛行，在这一风气的主导下，哲学探讨的话题领域逐渐走向与人间事务无关的虚无层面，而老子的哲学理论反倒显得更加切近人事了。

王弼拒斥书本意义上的阅读，偏好抽象层面上的玄谈。实际上，玄谈者继承了早期今文经学家的思想遗产，因为那一时期经

---

① 王晓毅：《王弼评传》，南京大学出版社，1996，第 241～255 页。

学的主要传播方式就是口授，而后才出现物质形态上的书面文本，经学的传承才开始依赖于固化形式。微言大义其实也是玄谈的一个重要组成部分，而玄谈的意义还在于将已经固化的文本还原为真实的交谈和讨论，如对《易经》加以口头实践，使经学恢复到一种口授的初始状态。① 但当玄谈达至极致时，人们开始厌恶这种华而不实的滔滔不绝，转而重视脚踏实地的文本研读，何晏的《论语集解》就有这种"拨乱反正"之功。我们也可合理推断何晏之所以收集多种文本著成《论语集解》一书，其目的正是改变当时的社会风气，让学术研究再次回归至一种研读古籍、探究细节的状态。当何晏始创"集解"这一特殊文类时，时代已经赋予了其独特的意义和价值。

三 王弼的注疏工作

根据受重视程度以及难易程度的不同，人们研习道家经典文本的顺序一般是《庄子》、《老子》和《易经》，但王弼在此将顺序改变为《易经》、《老子》和《庄子》，这种顺序的改变有其指向性的含义，它暗示了王弼在进行注疏工作时给予了上述文本不同程度的重视。在实际操作时，王弼则是遵循了传统的顺序，他运用《庄子》澄清《老子》中的不详之处以及人们对《老子》的误读，再用《老子》所蕴含的观点注解《易经》。王弼的著作可被划分为三个分立的类别，如下：一是关于《老子》的著述，为《老子道德经注》和《老子指略例》；二是关于《易经》的著

---

① 读者可参见王葆玹《今古文经学新论》，中国社会科学出版社，1997，第 512 ~ 513 页。

述，为《周易注》、《周易略例》和《周易大演论》；三是关于《论语》的著述，为《论语释疑》。

《老子道德经注》原名可能为《道德经注》，"道"和"德"并非截然分开，而是融合为一。王弼的这一注疏广为流传，被众人所接受，它一直流行至宋朝时期，可谓塑造了一代又一代人阅读《老子》的方式和习惯，但从 960 年至 1279 年（即宋代的某个时间段），王弼《老子道德经注》的影响力开始减弱。① 相比之下，王弼在《周易注》中所使用的言辞语句则显得有些混乱。

老子认为无名乃天地之始，有名乃万物之母。在王弼看来，一切存在均源于无，道是一切形式和名称的起源，即便是在形式和名称出现之后，道还是发挥着奠基式的作用，它滋养培育着这个现出端倪的世界，使其稳定有序。道是无形、无体、无名的，但它成就了世间万物。然而纵使世间万物起源于道并完形于道，却不知为何，这便是玄而又玄之处。王弼认为老子所谓的四端／四始是道、天、地和王。万物有了名称和指向性，但万物处于变化之中，并无最终的形态；道是不可被言说的，但人们又非言说它不可；道是不可被命名的，但又必须要有一个名称；道是无穷尽的集合，但"无名"的世界比"道"的世界更为广阔，道、

---

① 陈金梁（Alan K. L. Chan／Chan, Alan Kam-Leung）：《道之二解：王弼与河上公〈老子〉注研究》（*Two Visions of the Way: A Study of the Wang Pi and the Ho-shang Kung Commentaries on the Lao-Tzu*），纽约州立大学出版社，1991，第 3 页（Albany: State University of New York Press, 1991, p. 3）。

天、地和王都蕴含于"无名"的世界之中。①

显然，王弼的哲学思考不仅限于追寻宇宙万物的起源，而是涉及更为宏大的层面。王弼对《道德经》的注释自然不是咬文嚼字式的，他的着眼点自然也不在于对字词进行释义，或是对文法结构进行分析，而是聚焦于文本所欲传达的信息。即便他在命名其著作时仍然使用了"注"这个字，但实际上他的书写远远超出了"注"这一文体的范围，他的这部《老子道德经注》就其内容而言，在各类"注"中当属独一无二。王弼试图将文本的思想精髓揭示出来，但这种思想性的探求有时是脱离文本自身的，他赋予了文本一种广袤的延伸性，他把哲学诠释运用于文本注解中。

王弼的《老子指略例》是其哲学诠释学层面上的另一重要文本。遗憾的是，这本著作只剩下残篇了，在此我将征引其中一段，如下：

---

① 陈金梁（Alan K. L. Chan/Chan, Alan Kam-Leung）：《道之二解：王弼与河上公〈老子〉注研究》（Two Visions of the Way: A Study of the Wang Pi and the Ho-shang Kung Commentaries on the Lao-Tzu），纽约州立大学出版社，1991，第49页（Albany: State University of New York Press, 1991, p. 49）。读者若对王弼《老子注》全本的英文翻译感兴趣，敬请参见保尔·林（Paul J Lin）译《老子〈道德经〉与王弼注》（A Translation of Lao Tzu's Tao Te Ching and Wang Pi's Commentary），密歇根大学中国研究中心，1977（Ann Arbor: Center for Chinese Studies, University of Michigan, 1977）；艾瑞阿德·朗普（Ariade Rump）与陈荣捷（Wing-tsit Chan）译《王弼老子注》（Commentary on the Lao Tzu by Wang Pi），夏威夷大学出版社，1979（Honolulu: University Press of Hawaii, 1979）；如多弗·瓦格纳（Rudolf G. Wagner）《〈道德经〉中国读本：王弼老子注评论与翻译》（A Chinese Reading of the Daodejing: Wang Bi's Commentary on the Laozi with Critical Text and Translation），纽约州立大学出版社，2003（Albany: State University Press of New York, 2003）；理查德·约翰·林恩（Richard John Lynn）译《关于道与道德的经典：王弼〈老子道德经〉注新译》（The Classic of the Way and Virtue: A New Translation of the Tao-te Ching of Laozi as Interpreted by Wang Bi），哥伦比亚大学出版社，2004（New York: Columbia University Press, 2004）。

夫物之所以生，功之所以成，必生乎无形，由乎无名。无形无名者，万物之宗也。①

也就是说，存在本身的创造过程源于虚无，天地人类亦皆始于虚无。通过王弼对老子思想的解读，我们可以看出，在王弼的观念里，老子的思想实际上涵盖了无名和有名两个层面，并包含了宇宙形成与社会型构这两个方面。王弼在解读《道德经》时或许已经带上了一种先入为主式的成见，如前所述，王弼完全是在用哲学诠释学的框架解读《道德经》。②

王弼的《周易注》、《周易略例》与《周易大演论》是他最具影响力的注疏类著述。③ 理查德·约翰·林恩（Richard John

---

① 陈金梁（Alan K. L. Chan/Chan, Alan Kam-Leung）：《道之二解：王弼与河上公〈老子〉注研究》（*Two Visions of the Way: A Study of the Wang Pi and the Ho-shang Kung Commentaries on the Lao-Tzu*），纽约州立大学出版社，1991，第 60 页（Albany: State University of New York Press, 1991, p. 60）。

② 读者可参见《王弼集校释》；王志铭《老子微旨例略》，收录于王志铭编《王弼注总辑》，台北，东升出版事业有限公司，1980；瓦格纳（Wagner）《〈道德经〉中文读本》，第 82~83 页。读者请参见王晓毅《王弼评传》，南京大学出版社，1996，第 241~260 页；陈金梁（Alan K. L. Chan/Chan, Alan Kam-Leung）《道之二解：王弼与河上公〈老子〉注研究》（*Two Visions of the Way: A Study of the Wang Pi and the Ho-shang Kung Commentaries on the Lao-Tzu*），纽约州立大学出版社，1991，第 45~88 页（Albany: State University of New York Press, 1991, pp. 45-88）。关于王弼是如何整合"无"与"理"这两个观念体系，又是如何取消圣人行为意义的，读者可参见如多弗·瓦格纳（Rudolph G. Wagner）《中国注疏家的匠艺之心：王弼与老子》（*The Craft of A Chinese Commentator: Wang Bi on the Laozi*），纽约州立大学出版社，2000（Albany: State University of New York Press, 2000）；《语言、本体论和中国的政治哲学——王弼对玄学的探究》（*Language, Ontology, and Political Philosophy in China: Wang Bi's Scholarly Exploration of the Dark/xuan xue*），纽约州立大学出版社，2003（Albany: State University of New York Press, 2003）；苏东天《易老子与王弼注辨义》，文化艺术出版社，1996。

③ 关于王弼的《周易大演论》，读者请参见简博贤《今存三国两晋经学遗籍考》，台北，三民书局，1986，第 381~429 页。

Lynn）曾将上述著作视为对《易经》最有哲学意蕴的解读，认为王弼综合了儒家、法家和道家的各种观点及主张，但以儒家思想为主导。^①《五经正义》收录了王弼对《易经》的某些解读，可见其影响力之大。张善文则从经学发展的角度强调王弼在文本批评方面的成就，并指出他确定了《易经》的形式，这一贡献可与其在诠释学上的贡献等量齐观。^② 张善文曾归纳总结《易经》文本形式的发展过程，认为其中三位学者的贡献尤为重要。第一位是西汉时期的学者费直，他生于山东东莱，他运用了古文字版的《易经》，这一文本并未得到官方认可，却私传甚广，他的贡献在于征引了《十翼》中的语句篇章和观点理念，他自身没有生发新的注释，而是完全依赖于《十翼》，最终将《十翼》引入了大众的视野；第二位是东汉经学家郑玄，他以今文经学的观点解读《易经》，并引用了马融和沛氏的言论，这些后来成为他注疏《易经》的基础，此外，他还改变了某些传的顺序，并增加了若干传，如他在六十四卦的最后加入了彖传和象传，而《十翼》中的其他部分则是紧随每段原文之后；第三位便是王弼，他的文本基于郑玄调整后的《易经》版本，同时也采纳了沛氏的某些主张，他代表了魏晋时期的易学成就。

王弼为《易经》的编排和文本形式带来了三处革新。首先，他将彖传和象传分别安插至卦辞和爻辞之下；其次，他将文言传排列于乾卦和坤卦之后；再次，他仿照《毛诗序》为每个卦象的

① 朱熹注《周易》，上海古籍出版社，1987，第7页。
② 张善文：《王弼改定周易体制考》，收录于林庆彰编《中国经学史论文选集》，台北，文史哲出版社，1993，第520~529页。

卦名书写了简短的引子，对于读者而言，每个引子其实都是一种意义层面上的注解。这一形态一直延续至今，当下的学者仍然在采用王弼为《易经》确定的文本形式。由于王弼的影响过大，因此朱熹对《易经》的重新编排便无人问津了。

总而言之，王弼在文本批评和文本诠释两方面都做出了巨大的贡献。前者鲜为人提及，但事实上对整个中国的易经学史影响深远。

最后，我将概述王弼的论语学成就。王弼的《论语释疑》集中体现了他的孔子观，这部著作完全基于经学理论，摒弃了一切与玄学清谈及神秘主义有关的主张。此书部分散佚于宋代，仅剩47篇残卷，多数保留在皇侃的《论语义疏》之中。[1] 如前所述，王弼的《老子道德经注》同时体现了其道家与儒家思想，汤用彤总结了王弼的圣人观。首先，圣人应是儒者；其次，圣人应具备超强的能力；再次，圣人应是政治秩序的领导者；最后，圣人应有入世的欲望。[2]

在此，我将呈现王弼《论语释疑》中的某些语句段落，如下：

---

[1] 读者请参见（清）马国翰辑《玉函山房辑佚书》，广陵古籍刻印社，1990，第337～343页。

[2] 汤用彤：《王弼之周易论语新义》，林庆彰编《中国经学史论文选集》，台北，文史哲出版社，1993，第504～519页。此文还曾被翻译成英文，见于《哈佛亚洲研究丛刊》1947年10月。关于王弼的圣人观以及其对圣人的概念化，读者请参见陈金梁（Alan K. L. Chan/Chan, Alan Kam-Leung）《道之二解：王弼与河上公〈老子〉注研究》（*Two Visions of the Way: A Study of the Wang Pi and the Ho-shang Kung Commentaries on the Lao-Tzu*），纽约州立大学出版社，1991，第80～88页（Albany: State University of New York Press, 1991, pp. 80–88）。

《论语》1.2"孝悌也者，其为仁之本与"。

王弼注："自然亲爱为孝，推爱及物为仁也。"

《论语》3.8"林放问礼之本"。

王弼注："时人弃本崇末，故大其能寻礼本意。"

《论语》7.1"窃比于我老彭"。

王弼注："老是老聃，彭是彭祖。"

《论语》7.26"子曰：圣人，吾不得而见之矣；得见君子者，斯可矣"。

王弼注："此为圣人与君子异也。然德足君物皆称君子。亦有德者之通称也。"

上述几段引文探讨了"仁"、"礼"及"圣人"等核心话题，在此我们并未从王弼的注释里窥见任何玄言。但《论语》中有八处谈及"道"，当王弼对《论语》中谈及"道"之处进行注释时，他便将老庄哲学及清谈融合其内，如下：

《论语》7.6"子曰：志于道"。

王弼注："道者，无之称也，无不通也，无不由也。况之曰道，寂然无体，不可为象，是道不可为体，故但志慕而已。"

王弼对《论语》的注释很少被后人所引用，他的《老子道德经注》才是真正为他赢得名声的著作。其集中体现了他的道家思想，流传甚广；他为《易经》所做的注释也被后人广泛地征引。

审视王弼的一生，他的功绩在于糅合了道家和儒家的思想，他的哲学思考涉及了道、圣人、自然与人性等核心话题，这些都是传统中国文化的重要组成部分。

结　论

本章所论及的经学家皆在不同层面上奠定了儒学范式，王肃使孔安国的《古文尚书》被后人所接纳，杜预确立了《春秋》的文本形式，何晏的《论语集解》和王弼的《周易注》都被纳入《十三经注疏》之中。除了杜预以外，其余几位经学家都受到了汉代易经学以及扬雄《太玄经》的极大影响，并对儒学的形而上哲学化做出了贡献，同时也为传统经学向广义的诠释学转变铺平了道路。王肃称得上一位先行者，他启示并启发了儒学向形而上学转变；何晏引领了清谈这股潮流，在玄学方面颇有建树，并试图在其对《论语》的解读中融入玄学；王弼的经典注疏使人们不再只是专注及沉迷于挖掘某个字词的意义或是语文学层面上的细节之处，而是着眼于文本的整体内涵以及作者所欲传达的信息总和。从历史的角度来看，王弼为后代的经学家确立了诠释学的典范，其治学方法及路径影响了数世纪的经学研究。

第九章

西晋与皇室对经学的资助

　　本章将检视被称作金石考据学的经学分支。洛阳翰林院的经师们曾在石碑表面刻下经典文本，这种举措不仅为当时及后世的经生学者提供了权威且规范的文本，而且可以防止后人篡改原文。石刻经典在汉末和曹魏时期均非常流行，并且树立了后人效仿的典范。这种由皇室资助并发起的公共学术项目同样成了西晋经学的一个重要分支，西晋王朝也曾发起这样大型的帝国项目，石刻可以说构成了西晋经学发展的重要背景和因素。刻在石碑上的文本与书写在简帛之上的文本共同造就了那个时代的经典。

第一节　石刻经典

　　石刻作为一种形式在中国古代社会有着悠久的传统。据考古发现，公元前 5 世纪的十面石鼓上刻有古籍片段。[①] 人们也曾挖掘出秦始皇时期刻有经典文本的石碑，大约有五六块。始皇帝时

---

① Gilbert L. Mattos, *The Stone Drums of Ch'in* (Nettetal: Styler, 1988).

期的石碑多半刻着天人感应方面的文字。[1] 后人也可在山上和河堤之上发现石刻，作者大抵是希望自己的文字可以与山川河流一般天长地久，被后人所铭记。[2] 他们的美好愿景的确实现了，人们记住了他们的功绩，他们的名字与日月同辉。石刻具备着历史学和社会学层面上的双重意义，伊佩霞（Patricia Ebrey）曾言：

> 后汉时期人们好立石碑，地方政府和家族都试图用墓碑的形式记录历史，现存的东汉石刻大概有三百多块。蔡邕的文集里包含了二十六块石碑上刻录的文字，完整地记录了蔡氏家族的历史。由于石头的质地不同，人们对其上刻录文字的重视程度亦不同，因此保存下来的几率也有所差别。实际上，只有一小部分石刻流传至今，大部分都被损毁了。尽管金石收藏家们竭力保存这些珍贵的石刻，但真正留下来的只是很少的一部分，所幸相当数量刻有文字的汉代石柱一直存至今日。[3]

鉴于秦汉时期的先例，石刻逐渐成为一种司空见惯的留存经典的方式。上古时期的人们以铭文纪念军事胜利、民事政绩及某人的善行，石刻经典这一形式的另一灵感来源很可能得于此。如矗立在燕然的窦宪纪念碑，它是为纪念 89 年战胜匈奴而修建的，上面刻

---

[1] Martin Kern, "The Stele Inscriptions of Ch'in Shih - huang: Text and Ritual in Early Chinese Imperial Representation," *American Oriental Series* 85 (New Haven, 2000).

[2] Robert E. Harris, Jr., *The Landscape of Words: Stone Inscriptions from Early and Medieval China* (Seattle and London: University of Washington Press, 2008), 韩文彬（Robert E. Harrist, Jr.）是美国哥伦比亚大学中国美术史教授。

[3] Patricia Ebrey, "Later Han Stone Inscriptions," *Harvard Journal of Asiatic Studies* 40 (1980): 325 - 352, 正文所引段落见于第 326 ~ 327 页。

满了窦宪的功绩，这就是所谓的"立石勒功"，也被称为"刻石纪功"。① 在中国古人看来，修建石碑与确立六经有着功能和意义上的相似之处，经典彰显了王朝的合法性，石碑则记录了王朝的功绩，即便这个王朝日后衰落颓败了，但石碑足以证明它曾经的繁荣强盛。

如前所述，石刻的意义还在于防止文本被篡改。汉灵帝时，莘莘学子为五经博士或朝廷文职的位置进行激烈竞争时难免会动用各种手腕，其中便包括篡改文本、幕后操控及虚假指控等；一些经生为了金榜题名或谋求一官半职甚至不惜贿赂皇室藏书阁的官员修改经典原文，以符合其党派的学术意图。太监李巡目睹此般情状，便向灵帝进谏，请求采取某些措施防止此类学术乱象。史书载：

定兰台泰书经字，以合其私文。熹平四年，灵帝乃诏诸儒正定五经，刊于石碑，为古文、篆、隶三体书法以相参检，树之学门，使天下咸取则焉。②

尽管以漆墨书写于竹简之上的经典文本已经可以达到长久保存的目的，但仍然无法解决宫廷内部人员任意篡改的问题，李巡遂采取石刻的方式：

与诸儒共刻五经文于石，于是诏蔡邕等正其文字。自后五经一定，争者用息。③

---

① （南朝宋）范晔：《后汉书》，中华书局，2000，第168、1283页。
② （南朝宋）范晔：《后汉书》，中华书局，2000，第2547页。
③ （南朝宋）范晔：《后汉书》，中华书局，2000，第2533页。

除了可以防止文本篡改和恶性学术竞争以外，石刻还为后世学者提供了规范而正统的文本，故而当时的经学家将之视为一项极其崇高的事业，能够得其拓本也是一件幸事。汉代的博学之儒蔡邕被委以对石刻文字进行校验及正字的重任。① 史书载：

> 邕乃自书册于碑，使工镌刻立于太学门外，于是后儒晚学，咸取正焉。及碑始立，其观视及摹写者，车乘日千余两，填塞街陌。②

蔡邕在价值取向上自然也是主张石刻的。据伊佩霞（Patricia Ebrey）的考证，蔡邕文集中包含了数十篇墓志铭，以至于伊佩霞（Patricia Ebrey）认为他更像是一位专写讣告的"丧葬作家"，其写作风格流走于僵化的形式。这当然只是蔡邕的一面，但从中我们也可看出，蔡邕的确擅长写作铭文。③ 他还发明了一套铭文写作理论，收集在他的文集之内，题名为《铭论》。其中阐释了铭文的功能和意义，如下：

---

① 其他人还包括堂溪典、杨赐、马日、张驯、韩说和单扬。
② （南朝宋）范晔：《后汉书》，中华书局，2000，第1990页。尽管参与程度和具体分工并不明确，但所有参与项目的人员中大约有24人已经确定。陈兴是主要的石刻者，当然其他诸位石刻者也承担相当分量的工作。读者可参见马衡《从实验上窥见汉石经之一斑》，收录于《凡将斋金石丛稿》，中华书局，1977，第199～210页。
③ 读者可参见马科·劳伦特·艾塞林（Mark Laurent Asselin）《富含意义的年代/一个意义重大的时代：蔡邕和他的同代人》（A Significant Season: Cai Yong and His Contemporaries），美国东方学会，2010，第230～284页（New Haven: American Oriental Society, 2010, pp. 230–284），也曾全面介绍铭文这一文体流派，并翻译了两篇具有代表性的铭文，其分析十分透彻。

> 钟鼎、礼乐之器，昭德纪功，以示子孙。物不朽者，莫
> 不朽于金石故也。近世以来，咸铭之于碑。①

马融的弟子卢植也有类似的看法。他认为在完成一部权威性的
经典著作之前必须对其进行详细的校勘，因其将永世长存，如下：

> 作尚书章句、三礼解诂。时始立太学石经，以正五经文
> 字，植乃上书曰：臣少从通儒故南郡太守马融受古学，颇知
> 今之礼记特多回冗。臣前以周礼诸经，发起秕谬，敢率愚
> 浅，为之解诂，而家乏，无力供缮上。愿得将书生二人，共
> 诣东观，就官财粮，专心研精，合尚书章句，考礼记失得，
> 庶裁定圣典，刊正碑文。古文科斗，近于为实，而厌抑流
> 俗，降在小学。中兴以来，通儒达士班固、贾逵、郑兴父
> 子，并敦悦之。今毛诗、左氏、周礼各有传记，其兴春秋共
> 相表里，宜置博士，为立学官，以助后来，以广圣意。②

以上叙述隐藏着熹平石经篆刻的背景，那就是皇室的资助和支
持。正是由于皇室的大力推动，熹平石经才得以成型并在当时得
到了完好的保存，皇室选用的石材是坚硬耐用的。原本书写在简
帛或纸张上的经典文本是极易受到争议的，如前所述，这些文字

---

① （汉）蔡邕：《蔡中郎集》，中华书局，2005，第153页。
② （南朝宋）范晔：《后汉书》，中华书局，2000，第2113页。

可被轻易篡改，而丝绸的卷轴以及纸张又很容易被腐蚀和损毁，但刻在石碑上的经典就不同了。只要它们能被完好无损地保存下来，那么就不存在任何篡改文本的问题。遗憾的是，它们在董卓叛乱的战事中被损毁了，只有少量残片流传至今。

皇室对典籍修订整理的资助在历史上有一定的规律性和常态性，因为它的确有助于确立意识形态和正统思想。陈澧（1810～1882）的弟子桂文燦（1823～1884）曾在《经学博采录》中阐述石碑形式的重要性，他认为石刻在确立经典文本最终形态方面起着关键的作用，如下：

> 经书自宋以前无梓本，其传写易讹，故立石经以订正之，为长久计也。[①]

《经学博采录》列举了若干经学家的姓名、生卒年、主要成就以及生活的时代背景，[②] 这本著作同样有利于金石学在清代的复兴。顾炎武（1613～1682）就十分赞成桂文燦的观点，他为此创作了很多精短的杂文，并增加了很多文本实例，试图详尽地对各种经典版本进行比较，其中就包括对石经文本与简帛文本之间存在的差异进行梳理。[③] 回到桂文燦这里，他的研究领域主要包括熹平石经以及魏晋时期的经学，除此之外，他还聚焦于蜀地的

---

① 桂文燦：《经学博采录》，华东师范大学出版社，2010，第 1 页。
② 读者可参见桂文燦《经学博采录》，华东师范大学出版社，2010，第 1～3 页。
③ 读者可参见我所撰写的《拓展方法论的界限：顾炎武（公元 1613～1682 年），旅行与金石学》，《亚洲研究》2012 年，第 11～13 页。

经学发展，《后汉书》对其成就有着详细的记载。①

熹平石经的篆刻始于 175 年，完工于 183 年。根据历史文献的记载以及今人的考证，所有石刻可能共计 48 片或 46 片，数目之所以不详是因为可能存在一两块额外的石碑，它们是为了纪念从事石刻的项目参与者。这些石碑矗立于翰林院，位于洛阳南面的开阳门，字体为规范的隶书，这一字体也是当代中国书法的重要组成部分。②

每块石碑高十多尺，宽四尺，石碑的正面和背面均刻有文字。熹平石刻共包括以下经典：梁丘版《周易》、欧阳生版《尚书》、鲁氏《诗经》、大戴《仪礼》、严氏《春秋公羊传》以及鲁《论语》。这些都是今文经学的代表性文本，从而彰显了这一学派在当时的学术地位，并体现了皇室视今文经学为正统的官方态度。有趣的是，每个文本最后都附加了其他版本作为参照，而其间也掺杂着不同的书写字体和行文布局。萧梁时期（502～557）曾有学者专门收藏熹平石经的拓本，只可惜遗逸于一百年后的唐代。

现存的少许拓片要归功于宋代金石学家的贡献，他们对古物研究有着浓厚的兴趣，通过艰苦的搜寻从而收集了熹平石经的残片。现代学者马衡（1881～1955）对现存的石经残片及相关史料进行了颇为详尽细致的研究，他的《汉石经集存》于 1957 年出

---

① 读者还可参见 22 卷本的《顾炎武全集》（第 5 卷），上海古籍出版社，2011，第 435～472 页。
② 虞万里曾回顾关于熹平石经的那段历史，并且以精辟的话语彰显了它们对于研究经典的当今学者之实用性和丰富的价值，特别是当学者们将其与新发现的手稿结合使用时。读者可参见虞万里《从熹平残石和竹简〈缁衣〉看清人四家诗研究》收录于《榆枋斋学林》，华东师范大学出版社，2012，第 109～154 页。

版，也就是在他逝世以后，其中收录了520张拓片，共计超过8200个字符。① 这耗费了他30年左右的辛勤耕耘和不懈努力，实属难能可贵。由河南博物馆主办的《中原文物》这一刊物曾于1988年第2期刊载了其名为《洛阳近年出土的汉石经》的文章，这篇文章详细地介绍了那一时期发现于洛阳的熹平石经残片，并介述了相关的考古工作，这些都构成了汉代石经的文本证据。

曹魏石经矗立于241年，具备形而上学的意义。石经的篆刻需要耗费巨大的人力、物力及财力，皇室自然不会毫无缘由地进行大型的石经篆刻，故而我们可以合理推测，这可能源于当时的吴蜀之争，二者均欲确立正统地位，使其王朝合法化。但实际上只有两部经典被篆刻而出：一是《古文尚书》；二是《左氏春秋传》。在此需要指出的是，虽然熹平石经被汉末董卓的军队所损毁，但并非刻意为之。当新王朝于220年成立时，残留的破损石碑又被拼凑在一起并重新竖立于新建成的翰林院门前。新增加的文本则以古文经学为正统，并作为对熹平石经的补充。

曹魏的石经也被称为"正始石经"或"三体石经"。《魏书》记载了曹魏石经的一些细节之处以及当时的石刻大家，如下：

> 陈留邯郸淳亦与揖同时，博古开艺，特善仓、雅，许氏
> 字指，八体六书精究闲理，有名于揖，以书教诸皇子。又建
> 三字石经于汉碑之西，其文蔚炳，三体复宣。校之说文，篆

---

① 2015年由上海书店出版社再版。

隶大同，而古字少异。[①]

邯郸淳是汉末鼎鼎大名的书法家和学者，于 208 年担任曹植的经师，他在书法方面造诣颇深，因此被委以篆刻石经的重任。[②] 每块石碑比熹平石经短两英尺，高度为八英尺，长度为四英尺，每行 20 个字符。中国古代的文字是自上而下书写的，但有时也会出现平行书写的样式。在曹魏石经中，这两种方式是并存的。[③] 每部经典文本被 20 种不同的字体所篆刻，每块石碑包含约 2100 张图画。[④] 一般而言，一部经典需要占用 25~48 块石碑，但有时即便是 48 块石碑也无法容纳某些经典，如《尚书》与《春秋》全文外加三篇独立的左氏注释。[⑤]

至于晋代石经篆刻的历史仅见于两篇史料之中，但均确凿无疑。一处为《晋书·裴頠传》，裴頠（267~300）是石刻家裴秀（224~271）之子，涉及石经处如下：

时天下暂宁，頠奏修国学，刻石写经。[⑥]

---

① 魏收：《魏书》，吉林出版集团，2005，第 1963 页。
② 读者可参见吕振端《魏三体石经残字集证》，台北，学海出版社，1981。作者在第16~20 页探讨了邯郸淳究竟是不是石刻原始作者这一争议性的话题，因为他很可能在石刻项目开始之前就已经去世。
③ 关于这一问题更为详细的阐述，读者可参见邱德修《魏石经古文释形考述》，台北，台湾学生书局，1977。
④ 读者可参见马衡《魏石经概述》，收录于《凡将斋金石丛稿》，中华书局，1997，第220~224 页。
⑤ 读者可参见王国维《魏石经考二》，收录于氏著《观堂集林》（两卷本），中华书局，2004，第 959~962 页。读者还可参见孙海波集录《魏三字石经集录》，大业印书局，1937。
⑥ （唐）房玄龄等：《晋书》，中华书局，1996，第 1042 页。

另一处为《晋诸公赞》，如下：

> 颙，惠帝时拜为国子祭酒，奏立国子太学。起讲堂，筑
> 门网，刻石以写五经。[1]

第二节 皇室对经、史、子、集四类书籍的编纂和修订

荀氏家族是中国历史上一个赫赫有名的家族，他们留下了丰富而宝贵的思想遗产。我在此自然不必赘述荀子的哲学贡献，荀爽（128~190）的曾孙荀勖[2]堪称全才，他精于音律，通晓天文地理，同时又颇有文学造诣，对时政也很有一套独特的见解。[3]274 年，他被任命为秘书监，他花费了十五年的时间从事书籍分类工作，将原先的 274 类扩展为 287 类。《隋书》载：

> 魏氏代汉，采缀遗亡，藏在秘书中、外三阁，魏秘书郎
> 郑默始制中经。秘书监荀勖又因中经更著新簿，分为四部，
> 总括群书。一曰甲部，纪六艺及小学等书。二曰乙部，有古

---

① 引文存于虞世南（568~638）《北堂书钞》，台北，鸿业书局，1974，第 67 页。读者还可参见《艺文类聚》第 38 卷第 692 页，只是在《艺文类聚》中"门网"被写作"门阙"。此外，范邦瑾曾在《晋石经探疑》中回顾这段历史，读者可参见《史林》1988 年第 4 期。

② 我在第七章第二节中介绍了荀氏家族主要成员的生平著作。

③ 关于荀勖生平、著作及贡献的详细介绍，读者可参见 Howard L. Goodman, *Xun Xu and the Politics of Precision in Third - Century AD China*（Leiden and Boston：Brill, 2010）。

诸子家、近世子家、兵书、兵家、术数。三曰丙部，有史
记、旧事、皇览簿、杂事。四曰丁部。有诗赋、图赞、汲冢
书。大凡四部合二万九千九百四十五卷。但录题及言，盛以
缥囊，书用缃素。至于作者之意，无所论辩。惠、怀之乱，
京华荡覆，渠阁文籍，靡有孑遗。[①]

根据荀勖重新的分类和整理，目录包括 20945 卷 1885 部独立
的作品，两倍于汉文献记载，其中 16 卷附有佛教卷轴，目录则
只记录了书名、卷轴数、作者或编者的名字。遗憾的是，其所收
集作品的三分之二都在西晋叛乱中遗逸了。[②] 李充编纂的《西元
帝四部数目》中仅存 3114 卷。[③] 另外，某些石碑也追寻不得，原
因在于它们经常被移动，时常从一处被搬至另一处。例如在北魏
（386 ~ 534）和北齐（550 ~ 577）时期，它们被移到了河北的首
府邺城，在那里，它们惨遭洪水冲击，被严重地损坏了；而在隋
朝时期，它们又被搬到长安。[④]

郑默（213 ~ 281）在目录学和古籍分类上的著作未能流传下
来，他的学术思想和观念也鲜见于史料，只留下了一句"而今而
后，朱紫别矣"，后世所通用的四部分类法很可能是来源于荀勖。[⑤]

---

① （唐）魏徵等：《隋书》，中华书局，1997，第 906 页。读者还可参见赫沃德·古德
曼（Howard L. Goodman）之《荀勖与公元三世纪中国的政治》中的翻译和解读。
② 读者可参见周少川《古籍目录学》，中州古籍出版社，1996，第 122 页。
③ （唐）魏徵等：《隋书》，中华书局，1997，第 906 页。读者还可参见杨燕起、高国
抗《中国历史文献史》，北京图书馆出版社，1987，第 76 ~ 77 页。
④ 读者可参见孙星衍（1753 ~ 1818）《魏三体石经遗字考》，中华书局，1985，第 2 页。
⑤ 读者可参见周少川《古籍目录学》，中州古籍出版社，1996，第 120 页。

蜀、吴两地的统治者都意识到了建立权威性文本的重要性，他们也都为藏书阁中古籍的整理、编排及分类付出了巨大的人力和财力。蜀汉的向朗一生致力于古籍的考证、校勘和修正，但这并不是官方分配给他的任务，而完全是他个人的执着。作为一位历史学家，他参与了《三国志·吴书》的撰写，他秉笔直书，在史学界留下了美名。[①] 韦昭（204～273，时人为避讳常称他"韦曜"）也是一位参与编写《三国志·吴书》的学者，他为人正直，性格耿直，在书写历史时同样秉笔直书。[②] 258 年，他被任命为五经博士，为《汉书》和《国语》作注，景帝曾"命曜依刘向故事，校定众书"。[③] 刘向为后人奠定的典范也包括目录学和分类学，但正如前所述，曹魏和蜀汉时期这一领域的发展方向有所不同。显然，曹魏的统治者大力扶持这样的学术项目，希冀以此奠定自己的统治地位及名望。

而作为当时声名显赫的学者，同时又是朝廷的秘书监，荀勖起着举足轻重的作用。他掌管着藏书阁中的各项工作，并协助与之同样有博学之才的张华（232～300）编写《博物志》，此书共计 400 卷，堪称巨著。荀、张二人的合作关系一直持续到 270 年前后，但二人最终因军事政治主张不同而分道扬镳。张华主张与吴国和平谈判，而荀勖主张与吴国交战，对其实施军事打击。[④]

---

① 读者可参见（晋）陈寿《三国志》，中华书局，2005，第 1010 页。
② 读者可参见俞志慧《〈国语〉韦昭注辨正》，《绍兴文理学院学报》2009 年第 3 期，第 66～70 页；李颖《国语韦昭注训诂札记》，《剑南文学》2009 年第 7 期。
③ （晋）陈寿：《三国志》，中华书局，2005，第 1462 页。
④ 关于二者的交往，读者可参见 Shaughnessy, *Rewriting Early Chinese Texts*, pp. 146 - 148。

第三节　皇室对出土古籍及手稿的编订

就在荀勖等学者夜以继日地对经书进行整理和修订之时，一个重大的考古发现震惊了当时的学界，《晋书》记载：

> 汲郡人不准掘魏襄王冢，得竹简小篆古书十余万言，藏于秘府。[①]

挖掘而出的手稿包含《竹书纪年》《周易》《天子传》以及诸多杂作。时人将之转录至纸张之上，共计 75 卷轴（一说 87 卷）。[②]荀勖曾描述编辑这些新出土手稿的过程：首先他与其他学者将分散而杂乱的竹条进行重新排序，接着对其进行注释和解读，曹魏时期的三体石经成为他们破解手稿的重要参照，然后再将其精心誊写至两英尺宽的黄色纸张之上，最后将誊写好的文稿交给专门的管理人员，存为珍贵的档案。杜预细览手稿后言"科斗书久废，推寻不能尽通"。[③]

两年之后，荀勖等学者开始对手稿进行编订和修正，但遭到了某些经学家的极力反对，夏含夷（Edward Shaughnessy）描述道：

> 对手稿某些细节之处的质疑导致了大规模的修改，当然

---

① （唐）房玄龄等：《晋书》，中华书局，1996，第 70 页。
② Shaughnessy, *Rewriting Early Chinese Texts*, p. 146.
③ （晋）杜预注，（唐）孔颖达正义《春秋左传正义》，北京大学出版社，2000，"后序"第 16 页。

这可能也与荀勖过高的官职和过大的权力有关，但修改工作
进行不久后，他便被降职，取而代之的是卫瓘的长子卫恒，
他可谓当时最举足轻重的古文字学家，不幸的是，291 年夏
天，他的父亲卷入了一场政治阴谋，卫恒亦无法逃脱牵连，
当年六月，他便被诛杀。①

卫恒的好友束皙（约 261～300）在藏书阁任职期间曾潜心钻
研竹简，《晋书》载：

> 皙在著作，得观竹书，随疑分释，皆有义证。②

卫恒惨遭杀伐之后，束皙认为应该继续他未竟的事业，于是
完成了他的修订工作，而此工作的编辑正是荀勖。③

至此，我们已对西晋时期的经学发展有了图景式的概览和了
解，赫沃德·古德曼（Howard Goodman）的《荀勖与公元三世纪
中国的学术政治》一书描述了那一时期的宫廷斗争、政治旋涡、
哲学倾向以及礼仪章制。夏含夷（Edward Shaughnessey）的《重
写中国早期文本》则提供了另一个视角，他聚焦于那一时期的文
本编辑修订工作，并对各种版本加以比较。我将引述赫沃德·古
德曼（Howard Goodman）的论述结束本部分，如下：

---

① Shaughnessy, *Rewriting Early Chinese Texts*, p. 151.
② （唐）房玄龄等：《晋书》，中华书局，1996，第 1433 页。
③ （唐）房玄龄等：《晋书》，中华书局，1996，第 1436 页。

　　笔者的讨论有助于读者了解西晋学界对今古文经学之争及伪书问题的处理和解决方式，当墓葬和墓志铭等成为人们关注的焦点时，学界逐渐发现到处充斥着沉重的古文本，自己应重新审视史实，重新对历史进行解释。西晋与东汉早期的氛围截然不同，此外，270年左右的中国学界尚未完成消化并提炼古代文献内涵的任务，倒是玄学领域在这一问题上有所突破，稍后出土的手稿是一个惊人的考古发现，但问题在于挖掘而出的手稿真的是可以信赖的吗？答案是不一定的。此外，由于荀勖在朝中的特殊身份，因此出于政治目的，他会歪曲事实。①

　　317年之后，官方利用教育资源企图赋予新政权合法性的意义，无论是翰林院的建立还是五经博士的确立，与意识形态都是密不可分的。汉王朝时期要求民间发现的书籍一律上交，这显然是为了掌控民众的思想，不让其拥有私书。到了东晋时期，政府开始使用同样的手段和策略，但建康王朝的藏书阁里仅藏有3000多本文献，而原先北方政权掌控下的藏书阁则藏有30000多本文献。② 于是政府便开始大力资助一些学术项目，这自然也是出于政治功利性的目的。③

---

① Howard L. Goodman, *Xun Xu and the Politics of Precision in Third - Century AD China* (Leiden and Boston: Brill, 2010), p. 345.

② 读者可参见（唐）房玄龄等《晋书》，中华书局，1996，第149～152页。关于魏晋时期帝王与学术的关系，读者可参见王国维《魏晋博士考》，收录于氏著《观堂集林》（两卷本），中华书局，2004，第174～218页。

③ 读者可参见（唐）魏徵等《隋书》，中华书局，1997，第906页。

在官方控制学术的过程中，存在损耗也存在增益，史书载：

> 晋世秘府所存，有古文尚书经文，今无有传者。及永嘉
> 之乱，欧阳，大、小夏侯尚书并亡。济南伏生之传，唯刘向
> 父子所著五行传，是其本法，而又多乖戾。至东晋，豫章内
> 史梅赜，始得安国之传，奏之，时又阙舜典一篇。①

梅赜宣称他的著作代表着古文经学派，这也是传统学界的观
点。学界普遍认为当时出土的《古文尚书》是由孔安国编辑并作
序的，梅赜传播了孔安国的真迹，彰显了古文经学的学派特色，
将人们带回孔安国那个时代。② 这篇文章的性质不明，很可能是
梅赜的一种尝试，他以今文经学版本的 32 章作为基础，另外新
增了 25 章，而将这 57 章的序言归功于孔安国。③ 很少有人关注
到，梅赜只是提交了一组与古文版本松散相关的文本，而非章
节，仅仅是一些晦涩难懂的注释。这样的文本其实很难具备辨识
性，尤其是梅赜提及的文本环境更是模糊难辨。唯一的基本事实
是，西晋王朝并不承认古文版本，混合了郑玄和王肃考证结果及

---

① （唐）魏徵等：《隋书》，中华书局，1997，第 915 页。
② Dominik Declercq, *Writing Against the State: Political Rhetorics in Third and Fourth Century
China* (Leiden and Boston: Brill, 1998), pp. 169 – 170.
③ 关于梅赜的生平著作及其在历史上的贡献，读者可参见刘起釪《尚书学史》（订补
本），中华书局，1989，第 171～186 页；刘起釪《尚书研究要论》，齐鲁书社，
2007，第 7～30 页。此外，阎若璩对《古文尚书》进行的 121 条（现存 99 条）注释
也很值得关注，读者可参见（清）阎若璩《古文尚书疏证》，黄怀信、吕翊欣校点，
上海古籍出版社，2010，第 4～6 页。

注释的版本才是当时学界默认的版本，但古文版本不藏于晋室档案之中，不代表它就不在民间流通。事实上，梅赜所提及的版本很可能就是一个在民间私传的版本，只是梅赜自己的译本流传最为广泛，最终被列入经典的行列之中，并被孔颖达编订。值得注意的是，王肃曾评价孔安国版的《尚书》，认为其中存在一些谬误之处。此外，读者还可参考惠栋（1697～1785）与王鸣盛（1722～1797）的观点。[①]

我将在本章的后半部分介绍西晋和东晋的经学家们，其中有几人在朝为官，更多人则是隐居山林。

第四节　晋代经学："儒林"

《晋书·儒林列传》的序言部分提到了那些有助于稳固国家机构的新制度以及有利于运作的新政策。遭逢这种时局，儒者应以经世致用为标尺，而非隐身于书斋之内，默默无闻。《晋书》载：

> 武帝受终，忧劳军国，时既初并庸蜀，方事江湖，训卒厉兵，务农积谷，犹复修立学校，临幸辟雍。而荀顗[②]以制

---

① 读者可参见刘起釪《尚书学史》（订补本），中华书局，1989，第189～190页。

② 荀顗（205～274）是荀勖老一辈的宗亲，他对《易经》的注疏反映了荀氏家族的学风。他曾供职于朝廷，还曾担任皇帝的老师。在晋朝时期，他因诚行孝道而被表彰，他注重丧葬哀悼仪式。蜀国被灭后，他被命令修改晋朝的仪式制度。他最终撰写了《新礼》一书，共计165篇。关于他的生平，读者可参见（唐）房玄龄等著《晋书》，中华书局，1996，第1150～1152页。读者还可参见 Howard L. Goodman, *Xun Xu and the Politics of Precision in Third - Century AD China*（Leiden and Boston：Brill, 2010），pp. 62 - 64, 353 - 358, 第65～69页是关于荀氏家族的易经研究的。

度赞惟新，郑冲①以儒宗登保傅，茂先以博物参朝政，子真
（刘寔）② 以好礼居秩宗。③

十八儒者加之与他们有姻亲关系的家属构成了这篇传记的主体，
作者的书写稍显平淡无奇，并无尖锐或锋芒毕露之处。下面我将
引介这篇传记涉及的几位主要人物。首先是范平，他在政治上有
着非凡的能力，但他拒绝担任晋朝的官职，至于他的学识如何，
作者只用了四个字形容——"敦悦儒学"，文章还提及他逝世之
后人们专门为他立下石碑用以纪念他的德行。他的三个儿子被描
述为"以儒学至大官"，他的孙子范蔚是范氏家族中的杰出人才：

　　家世好学，有书七千余卷。远近来读者恒有百余人，蔚
　　为办衣食。蔚子文才，亦幼知名。④

　　范氏家族对经学发展的贡献是间接的，范平和范蔚尽管对经
学也起到了积极的促进作用，但他们的贡献并不是直接的。第二
位是文立，他曾任职于蜀国的翰林院，他的主要研究领域是"毛
诗"和"三礼"，他曾拜在著名史学家周谯门下，他还写下很多

---

①　郑冲在魏晋南北朝时期官升高职，他担任过皇帝的老师，为皇帝讲授《尚书》。但他
　　晚年很少出现在朝廷之中，可即便如此，皇帝仍然非常尊重他的意见和建议，在诸
　　多事务上依旧向他征求看法。
②　刘寔（220～310）来自山东，是汉室宗亲，因博学而闻名，他于晚年担任皇帝的老
　　师。他精通"三礼"与"春秋三传"，著有20卷本的《春秋条例》、20卷本的《左
　　氏牒例》、3卷本的《春秋公羊达义》以及1卷本的《集解春秋序》。
③　（唐）房玄龄等：《晋书》，中华书局，1996，第2346页。
④　（唐）房玄龄等：《晋书》，中华书局，1996，第2347页。

诗赋作品以及碑文。然而，《晋书·文立传》主要书写了他的官宦生涯，并未着眼于他的文学及学术成就。很难考察他在经学史上的贡献，因为有关他的现存史料并不多。第三位是陈邵，他也曾在朝中任职，作为一位儒者，他重视儒家礼仪，是研究《周礼》的专家，著有《周礼评》。[①] 第四位是虞喜（281～356），他注释了《孝经》，撰写了《毛诗略》和《安天论》。[②] 第五位是刘兆，他倒算得上一位真正意义上的经学家，对当时的经学发展有着直接且明显的贡献。刘兆后来成了一位名声显赫的经师，几千名弟子跟随其后学习，著有《全综》，这是他研究《左传》的成果，他同时还对《春秋公羊传》和《春秋穀梁传》有着细致的剖析，并对"春秋三传"彰显而出的注释传统差异进行了比较。除此之外，他还曾注释《周易》，曰："以正动二体，互通其文。"也就是说，通过主卦和动卦之间的关系和相互作用来解释经典文本，从而揭示出变卦的内在因素。另外，他还在《春秋调人》里对《周礼》进行了详尽的注释。[③]

我在此意欲指出，上文提及的几位儒者多半只是徘徊在经学边缘，对经学的发展起着旁敲侧击的间接作用，他们的著作可能潜在地预示了之后的经学发展趋势。在此，我将介绍几位对经学发展起着更为直接作用的儒者。

氾毓同刘兆一样都是隐居山林的儒者，他有着极高的道德修

---

① （唐）房玄龄等：《晋书》，中华书局，1996，第2347～2348页。此书一直传至唐代，《隋书》曾将之重新命名为《周官礼异同评》，据《隋书》记载，此书共有十二卷。
② （唐）房玄龄等：《晋书》，中华书局，1996，第2348～2349页。
③ （唐）房玄龄等：《晋书》，中华书局，1996，第2349～2350页。

行，为人正直，专注于研究"春秋三传"，撰写了《春秋释疑》。①
徐苗家族几代人都是五经博士，可谓家风严明，族辉耀世，但徐
苗最终也选择了隐居山林，他深受佛教思想影响，曾与其弟徐贾
一道拜宋钧为师，研习经典文本，写下旷世奇作《五经同异
评》。② 崔游曾为刘渊（约 251 ~ 310）的老师，但他拒绝了刘渊
授予他的官职，他著有插图本的《丧服图》。范隆则是选择了接
受刘渊授予的官职，他重新修订了"春秋三传"，并著有《三礼
吉凶宗纪》。杜夷是一位博学之士，教导了成千上万的学生，著
有 20 卷本《幽求子》。纵观董景道的一生，我们则可知为何当时
的儒者钟情于隐居山林，从事默默无闻的教学，如下：

> 少而好学，千里追师，所在惟昼夜读诵，略不与人交
> 通。明《春秋三传》、《京氏易》、《马氏尚书》、《韩诗》，皆
> 精究大义。《三礼》之义，专遵郑氏，著《礼通论》非驳诸
> 儒，演广郑旨。永平中，知天下将乱，隐于商洛山，衣木
> 叶，食树果，弹琴歌笑以自娱，毒虫猛兽皆绕其傍。

续咸的一生则反映了当时的儒者是如何挣扎于永嘉乱局和八
王叛乱之中的，他的命运暗昭了这些儒者的普遍命运。续咸是
《左传》学大师杜预的弟子，谙熟多部经典，包括《左传》和郑

---

① （唐）房玄龄等：《晋书》，中华书局，1996，第 2351 页。
② （唐）房玄龄等：《晋书》，中华书局，1996，第 2351 ~ 2352 页。《隋书》中还曾记
　载他的另一部作品——《周易筮占》，共计 24 卷，读者可参见（唐）魏微等《隋
　书》，中华书局，1997，第 1033 页。

氏《周易》等，他自己也教授了不少弟子。八王之乱期间，他的政治生涯也随之受到影响。他的后半生滞留在北方，活在后赵（319~352）的开国君主即羌族首领石勒（274~333）的统治之下，著有《远游志》、《异物志》与《汲冢古文释》，他专注于研究上古文字，对古籍中出现的各种异体字和罕见字进行了详细的注释。

徐邈（344~397）的命运亦具有一定的代表性，反映了东晋文人的普遍命数。战乱中，他的祖父徐澄之带领数千族人、亲友逃离了故土，他们从家乡江苏徐州一路向东南部进发，穿行了整个京口地区（今江苏镇江）。徐邈后来成了东晋朝廷中的高官，他还曾担任太子的老师，他的生平如下：

> 及孝武帝始览典籍，招延儒学之士，邈既东州儒素，太傅谢安举以应选。年四十四，始补中书舍人，在西省侍帝。虽不口传章句，然开释文义，标明指趣。撰正五经音训，学者宗之。①

徐邈注有《春秋穀梁传》，他的注疏反映了他的经学思想。② 《隋书》曾介述他的不少经学著述，可见他除了注《春秋穀梁传》以外，还曾研习并注疏其他的经典文本，只是未能流传下来，实

---

① （唐）房玄龄等：《晋书》，中华书局，1996，第 2356 页。
② 简博贤：《今存三国两晋经学遗籍考》，台北，三民书局，1986，第 493~506 页。简博贤还曾在书中提及他的另一部著述，名为《春秋穀梁传义》，共计十卷。

在可惜。但由相关史料可知，他对当时的经学发展贡献巨大。①

孔衍（258～320）为孔子第 22 代子孙。史书记载，"衍少时好学，十二岁能通诗书……著有春秋后语等"，此外，孔衍著述颇丰，"衍虽不以文才著称，而博览过于贺循。凡所撰述，百余万言"。② 但《隋书》并未列出他所有著述的名称，后人所能知晓的是他同样对当时的经学发展起着至关重要的作用。③

最后，我将介绍四位儒者，前两位为北方学者，他们都是北方剧变中的幸存者，继而在外族政权的统治下重新开始他们的学术事业，后两位则为东晋学者。韦謏出生于长安地区，在由北方游牧民族建立的政权中担任高级官员，他的整个学术生涯都与时局政治有着极其密切的联系，他的政治主张受到时人和史学家的高度评价，《隋书》收录了他的几篇散文和书信，但并未详述他的学术成就，可见他的功绩主要体现在政治上。尽管他并非著作等身，可我在此还是要提及他的两部著述：一为 3 万字左右的《伏林》；另一为 23 卷本的《典林》。他颇具散文写作方面的才

---

① 包括一卷本的《周易音》、一卷本的《古文尚书音》、十卷本的《毛诗笺音证》、三卷本的《礼记音》、三卷本的《春秋左氏传音》、十二卷本的《春秋穀梁音》、三卷本的《徐邈答春秋穀梁义》、七卷本的《论语》、十卷本的《五经音》、三卷本的《庄子集音》以及一卷本的《楚辞音》。

② （唐）房玄龄等：《晋书》，中华书局，1996，第 2359 页。引文中提到的贺循（260～319）是早一批逃难者中的学者，在北方沦陷之前，他担任太子的老师，建业之后他继续在新王朝担任官职，但他身体状况不佳，饱受肺结核之苦，这大大妨碍了他的仕途，使他不得不经常中断工作。他因博览群书、通读经典且对"三礼"有着深刻而独到的见解而著称于世。他的传世之作包括《丧服要记》《会稽记》以及一些杂文。他的传记可参见（唐）房玄龄等著《晋书》，中华书局，1996，第 1824～1830 页。

③ 包括一卷本的《凶礼》、三卷本的《琴操》、十三卷本的《春秋公羊经传集解》、十四卷本的《春秋穀梁传》、八卷本的《魏尚书》（此书更像是一本历史著作）、两卷本的《孔氏说林》以及六卷本的《兵林》。

华，文笔隽永，思想深刻，给人以启迪。①

王欢出生于山东，他一生过着自给自足的简朴生活，专注于学术研究，其博学程度可与郑玄相媲美，故而也是一位"通儒"，他是燕朝后期的经学博士，掌管当时的宫廷藏书阁，同时也教授王公贵族经典古籍，当后燕灭亡于 407 年时，王欢也逝世于长安。②

范弘之为东晋时期的朝廷官员，他以文章思路清晰且富有说服力而著称于世，但他因受到异党倾轧，仕途一直不顺。《隋书》曾收录他的若干散文、书信以及他为别人所撰写的墓志铭等。③

范宣出生于河南，至今无人知晓他是何时，又是通过何种途径迁徙至南方的。他性格孤僻，特立独行，年轻时便过着与世隔绝般的生活，喜在孤独和宁静中沉思。他十二岁时便熟读《诗经》和《尚书》。他夜以继日、披星戴月地苦读经书，心无旁骛，他擅长解读"三礼"。我之所以将他放置在本部分的末尾加以介绍，原因在于他是一位代表着思想转型的经学家，他同时具备儒者风范和道家风骨。正如其他的道家人士一般，他深藏不露，远离尘世。下面我将引述一则故事，读者可从中窥见范宣性格的复杂性，并知晓道家精神是如何融入其思想中去的，如下：

　　庾爰之以宣素贫，加年荒疾疫，厚饷给之，宣又不受。爰之问宣曰：君博学通综，何以太儒？宣曰：汉兴，贵经

① （唐）房玄龄等：《晋书》，中华书局，1996，第 2360～2362 页。
② （唐）房玄龄等：《晋书》，中华书局，1996，第 2361～2362 页。
③ （唐）房玄龄等：《晋书》，中华书局，1996，第 2362～2366 页。

术，至于石渠之论，实以儒为弊。正始以来，世尚老庄。逮
晋之初，竞以裸裎为高。仆诚太儒，然丘不与易。宣言谈未
尝及老庄。客有问人生与忧俱生，不知此语何出。宣云：出
《庄子·至乐篇》。客曰：君言不读老庄，何由识此？宣笑
曰：小时尝一览。时人莫之测也。宣虽闲居屡空，常以讲诵
为业，谯国戴逵等皆闻风宗仰，自远而至，讽诵之声，有若
齐、鲁。太元中，顺阳范宁为豫章太守，宁亦儒博通综，在
郡立乡校，教授恒数百人。由是江州人士并好经学，化二范
之风也。年五十四卒。著礼易论难皆行于世。①

　　问题是我们该如何看待这种"儒林"式的书写。显而易见的
是，这部集体性的传记并不主要针对经学家，但正如前文所述，
司马迁曾在《史记》中极力宣扬经学家的美德，在他看来，至少
部分经学家并不受官方权威的影响，他们的学术研究与政府资助
无关。而班固则认为，皇室的支持至关重要，这种支持既能让经
学家带着荣耀感著书立说，又能反过来稳固政权的合法性。范晔
的《后汉书》中同样出现了诸如此类的传记，也宣扬经学的此种
功能。到了晋朝，"儒"这个词在史学意义上的用途扩大化了，

---

　　① （唐）房玄龄等：《晋书》，中华书局，1996，第2360页。《晋书》曾提及范宣两卷
　　本的《礼记音》。引文中的戴逵（326～396）出生于安徽，是一位著名的画家、书
　　法家、篆刻家以及笛子演奏家，年轻时就以音乐和文学创作而闻名，堪称精通各种
　　艺术门类的全才。他曾受教于范宣，为了纪念这段师徒情，他还专门创作了一篇石
　　刻书法作品。正所谓教学相长，范宣也从他这里习得了如何鉴赏绘画艺术。值得注
　　意的是，他从未担任过任何官职。他的传记可见于（唐）房玄龄等著《晋书》，中
　　华书局，1996，第2457～2459页。

除了指称儒者以外，它还指称任何一位在朝廷或地方的官员。他们通过在政治或军事部门的服务来支持中央政权，官僚工作的管理政策和指导原则基于儒家，当然，在儒家经典的研究和传播方面，政府最为看重的是应用于民，产生绩效，而非纯粹的学术研究。艾瑞克·罗伯森·多兹（E. R. Dodds）在《焦虑时代》一书中描述罗马帝国垮台之前的宗教生活，认为在那个政治衰败的时期，空灵的学术理论失却了现实世界的政治实践。

我们可以从修辞学的角度探讨晋儒的历史，他们作为学者或官员大抵被诠释为这样的人，即出身贫寒，少年老成，博学多才，文采斐然，不逐名利，静养修身，教书育人，弟子满门。这些儒者大多数是自学成才的，或出于私教的培养，而非官学培育而出。[①] 我按照时代和地区划分了晋儒，并用表 9-1 展示晋儒的分类：

表 9-1　晋儒生活时代一览

儒者	西晋	西晋后期的北方儒者	东晋遗民	东晋
范平	√			
文立	√			
陈邵	√			
虞喜	√			
刘兆	√			
氾毓	√			
徐苗	√			

---

① 读者可参见李姝辄《〈晋书·儒林传〉中的儒师形象》，载于《大学教育科学》2009年第 5 期，第 55~58 页。

儒者	西晋	西晋后期的北方儒者	东晋遗民	东晋
崔游		√		
范隆		√		
杜夷	√			
董景道	√			
续咸		√		
徐邈				√
孔衍		√		
范宣			√	
韦謏		√		
王欢		√		
范弘之			√	
总数	9	6	2	1

显然易见，唐代史学家强调留在北方的西晋儒者，包括西晋晚期的一些学者，《晋书·儒林列传》所载之儒者中只有两位是东晋遗民，一位是南方人士，可见东晋儒学并不发达。这一事实表明，东晋文人对经学研究的兴趣并不大，至少在某种程度上而言是这样。至于为何产生这一现象，我们可能会关注地理文化上的差异性，或是归咎于那一时期国家不团结、政治不稳定、民众颠沛流离的局面，抑或是佛教与道教的影响，又或者是东晋文人对个体生命的重视以及对公共事务的淡然处之，但后世学者们忽视了这一点，即唐代史学家对东晋经学家的成就缺乏尊重，在他们看来，东晋经学家没有以任何有意义的方式为经学的发展做出贡献，唯一一位成就卓越的东晋经学家是范宁。我在此按照身份

的划分再对晋儒进行另一种分类，如表 9 - 2 所示：

表 9 - 2　晋儒身份一览

儒者	官员	经学家	教师	隐士
范平		✓		
文立	✓	✓		
陈邵	✓	✓		
虞喜		✓		
刘兆		✓	✓	✓
汜毓		✓		✓
徐苗		✓	✓	✓
崔游		✓		
范隆	✓	✓		
杜夷			✓	✓
董景道		✓		✓
续咸	✓	✓	✓	
徐邈	✓	✓		
孔衍	✓			
范宣		✓		
韦謏	✓	✓		
王欢		✓		
范弘之		✓		
总数	7	16	4	5

《晋书·儒林列传》所载之 18 位儒者中，有 16 位被视为真正意义上的经学家，有 7 位官员被认为没有对学术发展做出贡献；我们注意到其中有 4 位是教师，5 位是隐士，6 位扮演了官员

和学者的双重角色，可见经学与政治的联系。看待晋朝经学主流趋势的另一个角度隐藏于《隋书》之中，589 年是一个转折点，我依照《隋书》中的分类列出表 9 – 3：

表 9 – 3　《隋书》记载中的晋朝经学研究

单位：次

《易经》	《尚书》	《诗经》	《礼仪》	《乐记》	《春秋》
19	4	5	(17/8) 25	1	21

《孝经》	《论语》	《尔雅》	《方言》	五经	伪经	哲学
5	10	2	1	3	1	9

表 9 – 3 表明了当时知识分子的思想倾向：第一，《礼仪》受到了极大的关注，尤其是"丧服"的问题，对这一问题的阐述也见于《礼记》之中；第二，《春秋》盛行于世无疑是因为国家政策与法律事务层面的若干问题在当时亟待解决，可谓迫在眉睫；第三，《易经》研究与道教及佛教相结合，诸多经学家从佛、道两家的角度注解《易经》；第四，当时的经学家对天文学和谶纬之学也颇感兴趣；第五，《论语》的地位得到了提升；第六，学者对《尔雅》《方言》等语言学类著作并不是很感兴趣。

第五节　晋代的礼仪改革

通过前文可知，晋代经学的主流是"三礼"研究，经学家的关注点尤其聚焦在"丧服"的问题上。众所周知，新王朝始建时，皇室往往要进行一系列的改革，其中包括重新制定礼仪规范，修改历法，封赏功臣以及宣布大赦，等等。所有这些都是出自以下目的：为新政权的合法性寻求依据，强化意识形态，加强政治控制。魏明帝曹睿（约 206～239）[1] 也曾对礼仪典章进行调整，他所依据的是郑玄所提倡的那一套礼仪规范，这在某种程度上也影响了晋代的礼仪改革。[2] 西晋时期，260 年，荀毅被委以修正礼仪典章的重任，对此，《晋书》有记载，他与同僚曾著《新礼》，共计 165 卷，后人也常将之称为《五礼》。[3] 总体而言，这项成果并不尽如人意，因为它忽略了已有的相关学术研究成果，尤其是忽视了郑玄和王肃的解经工作，以及他人对"三礼"核心问题的看法，其对悼丧制度渊源的阐述也不够清晰，荀毅与同僚将历史先例一笔带过的做法是不可取的。

　　挚虞（250～300）的经学理念和礼仪观念则是基于批判性的学术立场，他侧重于将经典运用于当下实际的社会生活之中，这反映了他对所处时代的人文关怀。挚虞首先是一位文人，《晋书》曾载他的《思游赋》，这篇赋作反映了他对生命与时间的看法，体现了他的道家思想，尤其是"无为""勿执"的观念，这是他早期思想的写照。此外，挚虞还撰有关于文章分类的著作，取名为《文章流别集》。《晋书》记载：

---

① 关于曹睿的生平，读者可参见（晋）陈寿著《三国志》，人民文学出版社，2008，第 712 页。
② 读者可参见古桥纪宏（中译名为桥秀岩）《魏晋礼制与经学》，《儒家典籍与思想研究》2010 年第 10 期。
③ 读者可参见（唐）房玄龄等《晋书》，中华书局，1996，第 1151 页。尽管熟知礼仪仪式，但他缺乏"质直"的品格，因此他对礼仪形式的制定只是为了取悦他人，而非出于他作为一个学者的理解或是个人对礼仪的尊重。

　　（挚虞）又撰古文章，类聚区分为三十卷，名曰流
别集。①

　　我们还可参见《隋书·经籍志》中的记载，可知此书在隋朝
时期有41卷，梁朝时期有60卷，② 其中还包括《文章流别志》
两卷与《文章流别论》两卷。③

　　从郑玄到邓国光，我们可追踪文章分类的历史，无论挚虞是
否刻意模仿了郑玄对文章的分类，但终归受到了些许影响。④

　　《晋书》记载：

　　丧服本文省略，必待注解事义乃彰；其传说差详，世称
子夏所作。郑王祖经宗传，而各有异同，天下并疑，莫知所
定。而颜直书古经文而已，尽除子夏传及先儒注说，其事不

---

① （唐）房玄龄等：《晋书》，中华书局，1996，第1427页。
② （唐）房玄龄等：《晋书》，中华书局，1996，第1081页。
③ 读者请参见〔美〕温迪·斯沃茨（Wendy Swartz）《将传统经典分门别类：挚虞对文体
　　的分类》（"Classifying the Tradition: Zhi Yu's 'Discourse on Literary Compositions Divided
　　by Genre'"），收录于《中国中世纪早期》（Early Medieval China: A Sourcebook），第
　　274～286页。邓国光：《挚虞研究》，学衡出版社，1990。徐昌盛的博士学位论文
　　《挚虞研究》，北京大学，2012。

　　译者注：
　　〔美〕温迪·斯沃茨（Wendy Swartz），任教于罗格斯大学艺术与科学学院亚洲
　　语言与文化系，为研究生课程部主任。她在加州大学圣地亚哥分校获得学士学位，
　　在加州大学洛杉矶分校获得硕士学位和博士学位。她的专业领域包括中国中古时期
　　的诗歌、文学理论与批评以及比较诗学。著有《阅读哲学·写作诗歌：上古及中古
　　时期中国重要的互文模式》、《阅读陶渊明：转变历史接受范式》与《上古与中古时
　　期的中国：原始手册》等书。她曾获得蒋经国国际交流学者基金以及美国卢斯基金，
　　并曾获得"杰出学者"的荣誉称号。
④ 读者可参见邓国光《魏晋南北朝的文原论》，《汉学研究》1994年第12期，第221～
　　228年；徐昌盛《挚虞研究》（博士学位论文，北京大学，2012）的第一章。

可得行。及其行事，故当还颁异说，一彼一此，非所以定制
也。臣以为今宜参采礼记，略取传说，补其未备，一其殊
义。可依准王景侯所撰丧服变除，使类统明正，以断疑争，
然后制无二门，咸同所由。

又此礼当班于天下，不宜繁多。颙为百六十五篇，篇
为一卷，合十五余万言，臣犹谓卷多文烦，类皆重出……
今礼仪事同而名异者，辄别为篇，卷烦而不典。皆宜省文
通事，随类合之，事有不同，乃列其异。如此，所减三分
之一。①

挚虞关于礼仪的著述由 15 卷组成，取名为《决疑注》，其中
包含了详尽的分析，又不止步于分析。挚虞和他的同僚傅咸
（239~294）在此著作的成书上花费了九年左右的时间，尽管还
是不够完善，但至少勾勒出了新礼仪制度的轮廓，并制定了大致
的方向，其仍然以历史文献为基础，遵照经典文本关于礼仪典章
的规定。纵览史书及今人的著作，挚虞并未留下浓墨重彩的一
笔，然而实际上，他在"三礼"研究领域占据了极其重要的位
置，他传承了郑玄的仪式制度，并试图用语言学和史学研究的方
式去研究礼仪，在方法论上有所突破。②

---

① （唐）房玄龄等：《晋书》，中华书局，1996，第 582 页。
② 《晋书》中曾提及赵岐（108~201）的《三辅决录注解》，读者可参见（唐）房玄龄
　等《晋书》，中华书局，1996，第 1427 页。关于挚虞的礼仪观，读者可参见陈戍国
　《中国礼制史·魏晋南北朝卷》，湖南教育出版社，2002，第 114~116 页。

第六节 三位极具代表性的学者

下面，我将介绍三位特殊的学者。值得注意的是，前二位通常并不被认作是经学家，因为他们在其他领域中的成就和知名度实在太高。对于从事跨学科研究的学者而言，他们颇具诱惑力，其非学术成就也令人着迷。他们代表了当时学者身上所具备的多元性和复合性特质。我将要介绍的最后一位学者撰写过一篇评论性的文章，其对经学的发展形态起着规范性的作用。

干宝曾为吴国的官员，西晋沦陷后，他自然成了建业新政权之下的臣民，建业后被称为建康。他居住在南部地区，从而避开了一些纷争，《晋书》对他的生平著作有所记载。[①] 在皇室的支持下，他编撰了《晋纪》。但他之所以声名显赫，流芳百世，倒并不是因其《晋纪》，而是源于他的《搜神记》。[②] 此书包含了一系列超自然的鬼怪故事，他也因此被称为"志怪故事之父"，堪称虚构性散文写作的先驱。

但我在此将把注意力投放在他的经学成就上，他可谓《易经》学大家，著有十卷本的《周易注》，一卷本的《周易爻义》，四卷本的《周易宗涂》，两卷本的《周易问难》，两卷本的《周易玄品》以及一卷本的《易音》。[③] 此外，他还著有《毛诗音》、

---

① 读者可参见（唐）房玄龄等《晋书》，中华书局，1996，第 2149～2151 页。
② 干宝的《搜神记》已被翻译成英文，读者请参见 Kenneth J. DeWoskin and J. J. Crump, Jr., *In Search of the Supernatural: The Written Record*（Stanford: Stanford University Press, 1996）。
③ 简博贤曾分析干宝对《易经》的评注，读者请参见简博贤《今存三国两晋经学遗籍考》，台北，三民书局，1986，第 99～118 页。

《正音》以及《周官音》，可见他对音韵学也颇感兴趣。另外，他还著有《周官礼注》、《答周官驳难》、《春秋左氏函传义》、《春秋序论》[1] 以及《后养议》等。可见他涉猎广泛，对重要的经典古籍都有所钻研。他无疑是位多产的学者，著述颇丰。他的训诂方式亦有其特别之处，他侧重于阐发文本的大义，而不拘泥于小节，对文本具体的措辞并不予以特别关注，曾言：

> 小物详而大义隐。[2]

第二位学者是郭璞（276~324），他实在不像个儒者，而更像个狂放不羁的文人。他出生于山西，曾为躲避北方战乱而逃往南方。他曾任地方官，是干宝的密友，他同干宝一样博览群书，学富五车。此外，他还是一位著名的预言家，曾预言王敦（266~324）意图暴动，但这也正是导致他死亡的原因。另外，他还对道教颇有研究，精通道教艺术，他自己也是一位道教徒。他对道教文化的诗意探索和对神仙生活的想象使其创造了"游仙诗"这一流派。[3]

在学术方面，他注解了诸多经典，包括《周易》、《山海经》、《穆天子传》以及《楚辞》等。他的学术兴趣看似很分散，但其实不然，我们能从中寻得共同点，如《周易》是占卜书，《山海经》包含了很多超自然的现象，《穆天子传》记录了一段奇异的

---

① （唐）房玄龄等：《晋书》，中华书局，1996，第 176~178 页。
② （唐）房玄龄等：《晋书》，中华书局，1996，第 176 页。
③ （唐）房玄龄等：《晋书》，中华书局，1996，第 2149~2151 页。

精神旅程，《楚辞》充盈着诡谲的想象。由此可见，他之所以选择上述几部经典进行注解，主要是源于他对神秘学的兴趣。虽然他也曾注《尔雅》，但其仍然是从神秘学的角度进行注疏的，他还专注于动植物的名称，希冀将之运用于炼金术。令人意外的是，他对《尔雅》的注疏竟然被收录在了"十三经"之中。[①] 他还曾注释《三苍》和《诗经》，著有《毛诗拾遗》。[②]

最后一位学者是范宁（339~401），他著有《春秋榖梁传注疏》，后被收录进阮元编纂的《十三经注疏》之中。他的先人来自河南南阳，但他后来迁徙到了浙江，他的孙子便是《后汉书》的作者范晔（398~445）。《晋书》记载：

> 宁字武子。少笃学，多所通览。简文帝为相，将辟之，为桓温所讽，遂寝不行，故终温之世，兄弟无在列位者。时以浮虚相扇，儒雅日替，宁以为其源始于王弼、何晏，二人之罪深于桀纣，乃著论曰……[③]

可见他是一位颇有良知的知识分子。我们注意到上述史料中的时间顺序，桓温（312~373）是一位著名的将军，从 361 年直至他逝世之前始终掌控着司马家族，直到他逝世之后，范宁才能开始其官场生涯。桀和纣分别是夏、商时期的统治者，他们的暴虐导

---

① 他还撰写了十卷本的《尔雅图》，注解了扬雄的《方言》，其注解共计十三卷。读者可参见（唐）魏徵等《隋书》，中华书局，1997，第 937 页。
② 读者可参见简博贤《今存三国两晋经学遗籍考》，台北，三民书局，1986，第 138~144 页。
③ （唐）房玄龄等：《晋书》，中华书局，1996，第 1984 页。

致了王朝的衰落。

范宁最开始任职于浙江余杭县，在担任县令的六年期间，他进行了教育改革，旨在恢复传统的儒家礼仪，并在这方面取得了良好的政绩。他的政绩和名声很快传到了中央政府那里，后任职于江苏省临淮地区，最终被召进都城做官，他进谏的多则谏言都被采纳。他改革了礼仪制度，重新设计了辟雍、明堂和祠堂等仪式类建筑。他个性率真，直言不讳，因此也得罪了不少同僚与重臣。范宁最后不得不选择离开朝廷，转而担任余章知事的职务。在此职位上，他恢复了以前所从事的教育活动，吸引了一千多名门徒追随。《晋书》中只有一小段关于他退休之后生活的记载，如下：

> 家于丹阳，犹勤经学，终年不辍。年六十三，卒于家。初，宁以春秋穀梁氏未有善释，遂沈思积年，为之集解。其义精审，为世所重。既而徐邈复为之注，世亦称之。[①]

范宁在其书的序言部分描述了其父范汪（约 308～372）与弟子讨论经典古籍的情形，如他们是如何探讨"春秋三传"的。范宁认为，在他所处的那个时代，人们对"春秋三传"的讨论和研习往往存在谬误之处，他们并没有达到杜预与何休所设定的语言标准，即理性高雅，一些注经者甚至以自相矛盾和极其混乱的方式注解《春秋穀梁传》，其违背了文本的基本含义。因此，范宁

---

① （唐）房玄龄等：《晋书》，中华书局，1996，第1989页。

率领众人撰写了《春秋穀梁传注疏》一书，旨在"拨乱反正"，其构成了这部经典的注疏标准。他与族亲探讨了术语和格式，解决了疑点和矛盾之处。①

王熙元曾分析并总结范宁《春秋穀梁传注疏》的特点，如下：首先，范宁借鉴综合了多位经学大家的已有成果；其次，范宁坚持了郑玄的春秋观；再次，范宁的这部注疏在某些地方偏离了《春秋穀梁传》，其并未过分依赖于原先的诠释，恰恰相反，范宁常质疑《春秋穀梁传》所内含的某些观点和解读，他毫不犹豫地大胆提出异议。但王熙元认为，范宁无法通过文本批评的方式纠正《春秋穀梁传》中存在的谬误之处。鉴于原文历经了长时间的口头传播，文本校正这项工作是非常必要的，然而从方法论上而言，范宁是无法完成这项工作的，因为不似他所尊崇的郑玄，他并没有掌握必要的知识，这妨碍了他修正文本的过程。②但王应麟（1223～1296）倒是非常认可范宁的这部注疏，在他看来，其完全可与杜预和何休这两位经学大师的著作相媲美，他曾言：

> 文中子谓"范宁有志于春秋，征圣经而诂众传。"盖杜预屈经以申传，何修引纬以汩经，唯宁之学最善。③

---

① 读者可参见李学勤编《春秋穀梁传注疏》，北京大学出版社，1999，"前言"，第10～11页。
② 读者可参见王熙元撰《范宁及其穀梁集解释》，收录于林庆彰编《中国经学史论文选集》，台北，文史哲出版社，1993，第572～585页。
③ 王应麟：《困学纪闻》（三卷本）第2卷，上海古籍出版社，2008，第918页。

　　范宁在解读《春秋穀梁传》时展现了另一种令人钦佩的特质，那就是以有意识的批判性视角来看待"春秋三传"。长时间以来，"春秋三传"一直笼罩在权威性的光环之下，成了神话般的存在。范宁曾言：

> 左氏艳而富，其失也巫；穀梁清而婉，其失也短；公羊辩而裁，其失也俗。若能富而不巫清而不短裁而不俗则深于其道者也。故君子之于春秋没身而已矣。[①]

这种冷静客观的经学观是难能可贵的，尤其是在面对"春秋三传"这样已成经典并被捧上圣坛的文本时还能持存这样一种学术态度就更加难得了。范宁竭力保持一种公正的态度，他认为"春秋三传"各有千秋，都是后世读者接近原文的重要途径，都有被阅读的必要性。我们注意到，范宁在此奠定了一种基本的学术态度和方法，即通过宏观地阅读经典注疏从而认知并了解经典原文。这在之后成了一种趋势，并随着时间的推移而逐渐散播开来，后世学者又将其扩展为：借由通读其他经典文本而知晓另一经典文本。顾炎武就曾说道："读书不通五经者，必不能通一经，不当分经试士。"[②]

　　范宁还撰有以下著作：十卷本的《古文尚书注》（《隋书》中仅存一卷，为"舜典注"），十卷本的《礼杂问》，十卷本的《范宁

---

① 李学勤编《春秋穀梁传注疏》，北京大学出版社，1999，"前言"，第9～10页。
② （清）顾炎武：《日知录·拟题》，陕西人民出版社，1998，第945～949页。

启事》（现仅存三卷）以及《春秋穀梁传例》。

结 论

干宝和郭璞以及其他的一些经学家最终转向了散文写作，这代表了那个时代的思想精神转向，当时儒家学说已经丧失了信誉。西晋时期政局动荡，战火纷飞，难民流离失所，很多人不得不背井离乡，选择逃亡，这种个体的不安全感导致了人们希冀从超自然的层面寻求心理安慰和心灵寄托，这就是为何那一时期的隐居者常常表现出比入世儒者更为旺盛的精神活力，这也许反映了某种儒道混合的思想倾向，同时也反映了不同的个人出路。[①]西晋时期的知识分子往往展现出复杂的个体生命形态，他们在观念层面上是崇尚儒家学说的，在精神层面上是仰慕佛道文化的，在身体和灵魂层面上则是凸显出一种强烈的神秘主义倾向，不少人热衷并着迷于炼金术。

比起北部区域，建康南部地区文人的上述特质更为明显。我曾在《中国经学史》第三卷《南北朝隋唐卷：文献学的衰落与诠释学的崛兴》阐述经学研究的南北差异性。史料表明，北方学者重视郑玄式的研究方法和理念，不擅长纯文学；南方学者精于辞

---

① 丹尼斯·格拉弗林（Dennis Grafflin）认为道家和儒家精神完全可以进行自由而平和的转换，对于同一个身体而言，可以在道家隐士的姿态下愉快地消磨时间，而与此同时也在等待入仕的机会。读者请参见丹尼斯·格拉弗林（Dennis Grafflin）《重塑南朝早期的极端官僚制》（"Reinventing China: Pseudobureaucracy in the Early Southern Dynasties"），收录于艾尔伯特·迪恩（Albert E. Dien）编《早期中古时期中国的政权与社会》（*State and Society in Early Medieval China*），斯坦福大学出版社，1990，第139～170页（Sanford: Stanford University Press, 1990, pp. 139 – 170）。

藻音律，但疏于以文本为中心的学术研究。"疏"这一注释体例的出现为诠释学开辟了道路，注释逐渐转向了以思辨为主的阐发，读者的注意力不在只聚焦于经典文本的原文，而是迁移至富有启迪性和发散性的诠释上面。

本卷通过考察口头传播和书面文本的方式，审视了经典的复原和重建这一问题。我追溯了语言学的发展及其与注释解读儒家经典之间的关系，同时也回顾了文本批评和词典编纂学的发展。由本卷内容可见，汉魏时期盛行碑文刻写，此类工程屡屡得到皇室的支持，这预示了唐代规模更为浩大的碑文刻写，这一记录经典文本的形式在历史学层面上也有着重要意义。我将在第三卷中着重探讨唐代经学与汉代经学的关联，以及汉唐经学是如何影响清代经学的。

参考文献

古籍

（汉）司马迁：《史记》，中华书局，1982。

（汉）班固：《汉书》，中华书局，1962。

（汉）贾谊：《贾谊集》，上海人民出版社，1976。

（汉）王充：《论衡》，岳麓书社，2006。

（汉）孔安国传，（唐）孔颖达疏《尚书正义》，上海古籍出版社，2007。

（汉）陆贾：《新语》，中华书局，1980。

（汉）许慎著，（清）段玉裁注《说文解字注》，台北，汉京文化事业有限公司，1983。

（汉）扬雄著，（晋）李轨等注《宋本扬子法言》，国家图书馆出版社，2017。

（汉）贾谊著，阎振益、钟夏校注《新书校注》，中华书局，2000。

（汉）韩婴著，许维通编注《韩诗外传集释》，中华书局，1980。

（汉）韩婴著，（明）周廷宷校注《韩诗外传附补逸校拾遗》（两卷本），中华书局，1985。

（汉）刘安等著，顾迁注释《淮南子》，中华书局，2009。

（汉）桓谭撰，朱谦之校辑《新辑本桓谭新论》，中华书局，2009。

（汉）蔡邕：《蔡中郎集》，中华书局，2005。

（汉）荀悦著，龚祖培校点《申鉴》，辽宁出版社，2001。

（汉）何休注，（唐）徐彦疏《春秋公羊传注疏》，上海古籍出版社，2014。

（汉）郑玄笺，（唐）孔颖达正义《毛诗正义》，上海古籍出版社，2007。

（三国魏）王弼、（晋）韩康伯注，（唐）孔颖达正义《周易正义》，中华书局，2006。

（三国魏）王肃注《孔子家语》，中华书局，2009。

（晋）陈寿：《三国志》，中华书局，2005。

（北齐）魏收：《魏书》，吉林出版集团，2005。

（南朝宋）范晔：《后汉书》，中华书局，2000。

（南朝宋）刘义庆著，（南朝梁）刘孝标注《世说新语校释》，上海古籍出版社，2011。

（隋唐）虞世南：《北堂书钞》，台北，鸿业书局，1974。

（唐）房玄龄等：《晋书》，中华书局，1996。

（唐）魏徵等编著《隋书》，中华书局，1997。

（唐）欧阳询编《艺文类聚》，上海古籍出版社，1999。

（后晋）刘昫等：《旧唐书》，中华书局，1975。

（宋）郑樵：《通志》，台北，新星书局，1963。

（宋）欧阳修等：《新唐书》，中华书局，1975。

（宋）王尧臣编《崇文总目》（四卷本），中华书局，1985。

（宋）王应麟：《困学纪闻》（三卷本），上海古籍出版社，2008。

（宋）晁公武著，孙猛编《郡斋读书志校证》，上海古籍出版社，2006。

（清）顾炎武著，王蘧常辑注《顾亭林诗集汇注》（两卷本），上海古籍出版社，2006。

（清）顾炎武：《日知录》（三卷本），上海古籍出版社，2006。

（清）马国翰辑《玉函山房辑佚书》（八卷本），广陵古籍刻印社，1990。

（清）纪昀、永瑢编《四库全书简明目录》，上海古籍出版社，1985。

（清）严可均辑《全上古三代秦汉三国六朝文·全后汉文》，中华书局，1958。

（清）江藩著，漆永祥编《汉学师承记笺释》，上海古籍出版社，2006。

（清）刘宝楠注疏《论语正义》，中华书局，1990。

（清）惠栋：《九经古义》，国家图书馆出版社2013。

（清）段玉裁：《古文尚书撰异》，上海古籍出版社，1995。

（清）陈寿祺疏证，曹建墩点校《五经异义疏证》，上海古籍出版社，2012。

（清）陈澧：《陈澧集》（六卷本），上海古籍出版社，2008。

（清）陈奂：《毛氏笺考征》，台北，商务印书馆，1970。

（清）戴震著，赵玉新点校《戴震文集》，中华书局，1980。

（清）凌廷堪著，王文锦点校《校礼堂文集》，中华书局，1998。

（清）阎若璩著，黄怀信、吕翊欣校点《尚书古文疏证》，上海古籍出版社，2010。

（清）冯登府：《三家诗异文疏证》，台北，商务印书馆，1972。

（清）钱大昕：《十驾斋养新馀录·一字三字石经》（卷二），台北，商务印书馆，1968。

（清）马瑞辰：《毛诗传笺通释·毛诗古文多假借考》，中华书局，2012。

（清）王先谦：《诗三家义集疏》，岳麓书院，2010。

（清）王先谦编《皇清经解续编》，齐鲁书社，2016。

（清）王先谦：《尚书孔传参证》，中华书局，2011。

（清）桂馥：《说文解字义证》，中华书局，1998。

（清）王念孙：《广雅疏证》，中华书局，2004。

（清）陈乔枞：《毛诗郑笺改字说》，中华书局，1995。

（清）钱大昕：《潜研堂文集》，上海古籍出版社，1995。

中文论著

北京大学出土文献研究所编纂《北京大学藏西汉竹书》（两卷本），上海古籍出版社，2012。

边春光编著《出版词典》，上海辞书出版社，1989。

陈国庆编著《汉书艺文志注释汇编》，中华书局，1983。

陈明恩：《董仲舒春秋公羊学解经析论》，台北，台湾学生书局，2000。

陈明恩：《诠释与建构董仲舒春秋学的形成与开展》，台北，秀威资讯科技股份有限公司，2011。

陈其泰、张爱芳编《〈汉书〉研究》（四卷本），瞿林东编《20 世纪二十四史研究丛书》，中国大百科全书出版社，2009。

陈其泰、赵永春：《班固评传》，南京大学出版社，2002。

陈戍国：《中国礼制史·魏晋南北朝卷》，湖南教育出版社，2002。

陈桐生：《儒家经传文化与史记》，台北，洪叶文化事业有限公司，2002。

陈新雄、于大成编《文字学论文集》，台北，木铎书局，1976。

程元民：《书序通考》，台北，台湾学生书局，1999。

程元敏：《三国蜀经学》，台北，学生书局，1997。

程元敏：《尚书学史》，华东师范大学出版社，2013。

程元敏编纂校对《春秋左氏经传集解序疏证》，台北，台湾学生书局，1991。

褚问鹃：《王充〈论衡〉研究》，台北，"中央"图书出版社，1974。

邓国光：《挚虞研究》，学衡出版社（香港），1990。

邓骏捷编校《七略佚文》，上海古籍出版社，2008。

傅荣贤：《汉书艺文志研究源流考》（两卷本），黄山出版社，2007。

龚克昌：《汉赋研究》，文艺出版社，1990。

龚鹏程：《汉代思潮》，商务印书馆，2008。

古国顺：《史记述尚书研究》，台北，文史哲出版社，1985。

顾颉刚、刘起釪：《尚书校释译论》（四卷本），中华书局，2005。

顾颉刚：《古史辨》，海南出版社，2000。

顾实：《汉书艺文志讲疏》，台北，广文书局，1995。

顾涛：《中国的射礼》，南京大学出版社，2013。

桂文焕：《经学博采录》，台北，明文书局，1992。

郭建勋编译《新译尚书读本》，台北，三民书局，2005。

国家文物局古文献研究室：《马王堆汉墓帛书》第1卷，文物出版社，1980。

胡樸安：《中国文字学史》两卷本，上海书局，1984。

黄开国：《公羊学发展史》，人民出版社，2013。

黄朴民：《何休评传》，南京大学出版社，2007。

黄朴民：《天人合一：董仲舒与两汉思潮研究》，岳麓书社，2013。

黄永武：《许慎之经学》（两卷本），台北，商务印书馆，1972。

黄彰健：《经今古文学问题新论》，台北，中研院历史语言研究所，1992。

季旭升：《说文新证》（两卷本），台北，艺文印书馆，2004－2008。

简博贤：《今存三国两晋经学遗籍考》，台北，三民书局，1986。

江举谦：《说文解字综合研究》，台中，东海大学出版社，1970。

蒋伯潜：《十三经概论》，上海古籍出版社，2010。

蒋世德：《文字学：说文部首编》，台北，秀威资讯科技股份有限公司，2007。

金兆梓：《尚书诠译》，中华书局，2010。

李零：《简帛古书与学术源流》，三联书店，2006。

李民、王健译注《尚书译注》，上海古籍书店，2012。

李威熊：《董仲舒与西汉学术》，台北，文史哲出版社，2012。

李学勤：《东周与秦代文明》，上海人民出版社，2007。

李长之：《司马迁之人格与风格》，台北，里仁书局，2008。

李振兴：《王肃之经学》，华东师范大学出版社，2012。

李宗焜编《古文字与古代史》，台北，历史与语文学系列论坛，2009。

梁锡锋：《郑玄以礼笺诗研究》，学苑出版社，2005。

林庆彰编《中国经学史论文选集》，台北，文史哲出版社，1993。

刘殿爵、陈方正：《白虎通逐字索引》，商务印书馆（香港），1995。

刘起釪：《尚书学史》（订补本），中华书局，1989。

刘起釪：《尚书研究要论》，齐鲁书社，2007。

刘泽华编《中国政治思想史秦汉魏晋南北朝卷》，浙江人民出版社，1996。

吕世浩：《从史记到汉书——转折过程与历史意义》，台北，台湾大学出版社，2009。

吕思勉：《文字学四种》，上海教育出版社，1985。

吕思勉：《先秦学术概论·经传说记》，上海书店出版社，1992。

吕振端：《魏三体石经残字集证》，台北，学海出版社，1981。

马非百：《秦集史》（卷一），中华书局，1982。

马宗霍：《〈说文解字〉引经考》，台北，台湾学生书局，1971。

皮锡瑞：《经学历史》，中华书局，2004。

祁玉章：《贾子探微》，台北，三民书局，1969。

钱宁：《秦相李斯》，台北，九歌出版社，2000。

饶东原：《新书读本》，台北，三民书局，1978。

任莉莉编《七录辑证》，上海古籍出版社，2011。

沈玉成、刘宁：《春秋左传学史稿》，江苏古籍出版社，1992。

施隆民：《乡射礼仪节简释》，台北，中华书局，1985。

史应勇：《郑玄同学及郑王之争》，巴蜀书社，2007。

宋永培编《说文与训诂研究论文集》，商务印书馆，2013。

苏东天：《易老子与王弼注辨义》，文化艺术出版社，1996。

苏尚耀：《中国文字学丛谈》，台北，文史哲出版社，1976。

孙海波集录《魏三字石经集录》，大业印书局，1937。

孙启治、陈建华编《中国古佚书辑本目录解题》，上海古籍出版社，2009。

孙启治、陈建华编《中国古佚书辑本目录解题》，上海古籍出版社，2009。

孙星衍、阮元编《汉晋名人年表》（三卷本），北京图书馆，2004。

汤可敬：《说文解字今释》（两卷本），岳麓书社，1997。

汤一介、李中华：《中国儒学史》，北京大学出版社，2012。

汤用彤：《魏晋玄学论稿》，人民出版社，1957。

汪高鑫：《董仲舒与汉代历史思想研究》，商务印书馆，2012。

汪惠敏：《三国时代之经学研究》，台北，汉京文化事业有限公司，1981。

王葆玹：《今古文经学新论》，中国社会科学出版社，1997。

王葆玹：《西汉经学源流》，台北，东大图书公司，1994。

王葆玹：《正始玄玄》，齐鲁书社，1987。

王国维：《观堂集林》（两卷本），中华书局，2004。

王国维编著《司马迁：其人及其书》，长安出版社，1985。

王礼卿：《四家诗恉》（四卷本），华东师范大学，2009。

王礼卿：《四家诗恉会归》（四卷本），华东师范大学，2009。

王青：《扬雄评传》，南京大学出版社，2000。

王仁俊：《玉函山房辑佚书续编三种》，上海古籍出版社，1989。

王世舜、王翠叶译《尚书》，中华书局，2012。

王先谦：《荀子集解》，中华书局，1988。

王晓毅:《王弼评传》,南京大学出版社,1996。

王兴国:《贾谊评传》,南京大学出版社,1992。

王永祥:《董仲舒评传》,南京大学出版社,2006。

王云五主编《万有文库荟要》,台北,商务印书馆,1965。

王蕴智:《中国的字圣——许慎》,河南人民出版社,1994。

王志铭编《王弼注总辑》,台北,东升出版事业有限公司,1980。

王重民:《中国目录学史论丛》,中华书局,1984。

吴汝煜:《史记论稿》,江苏教育出版社,1986。

吴通福:《晚出古文尚书公案与清代学术》,上海古籍出版社,2007。

吴瑜编译《新译尚书读本》,台北,三民书局,1977。

萧兵:《孔子诗论的文化推绎》,湖北人民出版社,2006。

谢朝清:《王充治学方法研究》,台北,文津出版社,1986。

徐复观:《两汉思想史》(三卷本),华东师范大学出版社,2001。

徐复观:《中国经学史的基础》,台北,台湾学生书局,2004。

徐光无:《刘向评传》,南京大学出版社,2005。

徐锴:《说文解字系传》,中华书局,1987。

徐平章:《荀子与两汉儒学》,台北,文津出版社,1988。

杨新勋:《宋代疑经研究》,中华书局,2007。

杨燕起、高国抗:《中国历史文献史》,北京图书馆出版社,1987。

应劭著,王立器编《风俗通义校注》(两卷本),中华书局,1981。

余其濬:《史记与公羊学》,台北,台湾大学出版社,2008。

余其濬:《司马迁实事求是精神探微》,台北,台湾大学出版社,
    2014。

虞万里:《榆枋斋学林》(两卷本),华东师范大学出版社,2012。

张大可：《司马迁评传》，南京大学出版社，1994。

张大可：《张大可文集·史记研究》，商务印书馆，2013。

张大可注《史记全本新注》，三秦出版社，1990。

张端穗：《西汉公羊学研究》，台北，文津出版社，2005。

张峰屹：《西汉文学思想史》，台北，商业出版社，2013。

张立文编《中国学术通史》，人民出版社，2004。

张岂之编《十三经注疏·尚书正义》，上海古籍出版社，2007。

张舜徽编《郑学丛著》（两卷本），齐鲁书社，1984。

张中义：《李斯子》，中州华夏书社，1981。

章权才：《两汉经学史》，台北，万卷楼，1995。

章太炎：《蓟汉三言》，上海书店出版社，2011。

章太炎：《国故论衡疏证》，中华书局，2008。

章太炎：《国学讲义》，海潮出版社，2007。

张溥编《汉魏六朝百三名家集》（六卷本第一卷），台北，文津出版社，1979。

赵岐著，邓秉元讲疏《孟子章句讲疏》，华东师范大学出版社，2011。

章太炎：《国学入门》，湘潭大学出版社，2010。

赵尔巽主编，缪荃孙、柯劭忞等总纂，中华民国北洋政府清史馆编修《清史稿》，中华书局，1977。

赵茂林：《两汉三家诗研究》，巴蜀书社，2006。

郑鹤声：《班固年谱》，商务印书馆，1993。

钟肇鹏、周桂钿：《桓谭王充评传》，南京大学出版社，1993。

钟肇鹏：《王充年谱》，齐鲁书社，1983。

钟肇朋主编《春秋繁露校释》（两卷本），河北人民出版社，2005。

周立升等编《春秋哲学》，山东大学出版社，1989。

周先民：《司马迁的史传文学世界》，台北，文津出版社，1995。

朱熹：《诗集传》，台北，学海出版社，2004。

朱永嘉、王知常：《新译春秋繁露》，台北，三民书局，2007。

祝敏申：《〈说文解字〉与中国古文字学》，复旦大学出版社，1998。

英文论著

Alan K. L. Chan, *Two Visions of the Way: A Study of the Wang Pi and the Ho - shang Kung Commentaries on the Lao - Tzu*, Albany: State University of New York Press, 1991.

Albert E. Dien, *State and Society in Early Medieval China*, Sanford: Stanford University Press, 1990.

Aleida Assmann, Jan Assmann, *Kanon und Zensur: Beiträge zur Archäologie der literarischen Kommunikatin II*, München: Wilhelm Fink Verlag, 1987.

Anthony E. Clark, *Ban Gu's History of Early China*, Amherst, NY: Cambria Press, 2008.

Anthony Grafton, Joseph Scaliger: *A Study in the History of Classical Scholarship. I. Textual Criticism and Exegesis. II. Historical Chronology*, Oxford: Clarendon Press, 1983 - 1993.

Anthony Grafton, *Defenders of the Text: The Traditions of Scholarship in an Age of Science, 1450 - 1800*, Cambridge, Mass.: Harvard University Press, 1991.

Axel Schuessler, *ABC Etymological Dictionary of Old Chinese*, Honolulu: University of Hawaii Press, 2007.

Benjamin A. Elman and Martin Kern, eds. , *East Asian History*, Leiden and Boston: Brioll, 2010.

Bernhard Karlgren, *Glosses on the Book of Odes*, Goteborg: Museum of Far Eastern Antiquities, 1964.

Burton Watson, *Ssu – ma Chien: Grand Historian of China*, New York: Columbia University Press, 1958.

Chi – yun Chen, *Hsün Yüeh (A. D. 148 – 209): the Life and Reflections of an Early Medieval Confucian*, Cambridge: Cambridge University Press, 1975.

L. D. Reynolds, N. G. Wilson, *Scribes and Scholars: A Guide to the Transmission of Greek and Latin Literature*, Oxford: Clarendon Press, 1991.

David Knechtges, *The Hanshu Biography of Yang Xiong*, Tempe, AZ: Center for Asian Studies, Arizona State University, 1982.

David R. Knechtges, *The Han Rhapsody: A Study of the Fu of Yang Xiong*, Cambridge: Cambridge University Press, 1976.

David Roy, Tsuen – hsuin Tsien, *Ancient China: Studies in Early Civilization*, The Chinese University Press, 1978.

Denis Twitchett, Michael Loewe, *The Cambridge History of China*, Vol. I: *The Ch'in and Han Empires, 221 B. C. – A. D. 220*, Cambridge: Cambridge University Press, 1986.

Dominik Declercq, *Writing Against the State: Political Rhetorics in Third and Fourth Century China*, Leiden and Boston: Brill, 1998.

N. G. Wilson, *Scholars of Byzantium*, Johns Hopkins University Press, 1983.

Gilbert L. Mattos, *The Stone Drums of Ch'in*, Nettetal: Styler, 1988.

Grant Hardy, *Worlds of Bronze and Bamboo: Sima Qian's Conquest of History*, New York: Columbia University Press, 1999.

Hans Bielenstein, *The Restoration of the Han Dynasty with Prolegomena on the Historiography of the Hou Han Shu*, Stockholm: Museum of Far Eastern Antiquities, 1954.

He Mingyong, Jingpeng, *Chinese Lexicography: A History from 1046 BC to AD 1911*, Oxford and New York: Oxford University Press, 2008.

Heming Yong, Jing Peng, *Chinese Lexicography: A History from 1046 BC to AD 1911*, Oxford and New York: Oxford University Press, 2008.

Homer S. Dubs, *The History of the Former Han Dynasty*, 3 vols., Baltimore: Waverly Press, 1938 – 1944.

Howard L. Goodman, *Xun Xu and the Politics of Precision in Third – Century AD China*, Leiden and Boston: Brill, 2010.

Hyun Jin Kim, *Ethnicity and Foreigners in Ancient Greece and China*, London: Duckworth, 2009.

James Turner, *Philology: The Forgotten Origins of the Modern Humanities*, Princeton University Press, 2014.

Joakim Enwall, *Outstretched Leaves on His Bamboo Staff: Studies in*

Honour of Gǒran Malmqvist on His 70th Birthday, Stockholm: Association of Oriental Studies, 1994.

John Knoblock, *Xunzi: A Translation and Study of the Complete Works*, Vol 3, Stanford University Press, 1994.

John Makeham, *Transmitters and Creators: Chinese Commentators and Commentaries on the Analects*, Cambridge, MA and London: Harvard University Asia Center, 2003.

Knoblock, *Xunzi: A Translation and Study of the Complete Works*, Stanford University Press, 1994.

Kung – chuan Hsiao, *A History of Chinese Political Thought: Volume One: From the Beginnings to the Sixth Century A. D.*, trans. F. W. Mote, Princeton: Princeton University Press, 1979.

K. L. Thern, *Postface of the Shuo – wen Chieh – tzu: The First Comprehensive Chinese Dictionary*, Madison, Wisconsin: The University of Wisconsin, 1966.

Li Yu – Ning, *The Politics of Historiography: The First Emperor of China*, White Plains, NY: International Arts and Sciences Press, 1975.

Liang Cai, *Witchcraft and the Rise of the First Confucian Empire*, Albany: State University of New York Press, 2014.

Mark Edward Lewis, *China Between Empires: The Northern and Southern Dynasties*, Cambridge, MA and London: Belknap Press, 2009.

Mark Edward Lewis, *The Early Chinese Empires: Qin and Han*, Cambridge, MA: The Belnap Press of Harvard University, 2007.

Mark Laurent Asselin, *A Significant Season: Cai Yong and His Contemporaries*, New Haven: American Oriental Society, 2010.

Martin Kern, *The Stele Inscriptions of Ch'in Shih – Huang: Text and Ritual in Early Chinese Imperial Representation*, New Haven, Connecticut: American Oriental Society, 2000.

Michael Loewe, *A Biographical Dictionary of the Qin, Han and Xin Dynasties*, Leiden: Brill, 2000.

Michael Loewe, *Early Chinese Texts: A Bibliographical Guide*, Berkeley: The Society for the Study of Early China and the Institute of East Asian Studies, University of California, Berkeley, 1993.

Michael Loewe, Edward L. Shaughnessy, *The Cambridge History of Ancient China: From the Origins of Civilization to 221 B. C.*, Cambridge: Cambridge University Press, 1999.

Michael Loewe, *Dong Zhongshu, A 'Confucian' Heritage and the Chunqiu fanlu*, Leiden: Brill, 2011.

Michal Nylan, *Yang Xiong and the Pleasures of Reading and Classical Learning in China*, New Haven, CT: American Oriental Society, 2011.

Nicolas Zufferey, *To the Origins of Confucianism: The Ru in Pre – Qin Times and During the Early Han Dynasty*, Bern: Peter Lang, 2003.

Nicolas Zufferey, *Wang Chong (27 – 97?): Connaissance, Politique et vérité en Chine Anciene*, Bern: Peter Lang, 1995.

On – cho Ng, John B. Henderson, *Imagining Boundaries: Changing Confucian Doctrines, Texts, and Hermeneutics*, Albany: State

University of New York Press, 1999.

R. P. Kramers, *K'ung Tzu Chia Yu: The School Sayings of Confucius*, Leiden: E. J. Brill, 1949.

Paul L – M Serruys, *The Chinese Dialects of Han Time According to Fang Yen*, Berkeley and Los Angeles: University of California Press, 1959.

Priscianus Caesariensis, *Medieval Reading: Grammar, Rhetoric and the Classical Text*, trans. by Suzanne Reynolds, Cambridge University Press.

Robert E. Harris, Jr., *The Landscape of Words: Stone Inscriptions from Early and Medieval China*, Seattle and London: University of Washington Press, 2008.

Roger T. Aims, *The Art of Rulership: A Study in Ancient Chinese Political Thought*, Honolulu: University of Hawaii Press, 1983.

Roy Andrew Miller, Problems in the Study of Shuo wen chieh tzu, Ph. D. diss., Columbia University, 1958.

Rudolf Pfeiffer, *History of Classical Scholarship: From the Beginnings to the End of the Hellenistic Age*, Oxford: Clarendon Press, 1968.

Sarah A. Queen, *From Chronicle to Canon: The Hermeneutics of the Spring and Autumn Annals According to Tung Chung – shu*, Cambridge: Cambridge University Press, 1996.

Stephen Durrant, *The Cloudy Mirror: Tension and Conflict in the Writings of Sima Qian*, Albany: State University of New York, 1995.

Steven Van Zoeren, *Poetry and Personality: Reading, Exegesis, and*

Hermeneutics in Traditional China, Standford: Standford University Press, 1991.

Timoteus Pokora, *Hsin - Lun (New Treatise) and Other Writings by Huan T'an (43 B. C. - 28. A. D.)*, Ann Arbor: Center for Chinese Studies, The University of Michigan, 1975.

Tjan Tjoe Som, *Po Hu T'ung: The Comprehensive Discussions in the White Tiger Hall*, Vol. 1, Leiden: E. J. Brill, 1949.

William G. Bolt, *The Origin and Early Development of the Chinese Writing System*, New Haven: American Oriental Society, 1994.

William H. Nienhauser, Jr. , *The Grand Scribe's Records*, Indiana University Press, 1995 - 2000.

Wolfram Everhard, *East Asian Civilizations: New Attempts at Understanding Traditions*, Vol. 2: *Nation and Mytholog*, 1982.

Xinzhong Yao, ed. , *Routledge Curzon Encyclopedia of Confucianism*, 2 vols. , London: Routledge Curzon, 2003.

Yoav Ariel, *K'ung - Ts'ung - Tzu: The K'ung Family Master's Anthology: A Study and Translation of Chapters 1 - 10, 12 - 14*, Kington: Kington University Press, 1989.

图书在版编目（CIP）数据

中国经学史. 秦汉魏晋卷：经与传／（美）韩大伟
（David B. Honey）著；黄笑译. -- 北京：社会科学文
献出版社，2019.10（2024.4 重印）
　　书名原文：History of Chinese Classical
Scholarship, Vol. 2. Qin-Han, Wei-Jin：Classic and
Commentary
　　ISBN 978-7-5201-4337-0

　　Ⅰ.①中… Ⅱ.①韩… ②黄… Ⅲ.①经学-历史-
研究-中国-秦汉时代②经学-历史-研究-中国-魏晋
南北朝时代 Ⅳ.①Z126.272

中国版本图书馆 CIP 数据核字（2019）第 028303 号

中国经学史·秦汉魏晋卷：经与传

著　　者／〔美〕韩大伟（David B. Honey）
译　　者／黄　笑

出 版 人／冀祥德
责任编辑／宋淑洁
文稿编辑／汪延平
责任印制／王京美

出　　版／社会科学文献出版社（010）59367226
　　　　　地址：北京市北三环中路甲 29 号院华龙大厦　邮编：100029
　　　　　网址：www.ssap.com.cn
发　　行／社会科学文献出版社（010）59367028
印　　装／三河市东方印刷有限公司

规　　格／开　本：880mm×1230mm　1/32
　　　　　印　张：13　字　数：287 千字
版　　次／2019 年 10 月第 1 版　2024 年 4 月第 2 次印刷
书　　号／ISBN 978-7-5201-4337-0
著作权合同
登 记 号／图字 01-2019-5821 号
定　　价／69.00 元

读者服务电话：4008918866